# ŒUVRES
DE
# A. de Lamartine

*POÉSIES*

NOUVELLES MÉDITATIONS POÉTIQUES
TROISIÈMES MÉDITATIONS POÉTIQUES
LE CHANT DU SACRE
LE DERNIER CHANT DU PÈLERINAGE D'HAROLD

PARIS
ALPHONSE LEMERRE, ÉDITEUR
23-31, PASSAGE CHOISEUL, 23-31

CETTE ÉDITION

*est publiée par les soins de la Société propriétaire*

*des*

ŒUVRES DE LAMARTINE

# OEUVRES

## DE

# A. de Lamartine

# OEUVRES
DE
# A. de Lamartine

*POÉSIES*

NOUVELLES MÉDITATIONS POÉTIQUES
TROISIÈMES MÉDITATIONS POÉTIQUES
LE CHANT DU SACRE
LE DERNIER CHANT DU PÈLERINAGE D'HAROLD

PARIS
ALPHONSE LEMERRE, ÉDITEUR
23-31, PASSAGE CHOISEUL, 23-31

# AVIS DES ÉDITEURS

L'édition princeps des *Nouvelles Méditations poétiques* (1823) portait au titre pour épigraphe :

*Musæ Jovis omnia plena!*
                                    Virg.

et commençait par cet *Avertissement de l'Éditeur* :

En donnant au public le second volume des *Méditations poétiques*, nous devons prévenir les lecteurs que les incorrections, ou même les vers et les strophes qui manquent dans quelques-uns des morceaux qui le composent, ne doivent point nous être imputés. Quelques-unes des pièces que l'on va lire appartiennent à de plus grandes compositions encore inédites; celles-là ne sont pour ainsi dire que des fragments; d'autres n'ont pas été entièrement terminées; l'absence de l'auteur ne nous a pas permis de les rétablir. Les manuscrits en ayant été égarés dans ses voyages, elles ne se sont plus retrouvées entières dans sa mémoire. On a indiqué par des points les morceaux ainsi tronqués. Les deux principales Méditations de ce volume, *Les Chants* et *Le Chant d'amour*, sont imprimées d'après le manuscrit de l'auteur, dans une forme inusitée. Les étoiles qui se trouvent placées entre chaque paragraphe n'indiquent pas une terminaison complète du sens, mais seulement un léger repos, une suspension momentanée du sens, un changement de rhythme aussi favorable au poëte qu'au lecteur, dans des chants d'un peu longue haleine.

Paris, le 20 septembre 1823.

U. C. (Urbain Canel.)

Les Méditations comprises dans l'édition princeps étaient les pièces suivantes :

| Numéros dans l'édition princeps. | | Numéros dans cette édition. |
|---|---|---|
| I | L'Esprit de Dieu............ | VI |
| II | Sapho............... | III |
| III | Bonaparte............ | VII |
| IV | Les Étoiles............ | VIII |
| V | Le Papillon............ | IX |
| VI | Le Passé............ | I |
| VII | Tristesse............ | XII |
| VIII | La Solitude............ | XIII |
| IX | Ischia............ | II |
| X | La Branche d'amandier...... | XVI |
| XI | A El............... | X |
| XII | Élégie............ | XI |
| XIII | Le Poëte mourant......... | V |
| XIV | L'Ange............ | XVII |
| XV | Consolation............ | XIV |
| XVI | Les Préludes............ | XV |
| XVII | L'Apparition de l'ombre de Samuel à Saül............ | XVIII |
| XVIII | Stances............ | XIX |
| XIX | La Liberté............ | XX |
| XX | Adieux à la Mer ........ | XXI |
| XXI | Le Crucifix............ | XXII |
| XXII | La Sagesse............ | IV |
| XXIII | Apparition............ | XXIII |
| XXIV | Chant d'amour............ | XXIV |
| XXV | Improvisée à la Grande-Chartreuse. | XXV |
| XXVI | Adieux à la Poésie......... | XXVI |

Dans l'édition dite des Souscripteurs, publiée en 1849, l'auteur fit suivre de commentaires les Méditations qui précèdent et y ajouta, comme XXVII<sup>e</sup> Méditation, *A un Curé de village,* et, comme XXVIII<sup>e</sup> Méditation, *A Alix de V...,  jeune fille qui avait perdu sa mère* (1836). Ces deux pièces ont été laissées aux *Recueillements* où elles avaient été publiées dans l'édition princeps.

Seize pièces furent placées ensuite sous le titre de Méditations poétiques inédites. Ce sont, rangées par ordre de dates :

1 La Pervenche.
2 Sur l'Ingratitude des Peuples, 1827.
3 L'Idéal, 1827.
4 Sultan, le cheval arabe, 1838.
5 A M. de Musset, en réponse à ses vers, 1840.
6 Sur un don de la duchesse d'Angoulême, 1841.
7 Salut à l'Ile d'Ischia, 1842.
8 La Fenêtre de la Maison paternelle.
9 A Laurence.
10 Prière de l'Indigent, 1846.
11 Le Lézard sur les ruines de Rome, 1846.
12 Les Fleurs sur l'Autel, 1846.
13 Adieu à Graziella.
14 A une jeune fille qui avait raconté un rêve, 1847.
15 Les Esprits des Fleurs, 1847.
16 Sur une page peinte d'Insectes et de Plantes.

La Méditation « Le Désert ou l'Immatérialité de Dieu » publiée en 1856, dans le *Cours familier de Littérature,* doit prendre ici sa place pour terminer les Méditations poétiques.

La Préface, dédiée à M. Dargaud, fut écrite pour cette édition de 1849.

Les deux poëmes qui terminent ce volume furent publiés, *Le Chant du Sacre,* vers la fin d'avril 1825, et *Le dernier Chant du Pèlerinage d'Harold,* quelques jours après, en mai. — Voir, à ces dates, la Correspondance de Lamartine, publiée par M<sup>me</sup> Valentine de Lamartine.

Dans ces deux volumes des Méditations, ainsi que pour les ouvrages qui vont suivre, les textes ont été revus et collationnés sur les différentes éditions qui font autorité. C'est ainsi que quelques variantes ont été reprises sur les versions originales, déjà suivies par l'Édition elzévirienne (1875-1878). Absolument respectueuse du génie de l'auteur, cette édition atteindrait le but que les Éditeurs se sont proposé, si la correction paraissait irréprochable au lecteur.

# PRÉFACE

---

A M. DARGAUD

Dans l'un des innombrables entretiens que nous avons ensemble depuis vingt ans, et dans lesquels je vous ai ouvert péripatétiquement *toute mon âme*, vous m'avez demandé pourquoi les secondes Méditations n'avaient pas excité d'abord le même enthousiasme que les premières, et pourquoi ensuite elles avaient repris *leur rang à côté des autres. Je vous ai répondu : « C'est que les premières étaient les premières, et que les secondes étaient les secondes. »*

*Il n'y a pas eu d'autre raison; mais cette raison en est une, bien qu'elle paraisse une puérilité. En effet, la nouveauté en tout est un immense élément de succès. L'étonnement fait partie du plaisir à l'apparition d'une beauté de l'art comme d'une beauté de la création, comme d'une beauté vivante. Une fois ce premier étonnement épuisé ou émoussé, la chose reste aussi belle, mais elle n'est plus aussi admirée. Le ravissement même devient une habitude; et l'habitude, comme dit Montaigne, « enlève sa primeur à toute saveur. » Croyez-vous que le premier rayon de soleil qui inonde le matin les yeux de l'homme qui s'éveille soit plus pur et plus éblouissant que les rayons qui le suivent, et dont on ne s'aperçoit plus? Non; mais il est le premier. Croyez-vous que les milliards de coups de canon qui se tirent par an dans le monde frappent l'oreille et l'imagination de l'homme de la même impression dont son oreille et son imagination furent frappées la première fois que, par l'invention de la poudre foulée dans le bronze, il crut voir et entendre le tonnerre descendre des nuages, s'allumer et retentir sous sa main? Croyez-vous que les milliers d'aérostats qui s'élèvent tous les ans au-dessus des dômes illuminés de nos capitales, dans leurs jours de fête, attirent, fascinent et éblouissent autant les yeux de la foule, que ce premier globe aérien emportant au ciel sa nacelle pliante sous le poids de ces deux pilotes que nos pères virent naviguer pour la première fois* dans les cieux? Non : le phénomène est le même, l'admiration s'est usée. L'invention vieillit comme toute chose ici-bas. S'il en était autrement, la vie se passerait en extases devant les merveilles du génie humain inventées par ceux qui nous ont précédés, et que nous foulons aux pieds. La nouveauté est une des conditions de l'enthousiasme.

En descendant du grand au petit, je l'éprouvai tout de suite à l'apparition de ce second volume de mes poésies. J'étais le même homme; j'avais le même âge ou un an de plus, la fleur de la jeunesse, vingt-six ans; je n'avais ni gagné ni perdu une fibre de mon cœur, ces fibres avaient les mêmes palpitations; la plupart même des méditations qui composaient ce second recueil avaient été écrites aux mêmes dates et sous le feu ou sous les larmes des mêmes impressions que les premières. C'étaient des feuilles du même arbre, de la même sève, de la même tige, de la même saison; et cependant le public n'y trouva pas au premier moment la même fraîcheur, la même couleur, la même saveur. « Ce n'est plus cela, s'écriait-on de toutes parts; ce n'est plus le même homme, ce ne sont plus les mêmes vers! » C'est que si mes vers étaient encore aussi neufs pour ce public, ce public n'était plus aussi neuf pour mes vers.

C'est aussi que l'envie littéraire, éveillée par un premier grand succès surpris à l'étonnement des lecteurs, avait eu le temps de s'armer contre une récidive d'admiration, et s'arma en effet de mon premier volume contre le second.

C'est enfin que mes admirateurs, même les plus bien-

*veillants, étaient eux-mêmes en quelque sorte avares et jaloux de la vivacité d'impression qu'ils avaient éprouvée à la lecture de mes premières poésies, et que cette impression était si forte et si personnelle en eux, qu'elle les empêchait réellement d'éprouver une seconde fois une autre impression semblable; comme une première odeur, respirée jusqu'à l'enivrement, empêche l'odorat de sentir une corbeille des mêmes fleurs.*

*Je compris cela du premier coup. Je ne suis pas né impatient, parce que je ne suis pas né ambitieux, bien que je sois né très actif. J'attendis.*

*Il me fallut attendre à peu près quinze ans. « Pourquoi quinze ans ? » me dites-vous. Parce qu'il me fallut attendre une génération de lecteurs nouveaux, et qu'il faut à peu près quinze ans chez nous pour qu'une nouvelle génération en politique, en littérature, en idées, en goût, remplace une autre génération, ou s'y mêle du moins en proportions suffisantes pour en modifier les sentiments. Les générations d'hommes ont trente-trois ans, les générations d'esprits ont quinze ans.*

*Or, du moment où une génération d'esprits nouveaux, d'enfants, de jeunes gens, de jeunes femmes, eurent lu, non pas mon premier volume seulement comme la génération lisante de 1821, mais mes deux volumes à la fois, sans acception de date, sans préférence d'impressions reçues, sans privilège d'âge, sans comparaison de souvenirs, ces nouveaux lecteurs impartiaux trouvèrent (ce qui était vrai) mes premiers et mes seconds vers parfaitement semblables d'âme, d'inspiration, de défauts ou de qualités. Les deux volumes ne furent plus qu'une seule* œuvre dans leur esprit, et furent les *Méditations poétiques*.

J'ai éprouvé ensuite, dans tout le cours de ma vie littéraire, politique, oratoire ou poétique, le même phénomène. Toujours, et par une sorte d'intermittence aussi régulière que le flux et le reflux de l'Océan, le flux ou le reflux de l'opinion et du goût s'est caractérisé envers moi par une faveur ou par une défaveur alternative. Toujours on s'est armé d'un volume contre un autre volume, d'un premier genre de mes poésies contre un nouveau genre, de l'approbation donnée à un de mes actes contre un second, de l'applaudissement soulevé par un de mes discours contre le discours qui suivait. Ainsi est faite l'opinion publique : elle ne veut pas reconnaitre longtemps même son plaisir. Il faut qu'elle construise et qu'elle démolisse sans fin, pour reconstruire après, même les plus insignifiantes renommées. Elle finit par une suprême raison quand ses jouets sont morts, et qu'elle s'appelle la postérité ; mais, pendant qu'ils vivent, elle n'est réellement pas encore l'opinion : elle est le caprice de la multitude.

Voilà ce que je vous disais un jour en descendant, nos fusils sous le bras, nos chiens sur nos talons, les pentes ravinées de sable rouge des hautes montagnes semées de châtaigniers qui font la toile peinte de la scène entre Saint-Point et le mont Blanc.

Où sont ces jours maintenant ? Où sont ces pensées nonchalantes qui s'échangeaient entre nous alors en conversations interrompues, comme les bruissements des saules et des chênes alternaient doucement, sous les premières ombres des soirées, avec les babillages des eaux filtrant à nos pieds dans les rigoles de la montagne? Le rapide sillage du temps, qui court en changeant la scène et les spectateurs, nous a emportés tous deux sous d'autres latitudes de la pensée. Que d'autres entretiens aussi n'avons-nous pas eus depuis sur d'autres théâtres et sur de plus importants sujets? Nous avons vu s'agiter les peuples, crouler les trônes, surgir les républiques, bouillonner les factions, et l'esprit des sociétés désorientées chercher à tâtons la route vers l'avenir entre des ruines et des chimères, jusqu'à ce qu'il trouve le vrai chemin que Dieu seul peut lui éclairer. Ces méditations d'un autre âge ne s'écrivent ni en vers ni en prose. Aucune langue ne contiendrait les actes de foi, les frissons de doute, les élans de courage, les abattements de tristesse, les cris de joie, les gémissements d'angoisses intérieures, les conjectures, les aspirations, les invocations, que les hommes préoccupés du sort des peuples, et mêlés à ce mouvement des choses humaines, se révèlent dans l'intimité de leurs âmes pendant cette traversée des révolutions. Ce sont des mots, des syllabes, des points de vue, des horizons qui s'ouvrent et qui se referment devant l'esprit en un clin d'œil. Cela ne se note pas dans les livres, mais dans l'intelligence et dans le cœur d'un ami. Votre cœur et votre intelligence ont été, depuis vingt ans, les pages où j'ai jeté en courant ce que je ne dis qu'à moi-même et ce qui n'a été feuilleté que par vous. Quand j'aurai cessé de causer, et que vous vous souviendrez encore; quand vous reviendrez en automne visiter cette vallée de Saint-Point où j'ai laissé tomber plus de rêveries dans votre oreille que les peupliers de mon pré ne laissent tomber de feuilles sur le grand chemin; le ravin desséché, le châtaignier creux, la source entre ses quatre pierres de granit grises, le tronc d'arbre couché à terre et servant de banc aux mendiants de la vallée, le tombeau peut-être où un lierre de plus rampera sur les moulures de l'arche sépulcrale, à l'extrémité des jardins, sur les confins de la vie et de la mort, vous rappelleront ce que nous nous sommes dit, ici ou là, assis ou debout, sous telle inclinaison de l'ombre, sous tel rayon du soleil, au chant de tel oiseau dans les branches sur nos têtes, aux aboiements de tel chien, au hennissement de tel cheval de prédilection dans l'enclos; vous vous arrêterez pour écouter encore et pour répondre, et vous serez, mieux que ce livre mort et muet, un souvenir vivant de ma vie écoulée. Cela m'est doux à penser. Ce n'est pas la postérité, c'est encore un crépuscule de la vie humaine après que notre court soleil est déjà éteint. L'homme n'est bien mort que quand tous ceux qui l'ont connu et aimé sur la terre se sont couchés à leur tour dans le tombeau qui ne parle plus d'eux aux nouvelles générations. Jusque-là l'homme vit encore un peu dans la vie de ceux qui survivent. C'est l'aurore boréale du tombeau.

Les Orientaux, qui ont tout dit parce qu'ils ont tout senti les premiers, ont un proverbe plein de ce sens exquis de l'amitié. « Pourquoi Dieu, disent-ils, a-t-il donné une ombre au corps de l'homme? C'est pour qu'en traversant le désert l'homme puisse reposer ses *regards sur cette ombre, et que le sable ne lui brûle pas les yeux. » Vous avez été souvent pour moi comme une ombre de rafraîchissement, umbra refrigerii, et vous le serez encore pour ma mémoire, quand j'aurai passé.*

LAMARTINE.

Paris, 3 juillet 1849.

# NOUVELLES
# MÉDITATIONS POÉTIQUES

NOUVELLES

# MÉDITATIONS POÉTIQUES

I

## LE PASSÉ

A M. A DE V***

Arrêtons-nous sur la colline,
A l'heure où, partageant les jours,
L'astre du matin qui décline
Semble précipiter son cours.
En avançant dans sa carrière,
Plus faible, il rejette en arrière
L'ombre terrestre qui le suit;
Et de l'horizon qu'il colore
Une moitié le voit encore,
L'autre se plonge dans la nuit.

C'est l'heure où, sous l'ombre inclinée,
Le laboureur, dans le vallon,
Suspend un moment sa journée,
Et s'assied au bord du sillon ;
C'est l'heure où, près de la fontaine,
Le voyageur reprend haleine
Après sa course du matin ;
Et c'est l'heure où l'âme qui pense
Se retourne, et voit l'espérance
Qui l'abandonne en son chemin.

Ainsi notre étoile pâlie,
Jetant de mourantes lueurs,
Sur le midi de notre vie
Brille à peine à travers nos pleurs.
De notre rapide existence
L'ombre de la mort qui s'avance
Obscurcit déjà la moitié ;
Et, près de ce terme funeste,
Comme à l'aurore, il ne nous reste
Que l'espérance et l'amitié.

Ami, qu'un même jour vit naître,
Compagnon depuis le berceau,
Et qu'un même jour doit peut-être
Endormir au même tombeau,
Voici la borne qui partage
Ce douloureux pélerinage
Qu'un même sort nous a tracé :
De ce sommet qui nous rassemble,
Viens, jetons un regard ensemble
Sur l'avenir et le passé.

Repassons nos jours, si tu l'oses!
Jamais l'espoir des matelots
Couronna-t-il d'autant de roses
Le navire qu'on lance aux flots?
Jamais d'une teinte plus belle
L'aube en riant colora-t-elle
Le front rayonnant du matin?
Jamais, d'un œil perçant d'audace,
L'aigle embrassa-t-il plus d'espace
Que nous en ouvrait le destin?


En vain, sur la route fatale
Dont les cyprès tracent le bord,
Quelques tombeaux par intervalle
Nous avertissaient de la mort:
Ces monuments mélancoliques
Nous semblaient, comme aux jours antiques,
Un vain ornement du chemin;
Nous nous asseyions sous leur ombre,
Et nous rêvions des jours sans nombre,
Hélas! entre hier et demain!


Combien de fois, près du rivage
Où Nisida dort sur les mers,
La beauté crédule ou volage
Accourut à nos doux concerts!
Combien de fois la barque errante
Berça sur l'onde transparente
Deux couples par l'amour conduits,
Tandis qu'une déesse amie
Jetait sur la vague endormie
Le voile parfumé des nuits!

Combien de fois, dans le délire
Qui succédait à nos festins,
Aux sons antiques de la lyre,
J'évoquai des songes divins !
Aux parfums des roses mourantes,
Aux vapeurs des coupes fumantes,
Ils volaient à nous tour à tour,
Et sur leurs ailes nuancées
Égaraient nos molles pensées
Dans les dédales de l'amour !


Mais, dans leur insensible pente,
Les jours qui succédaient aux jours
Entraînaient comme une eau courante
Et nos songes et nos amours.
Pareil à la fleur fugitive
Qui du front joyeux d'un convive
Tombe avant l'heure du festin,
Ce bonheur que l'ivresse cueille,
De nos fronts tombant feuille à feuille,
Jonchait le lugubre chemin.


Et maintenant, sur cet espace
Que nos pas ont déjà quitté,
Retourne-toi ; cherchons la trace
De l'amour, de la volupté.
En foulant leurs rives fanées,
Remontons le cours des années,
Tandis qu'un souvenir glacé,
Comme l'astre adouci des ombres,
Éclaire encor de teintes sombres
La scène vide du passé.

Ici, sur la scène du monde,
Se leva ton premier soleil.
Regarde : quelle nuit profonde
A remplacé ce jour vermeil!
Tout sous les cieux semblait sourire;
La feuille, l'onde, le zéphire,
Murmuraient des accords charmants.
Écoute : la feuille est flétrie,
Et les vents sur l'onde tarie
Rendent de sourds gémissements.


Reconnais-tu ce beau rivage,
Cette mer aux flots argentés,
Qui ne fait que bercer l'image
Des bords dans son sein répétés?
Un nom chéri vole sur l'onde!...
Mais pas une voix qui réponde,
Que le flot grondant sur l'écueil.
Malheureux! quel nom tu prononces!
Ne vois-tu pas parmi ces ronces
Ce nom gravé sur un cercueil?...


Plus loin, sur la rive où s'épanche
Un fleuve épris de ces coteaux,
Vois-tu ce palais qui se penche
Et jette une ombre au sein des eaux?
Là, sous une forme étrangère,
Un ange exilé de sa sphère
D'un céleste amour t'enflamma.
Pourquoi trembler? quel bruit t'étonne?
Ce n'est qu'une ombre qui frissonne
Au pas du mortel qu'elle aima.

Hélas! partout où tu repasses,
C'est le deuil, le vide ou la mort,
Et rien n'a germé sur nos traces
Que la douleur ou le remord.
Voilà ce cœur où ta tendresse
Sema des fruits que ta vieillesse,
Hélas! ne recueillera pas :
Là l'oubli perdit ta mémoire ;
Là l'envie étouffa ta gloire ;
Là ta vertu fit des ingrats.

Là l'illusion éclipsée
S'enfuit sous un nuage obscur ;
Ici l'espérance lassée
Replia ses ailes d'azur ;
Là, sous la douleur qui le glace,
Ton sourire perdit sa grâce,
Ta voix oublia ses concerts,
Tes sens épuisés se plaignirent,
Et tes blonds cheveux se teignirent
Au souffle argenté des hivers.

Ainsi, des rives étrangères,
Quand l'homme, à l'insu des tyrans,
Vers la demeure de ses pères
Porte en secret ses pas errants,
L'ivraie a couvert ses collines,
Son toit sacré pend en ruines,
Dans ses jardins l'onde a tari,
Et sur le seuil qui fut sa joie,
Dans l'ombre un chien féroce aboie
Contre les mains qui l'ont nourri.

# LE PASSÉ.

Mais ces sens qui s'appesantissent
Et du temps subissent la loi,
Ces yeux, ce cœur, qui se ternissent,
Cette ombre enfin, ce n'est pas toi.
Sans regret, au flot des années
Livre ces dépouilles fanées
Qu'enlève le souffle des jours,
Comme on jette au courant de l'onde
La feuille aride et vagabonde
Que l'onde entraine dans son cours!


Ce n'est plus le temps de sourire
A ces roses de peu de jours,
De mêler aux sons de la lyre
Les tendres soupirs des amours,
De semer sur des fonds stériles
Ces vœux, ces projets inutiles,
Par les vents du ciel emportés,
A qui le temps qui nous dévore
Ne donne pas l'heure d'éclore
Pendant nos rapides étés.


Levons les yeux vers la colline
Où luit l'étoile du matin!
Saluons la splendeur divine
Qui se lève dans le lointain!
Cette clarté pure et féconde
Aux yeux de l'âme éclaire un monde
Où la foi monte sans effort.
D'un saint espoir ton cœur palpite:
Ami, pour y voler plus vite,
Prenons les ailes de la Mort!

En vain, dans ce désert aride,
Sous nos pas tout s'est effacé,
Viens : où l'éternité réside
On retrouve jusqu'au passé.
Là sont nos rêves pleins de charmes,
Et nos adieux trempés de larmes,
Nos vœux et nos soupirs perdus.
Là refleuriront nos jeunesses,
Et les objets de nos tristesses
A nos regrets seront rendus.

Ainsi, quand les vents de l'automne
Ont balayé l'ombre des bois,
L'hirondelle agile abandonne
Le faîte du palais des rois :
Suivant le soleil dans sa course,
Elle remonte vers la source
D'où l'astre nous répand les jours,
Et sur ses pas retrouve encore
Un autre ciel, une autre aurore,
Un autre nid pour ses amours.

Ce roi, dont la sainte tristesse
Immortalisa les douleurs,
Vit ainsi sa verte jeunesse
Se renouveler sous les pleurs.
Sa harpe, à l'ombre de la tombe,
Soupirait comme la colombe
Sous les verts cyprès du Carmel,
Et son cœur, qu'une lampe éclaire,
Résonnait comme un sanctuaire
Où retentit l'hymne éternel.

## COMMENTAIRE

*Cette méditation était adressée au comte Aymon de Virieu, l'ami le plus cher de mes premières années. J'ai parlé de lui dans le premier volume des* Confidences. *C'est de lui aussi qu'il est fait mention dans* Raphaël. *C'est lui qui me donna asile pendant l'hiver de 1817, que j'étais venu passer à Paris pour y voir un moment chaque soir la personne que j'ai célébrée sous le nom d'Elvire.*

*Virieu m'aimait comme un frère. Bien que nous n'eussions pas les mêmes caractères, nous avions les mêmes sentiments. Il avait sur moi la supériorité de l'âge, de la naissance, de la fortune, de l'éducation. Il aimait le grand monde, où son esprit prompt et brillant le faisait distinguer et applaudir. Ces tournois de conversation m'étaient insupportables : ils me fatiguaient l'esprit sans me nourrir le cœur. La fumée d'un narghilé, s'évaporant dans un ciel pur, m'a toujours paru moins inutile et plus voluptueuse que ces gerbes pétillantes d'esprits inoccupés, brillant pour s'éteindre sous les lambris d'un salon. Je n'aimais la conversation qu'à deux ; je fuyais le monde. Le sentiment s'évapore à ce vent et à ce bruit. Ma vie était dans mon cœur, jamais dans mon esprit.*

*Cependant Virieu m'introduisit pour ainsi dire par force dans deux ou trois salons où il était adoré. Il y parlait sans cesse de son ami le sauvage et le mélancolique ; il récitait quelques-uns de ses vers ; il donnait envie de me connaître. Il me conduisit ainsi chez* M<sup>me</sup> *de Sainte-Aulaire, sa cousine, chez* M<sup>me</sup> *de Raige-*

court, chez M^me de la Trémoille, chez M^me la duchesse de Broglie. M^me de Sainte-Aulaire et son amie M^me la duchesse de Broglie étaient, à cette époque, le centre du monde élégant, politique et littéraire de Paris. Le siècle des lettres et de la philosophie y renaissait dans la personne de M. Villemain, de M. Cousin, des amis de M^me de Staël, enlevée peu d'années avant à la gloire, de tous les orateurs, de tous les écrivains, de tous les poëtes du temps. C'est là que j'entrevis ces hommes distingués qui devaient tenir une si haute place dans l'histoire de leur pays : M. Guizot, M. de Montmorency, M. de La Fayette, Sismondi, Lebrun, les Américains, les Anglais célèbres, qui venaient sur le continent; mais je ne fis que les entrevoir. J'étais moi-même comme un étranger dans ma patrie. Je regardais, j'étais quelquefois regardé; je parlais peu, je ne me liais pas. Deux ou trois fois on me fit réciter des vers. On les applaudit, on les encouragea. Mon nom commença sa publicité sur les lèvres de ces deux charmantes femmes. Elles me produisaient avec indulgence et bonté à leurs amis; mais je m'effaçais toujours. Je rentrais dans l'ombre aussitôt qu'elles retiraient le flambeau.

La nature ne m'avait pas fait pour le monde de Paris. Il m'offusque et il m'ennuie. Je suis né oriental et je mourrai tel. La solitude, le désert, la mer, les montagnes, les chevaux, la conversation intérieure avec la nature, une femme à adorer, un ami à entretenir, de longues nonchalances de corps pleines d'inspirations d'esprit, puis de violentes et aventureuses périodes d'action comme celles des Ottomans ou des Arabes, c'était là mon être : une vie tour à tour poétique, religieuse, héroïque, ou rien.

Virieu n'était pas ainsi. Il causait avec une abondance et une grâce intarissables. Il savait tout; il s'intéressait à tout. Il se consumait des nuits entières en conversations avec les hommes ou avec les femmes d'esprit du temps. Il revenait se coucher quand je me levais. Il était épuisé de paroles et fatigué de succès. Il en jouissait, et je le plaignais. J'aimais mieux mon poêle, mon livre, mon chien, mes courses solitaires dans les environs de Paris, et, le soir, une heure d'entretien passionné avec une femme inconnue de ce monde, que ces vertiges d'amour-propre et ces applaudissements de salon. Virieu les appréciait bien comme moi à leur juste valeur ; mais il se laissait séduire lui-même par l'admiration qu'on lui témoignait. J'étais ensuite son repos. Nous passions des demi-journées entières à répandre ensemble notre esprit sur les cent mille sujets qui jaillissent de deux jeunes intelligences qui s'entre-choquent, comme les étincelles jaillissaient du foyer quand nos pincettes remuaient au hasard le feu. Nous avons dépensé ainsi tête à tête ensemble, pendant dix ans, plus de paroles qu'il n'en faudrait pour résoudre tous les problèmes de la nature.

Plus tard, Virieu entra dans la diplomatie. Nous ne cessions alors de nous écrire. Il a brûlé mes lettres, j'ai brûlé les siennes. Les siennes étaient pleines d'idées, les miennes ne contenaient que des sentiments. Au retour de ses voyages, il se maria ; il se retira dans ses terres. Il passa de l'excès du monde dans l'excès de la solitude, du scepticisme dans la servitude volontaire de l'esprit. Il abdiqua sa philosophie dans sa foi. Il se consacra tout entier à sa femme, à ses enfants, à ses champs. Notre amitié n'en souffrit pas. Ce fut à ce moment de sa carrière que, revenant moi-même un jour sur la mienne, je lui adressai ces vers. Ils avaient pris, en s'adressant à lui, l'accent de son propre découragement. Quant à moi, je n'étais pas aussi découragé de la vie que ces vers semblent l'indiquer, ou plutôt mes décourage-

*ments étaient fugitifs et passagers comme les sons de ma lyre. Un chant, c'était un jour. Ce jour-là j'étais à terre; le lendemain j'étais au ciel. La poésie a mille notes sur son clavier. Mon âme en a autant que la poésie; elle n'a jamais dit son dernier mot.*

---

*Cette ode est adressée au plus intime et au plus cher de mes amis, le comte Aymon de Virieu, dont j'ai beaucoup parlé dans les* Confidences, *et surtout dans l'histoire de* Graziella. *J'ai fait là son portrait; je ne le referai pas. Vers l'âge de trente ans, nos jeunesses finies, nous nous séparâmes pour prendre chacun nos routes diverses dans la vie. Nous entrâmes l'un et l'autre dans la diplomatie. Il alla à Rio-Janeiro, ce Constantinople du nouveau monde, avec l'ambassade du duc de Luxembourg; j'allai à Naples avec l'ambassade de M. de Narbonne, homme aussi modeste qu'excellent. Mais nous restâmes aussi liés après la séparation que nous l'avions été depuis le collége. Notre correspondance formerait des volumes d'intimités et d'excursions de cœur et d'esprit sur tous les sujets. Nous aiguisions nos intelligences l'une contre l'autre. Il était la meule, moi le tranchant.*

*Dans un de ces moments où la vie devient sombre sous le passage de quelque nuée, et où l'on fait involontairement des retours sur le passé, jonché déjà de tombeaux et de feuilles mortes, je lui adressai ces vers. Lui seul me comprenait bien; il avait été le confident de toutes mes plus secrètes émotions d'esprit et de cœur. Il m'entendait à demi-mot; sa pensée achevait la mienne.*

*Cela fut écrit en Italie, en 1824.*

## II

## ISCHIA*

Le soleil va porter le jour à d'autres mondes;
Dans l'horizon désert Phébé monte sans bruit,
Et jette, en pénétrant les ténèbres profondes,
Un voile transparent sur le front de la nuit.

Voyez du haut des monts ses clartés ondoyantes
Comme un fleuve de flamme inonder les coteaux,
Dormir dans les vallons, ou glisser sur les pentes,
Ou rejaillir au loin du sein brillant des eaux.

La douteuse lueur, dans l'ombre répandue,
Teint d'un jour azuré la pâle obscurité,
Et fait nager au loin dans la vague étendue
Les horizons baignés par sa molle clarté.

L'Océan, amoureux de ces rives tranquilles,
Calme, en baisant leurs pieds, ses orageux transports,
Et, pressant dans ses bras ces golfes et ces îles,
De son humide haleine en rafraichit les bords.

\* Ile de la Méditerranée, dans le golfe de Naples.

Du flot qui tour à tour s'avance et se retire
L'œil aime à suivre au loin le flexible contour :
On dirait un amant qui presse en son délire
La vierge qui résiste et cède tour à tour.

Doux comme le soupir d'un enfant qui sommeille,
Un son vague et plaintif se répand dans les airs :
Est-ce un écho du ciel qui charme notre oreille?
Est-ce un soupir d'amour de la terre et des mers?

Il s'élève, il retombe, il renaît, il expire,
Comme un cœur oppressé d'un poids de volupté ;
Il semble qu'en ces nuits la nature respire,
Et se plaint comme nous de sa félicité.

Mortel, ouvre ton âme à ces torrents de vie ;
Reçois par tous les sens les charmes de la nuit :
A t'enivrer d'amour son ombre te convie ;
Son astre dans le ciel se lève et te conduit.

Vois-tu ce feu lointain trembler sur la colline?
Par la main de l'amour c'est un phare allumé :
Là, comme un lis penché, l'amante qui s'incline
Prête une oreille avide aux pas du bien-aimé.

La vierge, dans le songe où son âme s'égare,
Soulève un œil d'azur qui réfléchit les cieux,
Et ses doigts au hasard errant sur sa guitare
Jettent aux vents du soir des sons mystérieux :

« Viens : l'amoureux silence occupe au loin l'espace;
Viens du soir près de moi respirer la fraîcheur!
C'est l'heure ; à peine au loin la voile qui s'efface
Blanchit en ramenant le paisible pêcheur.

« Depuis l'heure où ta barque a fui loin de la rive.
J'ai suivi tout le jour ta voile sur les mers,
Ainsi que de son nid la colombe craintive
Suit l'aile du ramier qui blanchit dans les airs.

« Tandis qu'elle glissait sous l'ombre du rivage,
J'ai reconnu ta voix dans la voix des échos;
Et la brise du soir, en mourant sur la plage,
Me rapportait tes chants prolongés sur les flots.

« Quand la vague a grondé sur la vague écumante,
A l'étoile des mers j'ai murmuré ton nom,
J'ai rallumé ma lampe, et de ta seule amante
L'amoureuse prière a fait fuir l'aquilon.

« Maintenant sous le ciel tout repose, ou tout aime :
La vague en ondulant vient dormir sur le bord,
La fleur dort sur sa tige, et la nature même
Sous le dais de la nuit se recueille et s'endort.

« Vois : la mousse a pour nous tapissé la vallée,
Le pampre s'y recourbe en replis tortueux,
Et l'haleine de l'onde, à l'oranger mêlée,
De ses fleurs qu'elle effeuille embaume mes cheveux.

« A la molle clarté de la voûte sereine,
Nous chanterons ensemble assis sous le jasmin,
Jusqu'à l'heure où la lune, en glissant vers Misène,
Se perd en pâlissant dans les feux du matin. »

Elle chante, et sa voix par intervalle expire,
Et, des accords du luth plus faiblement frappés,
Les échos assoupis ne livrent au zéphire
Que des soupirs mourants, de silence coupés.

Celui qui, le cœur plein de délire et de flamme,
A cette heure d'amour, sous cet astre enchanté,
Sentirait tout à coup le rêve de son âme
S'animer sous les traits d'une chaste beauté ;

Celui qui, sur la mousse, au pied du sycomore,
Au murmure des eaux, sous un dais de saphirs,
Assis à ses genoux, de l'une à l'autre aurore,
N'aurait pour lui parler que l'accent des soupirs ;

Celui qui, respirant son haleine adorée,
Sentirait ses cheveux, soulevés par les vents,
Caresser en passant sa paupière effleurée,
Ou rouler sur son front leurs anneaux ondoyants ;

Celui qui, suspendant les heures fugitives,
Fixant avec l'amour son âme en ce beau lieu,
Oublierait que le temps coule encor sur ces rives,
Serait-il un mortel, ou serait-il un dieu ?

Et nous, aux doux penchants de ces verts Élysées,
Sur ces bords où l'Amour eût caché son Éden,
Au murmure plaintif des vagues apaisées,
Aux rayons endormis de l'astre élyséen,

Sous ce ciel où la vie, où le bonheur abonde,
Sur ces rives que l'œil se plait à parcourir,
Nous avons respiré cet air d'un autre monde,
Élise !... Et cependant on dit qu'il faut mourir !

## COMMENTAIRE

*C'est l'île de mon cœur, c'est l'oasis de ma jeunesse, c'est le repos de ma maturité. Je voudrais que cela fût le recueillement de mon soir, s'il vient un soir. On a vu et on verra dans les* Confidences *pourquoi.*

*J'ai décrit les îles du golfe de Naples dans l'épisode de* Graziella. *La première fleur d'oranger qu'on a respirée en abordant, presque enfant, un rivage inconnu, donne son parfum à tout un long souvenir.*

*En 1821, je passai un nouvel été dans l'île d'Ischia avec la jeune femme que je venais d'épouser. J'étais heureux; j'avais besoin de chanter, comme tout ce qui déborde d'émotions calmes. J'écrivis beaucoup de vers sous les falaises de cette côte, en face de la mer antique et du cap Misène, qu'Horace, Virgile, Tibulle, avaient contemplés de cette même rive avant moi. La plupart de ces vers, écrits par moi à cette époque, n'ont jamais paru et n'existent même plus. Les soupirs n'ont pas de corps. Ces vers se sont exhalés avec les parfums de l'île; ils se sont éteints avec les reflets de lune sur les murs blancs des pêcheurs de Procida; ils se sont évanouis avec les murmures des vagues que je comptais à mes pieds. Je suis retourné bien des fois depuis à Ischia; j'y ai déposé les plus chères reliques, larmes ou félicités de ma jeunesse. Le brillant soleil de ce climat rassérène tout, même la mort.*

## III

## SAPHO

### ÉLÉGIE ANTIQUE

L'aurore se levait, la mer battait la plage.
Ainsi parla Sapho, debout sur le rivage,
Et près d'elle, à genoux, les filles de Lesbos
Se penchaient sur l'abîme et contemplaient les flots :

« Fatal rocher, profond abîme,
Je vous aborde sans effroi !
Vous allez à Vénus dérober sa victime :
J'ai méconnu l'Amour, l'Amour punit mon crime.
O Neptune ! tes flots seront plus doux pour moi !
Vois-tu de quelles fleurs j'ai couronné ma tête ?
Vois : ce front, si longtemps chargé de mon ennui,
Orné pour mon trépas comme pour une fête,

Du bandeau solennel étincelle aujourd'hui.
On dit que dans ton sein... mais je ne puis le croire,
On échappe au courroux de l'implacable Amour;
On dit que, par tes soins si l'on renait au jour,
D'une flamme insensée on y perd la mémoire.
Mais de l'abime, ô dieu! quel que soit le secours,
Garde-toi, garde-toi de préserver mes jours!
Je ne viens pas chercher dans tes ondes propices
Un oubli passager, vain remède à mes maux :
J'y viens, j'y viens trouver le calme des tombeaux.
Reçois, ô roi des mers, mes joyeux sacrifices!
Et vous, pourquoi ces pleurs? pourquoi ces vains sanglots?
Chantez, chantez un hymne, ô vierges de Lesbos!

« Importuns souvenirs, me suivrez-vous sans cesse?
C'était sous les bosquets du temple de Vénus :
Moi-même, de Vénus insensible prêtresse,
Je chantais sur la lyre un hymne à la déesse.
Au pied de ses autels soudain je t'aperçus.
Dieux! quels transports nouveaux! ô dieux, comment décrire
Tous les feux dont mon sein se remplit à la fois?
Ma langue se glaça, je demeurai sans voix,
Et ma tremblante main laissa tomber ma lyre.
Non, jamais aux regards de l'ingrate Daphné
Tu ne parus plus beau, divin fils de Latone;
Jamais, le thyrse en main, de pampres couronné,
Le jeune dieu de l'Inde, en triomphe trainé,
N'apparut plus brillant aux regards d'Érigone.
Tout sortit... de lui seul je me souvins, hélas!
Sans rougir de ma flamme, en tout temps, à toute heure,
J'errais seule et pensive autour de sa demeure :
Un pouvoir plus qu'humain m'enchainait sur ses pas.
Que j'aimais à le voir, de la foule enivrée,

Au gymnase, au théâtre, attirer tous les yeux,
Lancer le disque au loin d'une main assurée,
Et sur tous ses rivaux l'emporter dans nos jeux!
Que j'aimais à le voir, penché sur la crinière
D'un coursier de l'Élide aussi prompt que les vents,
S'élancer le premier au bout de la carrière,
Et, le front couronné, revenir à pas lents!
Ah! de tous ses succès que mon âme était fière!
Et si de ce beau front, de sueur humecté,
J'avais pu seulement essuyer la poussière!
O dieux! j'aurais donné tout, jusqu'à ma beauté,
Pour être un seul instant ou sa sœur ou sa mère!
Vous qui n'avez jamais rien pu pour mon bonheur,
Vaines divinités des rives du Permesse,
Moi-même dans vos arts j'instruisis sa jeunesse;
Je composai pour lui ces chants pleins de douceur,
Ces chants qui m'ont valu les transports de la Grèce.
Ces chants, qui des enfers fléchiraient la rigueur,
Malheureuse Sapho, n'ont pu fléchir son cœur,
Et son ingratitude a payé ta tendresse!

« Redoublez vos soupirs, redoublez vos sanglots!
Pleurez, pleurez ma honte, ô filles de Lesbos!

« Si l'ingrat cependant s'était laissé toucher,
Si mes soins, si mes chants, si mes trop faibles charmes
A son indifférence avaient pu l'arracher,
S'il eût été du moins attendri par mes larmes,
Jamais, pour un mortel, jamais la main des dieux
N'aurait filé des jours plus doux, plus glorieux.
Que d'éclat cet amour eût jeté sur sa vie!
Ses jours à ces dieux même auraient pu faire envie,
Et l'amant de Sapho, fameux dans l'univers,

Aurait été, comme eux, immortel dans mes vers.
C'est pour lui que j'aurais, sur tes autels propices,
Fait fumer en tout temps l'encens des sacrifices,
O Vénus! c'est pour lui que j'aurais nuit et jour
Suspendu quelque offrande aux autels de l'Amour;
C'est pour lui que j'aurais, durant des nuits entières,
Aux trois fatales sœurs adressé mes prières;
Ou bien que, reprenant mon luth mélodieux,
J'aurais redit les airs qui lui plaisaient le mieux.
Pour lui j'aurais voulu, dans les jeux d'Ionie,
Disputer aux vainqueurs les palmes du génie.
Que ces lauriers brillants, à mon orgueil offerts,
En les cueillant pour lui m'auraient été plus chers!
J'aurais mis à ses pieds le prix de ma victoire,
Et couronné son front des rayons de ma gloire.

« Souvent, à la prière abaissant mon orgueil,
De ta porte, ô Phaon, j'allais baiser le seuil.
« Au moins, disais-je, au moins, si ta rigueur jalouse
Me refuse à jamais ce doux titre d'épouse,
Souffre, ô trop cher Phaon, que Sapho, près de toi,
Esclave si tu veux, vive au moins sous ta loi!
Que m'importent ce nom et cette ignominie,
Pourvu qu'à tes côtés je consume ma vie,
Pourvu que je te voie, et qu'à mon dernier jour
D'un regard de pitié tu plaignes tant d'amour!
Ne crains pas mes périls, ne crains pas ma faiblesse:
Vénus égalera ma force à ma tendresse.
Sur les flots, sur la terre, attachée à tes pas,
Tu me verras te suivre au milieu des combats;
Tu me verras, de Mars affrontant la furie,
Détourner tous les traits qui menacent ta vie,
Entre la mort et toi toujours prompte à courir... »

— Trop heureuse, pour lui si j'avais pu mourir! —
Lorsque enfin, fatigué des travaux de Bellone,
Sous la tente, au sommeil ton âme s'abandonne,
Ce sommeil, ô Phaon, qui n'est plus fait pour moi,
Seule me laissera veillant autour de toi;
Et, si quelque souci vient rouvrir ta paupière,
Assise à tes côtés durant la nuit entière,
Mon luth sur mes genoux soupirant mon amour,
Je charmerai ta peine en attendant le jour. »
— Je disais, et les vents emportaient ma prière;
L'écho répétait seul ma plainte solitaire,
Et l'écho seul encor répond à mes sanglots.
Pleurez, pleurez ma honte, ô filles de Lesbos!

« Toi qui fus une fois mon bonheur et ma gloire,
O lyre, que ma main fit résonner pour lui,
Ton aspect que j'aimais m'importune aujourd'hui,
Et chacun de tes airs rappelle à ma mémoire
Et mes feux, et ma honte, et l'ingrat qui m'a fui.
Brise-toi dans mes mains, lyre à jamais funeste!
Aux autels de Vénus, dans ses sacrés parvis,
Je ne te suspends pas! que le courroux céleste
Sur ces flots orageux disperse tes débris,
Et que de mes tourments nul vestige ne reste!
Que ne puis-je de même engloutir dans ces mers
Et ma fatale gloire, et mes chants, et mes vers!
Que ne puis-je effacer mes traces sur la terre!
Que ne puis-je aux enfers descendre tout entière,
Et, brûlant ces écrits où doit vivre Phaon,
Emporter avec moi l'opprobre de mon nom!

« Cependant si les dieux, que sa rigueur outrage,
Poussaient en cet instant ses pas vers le rivage;

Si de ce lieu suprême il pouvait s'approcher;
S'il venait contempler sur le fatal rocher
Sapho, les yeux en pleurs, errante, échevelée,
Frappant de vains sanglots la rive désolée,
Brûlant encor pour lui, lui pardonnant son sort,
Et dressant lentement les apprêts de sa mort,
Sans doute, à cet aspect, touché de mon supplice,
Il se repentirait de sa longue injustice;
Sans doute, par mes pleurs se laissant désarmer,
Il dirait à Sapho : « Vis encor pour aimer! »
Qu'ai-je dit? Loin de moi, quelque remords peut-être,
A défaut de l'amour, dans son cœur a pu naître :
Peut-être dans sa fuite, averti par les dieux,
Il frissonne, il s'arrête, il revient vers ces lieux;
Il revient m'arrêter sur les bords de l'abime;
Il revient!... il m'appelle!... il sauve sa victime!...
Oh! qu'entends-je? Écoutez... du côté de Lesbos
Une clameur lointaine a frappé les échos!
J'ai reconnu l'accent de cette voix si chère,
J'ai vu sur le chemin s'élever la poussière!
O vierges, regardez! Ne le voyez-vous pas
Descendre la colline et me tendre les bras?...
Mais non! tout est muet dans la nature entière,
Un silence de mort règne au loin sur la terre;
Le chemin est désert!... Je n'entends que les flots!
Pleurez, pleurez ma honte, ô filles de Lesbos!


« Mais déjà, s'élançant vers les cieux qu'il colore,
Le soleil de son char précipite le cours.
Toi qui viens commencer le dernier de mes jours,
Adieu, dernier soleil! adieu, suprême aurore!
Demain du sein des flots vous jaillirez encore;
Et moi je meurs! et moi je m'éteins pour toujours!

Adieu, champs paternels! adieu, douce contrée!
Adieu, chère Lesbos à Vénus consacrée!
Rivage où j'ai reçu la lumière des cieux;
Temple auguste où ma mère, aux jours de ma naissance,
D'une tremblante main me consacrant aux dieux,
Au culte de Vénus dévoua mon enfance;
Et toi, forêt sacrée, où les filles du ciel,
Entourant mon berceau, m'ont nourri de leur miel,
Adieu! Leurs vains présents, que le vulgaire envie,
Ni des traits de l'Amour, ni des coups du destin,
Misérable Sapho, n'ont pu sauver ta vie!
Tu vécus dans les pleurs, et tu meurs au matin!
Ainsi tombe une fleur avant d'être fanée;
Ainsi, cruel Amour, sous le couteau mortel,
Une jeune victime à ton temple amenée,
Qu'à ton culte en naissant le pâtre a destinée,
Vient tomber avant l'âge au pied de ton autel.

« Et vous, qui reverrez le cruel que j'adore,
Quand l'ombre du trépas aura couvert mes yeux,
Compagnes de Sapho, portez-lui ces adieux :
Dites-lui... qu'en mourant je le nommais encore!... »

Elle dit. Et le soir, quittant le bord des flots,
Vous revîntes sans elle, ô vierges de Lesbos!

## COMMENTAIRE

*C'était en 1816. Je n'avais pas encore écrit vingt vers de suite. J'étais à Paris, livré à la dissipation et* surtout au jeu, qui a dévoré tant de jours et tant de nuits de mon adolescence. Mes amis partageaient mes égarements ; mais ils étaient tous cependant des jeunes gens d'élite, lettrés, rêveurs, penseurs, jaseurs, poëtes ou artistes, comme moi. Dans les intervalles de loisir et de réflexion que le jeu nous laissait, nous nous entretenions de sujets graves, philosophiques, poétiques, dans les bois de Saint-Cloud, d'Ivry, de Meudon, de Viroflay, de Saint-Germain. Nous y portions des poëtes, surtout des poëtes sensibles, élégiaques, amoureux, selon nos âges et selon nos cœurs. Nous les lisions à l'ombre des grands marronniers de ces parcs royaux.

Un soir, en rentrant d'une de ces excursions, pendant laquelle nous avions relu la strophe unique, mais brûlante, de Sapho, sorte de Vénus de Milo pareille à ce débris découvert par M. de Marcellus, qui contient plus de beauté dans un fragment qu'il n'y en a dans tout un musée de statues intactes, je m'enfermai, et j'écrivis le commencement grec de cette élégie ou de cette héroïde. Je me couchai, je me relevai avec la même fièvre et la même obstination de volonté d'achever enfin un morceau quelconque ayant un commencement, un milieu, une fin, et digne d'être lu à mes amis d'une haleine. Je passai ainsi trois jours sans sortir de ma chambre, oubliant le jeu et le théâtre, et me faisant apporter à manger par la portière de mon hôtel, pour ne pas évaporer ma première longue inspiration.

L'élégie terminée (et elle était beaucoup plus longue), j'ouvris ma porte à mes amis, et je leur lus mon premier soi-disant chef-d'œuvre. Aussi jeunes, aussi novices et aussi amoureux de poésie que moi, ils me couvrirent d'applaudissements, ils copièrent mes vers, ils les apprirent par cœur, ils les récitèrent de mémoire, tantôt à moi-même, tantôt à leurs autres amis. Ce fut mon baptême poétique.

*Huit jours après, nous n'y pensions plus. Le jeu nous avait repris dans son vertige, et nous consumions les plus belles heures de notre jeunesse à entasser sur le tapis du hasard des monceaux d'or que le râteau du banquier amenait devant nous, et qu'il balayait par un autre coup, comme dans un rêve.*

*Après avoir perdu tout ce que je possédais, je partis de Paris, n'emportant pour tout trésor que cette élégie de Sapho. J'avais acheté un cheval arabe avec les débris de ma fortune de joueur; je le montais, et je faisais ma route à petites journées pour le ménager. Je me récitais à moi-même mes propres vers pour m'abréger les heures, et j'oubliais mes adversités de joueur malheureux dans l'entretien de mon cheval, de mon chien, et de mon pauvre et douteux génie, qui commençait à balbutier en moi.*

## IV

## LA SAGESSE

O vous qui passez comme l'ombre
Par ce triste vallon de pleurs,
Passagers sur ce globe sombre,
Hommes, mes frères en douleurs,
Écoutez! voici vers Solyme
Un son de la harpe sublime
Qui charmait l'écho du Thabor :
Sion en frémit sous sa cendre,
Et le vieux palmier croit entendre
La voix du vieillard de Ségor.


Insensé le mortel qui pense!
Toute pensée est une erreur.
Vivez et mourez en silence,
Car la parole est au Seigneur.

Il sait pourquoi flottent les mondes ;
Il sait pourquoi coulent les ondes,
Pourquoi les cieux pendent sur nous,
Pourquoi le jour brille et s'efface,
Pourquoi l'homme soupire et passe :
Et vous, mortels, que savez-vous ?

Asseyez-vous près des fontaines,
Tandis qu'agitant les rameaux,
Du midi les tièdes haleines
Font flotter l'ombre sur les eaux :
Au doux murmure de leurs ondes
Exprimez vos grappes fécondes
Où rougit l'heureuse liqueur ;
Et de main en main, sous vos treilles,
Passez-vous ces coupes vermeilles
Pleines de l'ivresse du cœur.

Ainsi qu'on choisit une rose
Dans les guirlandes de Sarons,
Choisissez une vierge éclose
Parmi les lis de vos vallons ;
Enivrez-vous de son haleine,
Écartez ses tresses d'ébène,
Goûtez les fruits de sa beauté :
·Vivez, aimez, c'est la sagesse!
Hors le plaisir et la tendresse,
Tout est mensonge et vanité.

Comme un lis penché par la pluie
Courbe ses rameaux éplorés,
Si la main du Seigneur vous plie,
Baissez votre tête, et pleurez.

Une larme à ses pieds versée
Luit plus que la perle enchâssée
Dans son tabernacle immortel ;
Et le cœur blessé qui soupire
Rend un son plus doux que la lyre
Sous les colonnes de l'autel.

Les astres roulent en silence,
Sans savoir les routes des cieux ;
Le Jourdain vers l'abîme immense
Poursuit son cours mystérieux ;
L'aquilon, d'une aile rapide,
Sans savoir où l'instinct le guide,
S'élance et court sur vos sillons ;
Les feuilles que l'hiver entasse,
Sans savoir où le vent les chasse,
Volent en pâles tourbillons.

Et vous, pourquoi d'un soin stérile
Empoisonner vos jours bornés?
Le jour présent vaut mieux que mille
Des siècles qui ne sont pas nés.
Passez, passez, ombres légères ;
Allez où sont allés vos pères,
Dormir auprès de vos aïeux.
De ce lit où la mort sommeille,
On dit qu'un jour elle s'éveille
Comme l'aurore dans les cieux.

## COMMENTAIRE

*Le mot sagesse est ici pris en dérision. La sagesse est de faire effort et de souffrir pour perfectionner en soi le type imparfait de l'homme que la nature a mis en nous. Nous naissons ébauche, nous devons mourir statue. Le travail est la loi humaine ; la volupté n'est que l'égoïsme des sens.*

*Je savais bien tout cela quand j'écrivis cette ode en 1826, à Florence ; mais l'âme s'énerve dans le bonheur, comme le corps s'énerve dans les climats trop tempérés de l'Orient. J'étais heureux. Je fis comme Salomon, je m'enivrai de mon bonheur, et je dis : Il n'y a pas d'autre sagesse.*

*Je n'ai pas besoin de dire au lecteur que c'est là un paradoxe en vers, dont Horace ou Anacréon auraient pu faire des strophes bien plus assoupissantes que les miennes, mais dont Platon aurait rougi. Il y a plus de philosophie dans une larme ou dans une goutte de sang versée sur le Calvaire que dans tous les proverbes de Salomon.*

## V

## LE POETE MOURANT

La coupe de mes jours s'est brisée encor pleine;
Ma vie hors de mon sein s'enfuit à chaque haleine;
Ni baisers ni soupirs ne peuvent l'arrêter;
Et l'aile de la mort, sur l'airain qui me pleure,
En sons entrecoupés frappe ma dernière heure:
      Faut-il gémir? faut-il chanter?...

Chantons, puisque mes doigts sont encor sur la lyre;
Chantons, puisque la mort, comme au cygne, m'inspire
Au bord d'un autre monde un cri mélodieux.
C'est un présage heureux donné par mon génie:
Si notre âme n'est rien qu'amour et qu'harmonie,
      Qu'un chant divin soit ses adieux!

La lyre en se brisant jette un son plus sublime;
La lampe qui s'éteint tout à coup se ranime,
Et d'un éclat plus pur brille avant d'expirer;
Le cygne voit le ciel à son heure dernière :
L'homme seul, reportant ses regards en arrière,
    Compte ses jours pour les pleurer.


Qu'est-ce donc que des jours pour valoir qu'on les pleure?
Un soleil, un soleil, une heure, et puis une heure;
L'heure qui vient ressemble à celle qui s'enfuit;
Ce qu'une nous apporte, une autre nous l'enlève :
Travail, repos, douleur, et quelquefois un rêve,
    Voilà le jour; puis vient la nuit.


Ah! qu'il pleure, celui dont les mains acharnées
S'attachant comme un lierre aux débris des années,
Voit avec l'avenir s'écrouler son espoir!
Pour moi, qui n'ai point pris racine sur la terre,
Je m'en vais sans effort, comme l'herbe légère
    Qu'enlève le souffle du soir.


Le poëte est semblable aux oiseaux de passage,
Qui ne bâtissent point leurs nids sur le rivage,
Qui ne se posent pas sur les rameaux des bois :
Nonchalamment bercés sur le courant de l'onde,
Ils passent en chantant loin des bords, et le monde
    Ne connait rien d'eux que leur voix.


Jamais aucune main sur la corde sonore
Ne guida dans ses jeux ma main novice encore :
L'homme n'enseigne pas ce qu'inspire le ciel;

Le ruisseau n'apprend pas à couler dans sa pente,
L'aigle à fendre les airs d'une aile indépendante,
    L'abeille à composer son miel.

L'airain, retentissant dans sa haute demeure,
Sous le marteau sacré tour à tour chante et pleure
Pour célébrer l'hymen, la naissance ou la mort :
J'étais comme ce bronze épuré par la flamme,
Et chaque passion, en frappant sur mon âme,
    En tirait un sublime accord.

Telle durant la nuit la harpe éolienne,
Mêlant au bruit des eaux sa plainte aérienne,
Résonne d'elle-même au souffle des zéphyrs.
Le voyageur s'arrête, étonné de l'entendre ;
Il écoute, il admire, et ne saurait comprendre
    D'où partent ces divins soupirs.

Ma harpe fut souvent de larmes arrosée ;
Mais les pleurs sont pour nous la céleste rosée ;
Sous un ciel toujours pur le cœur ne mûrit pas :
Dans la coupe écrasé le jus du pampre coule,
Et le baume flétri sous le pied qui le foule
    Répand ses parfums sur vos pas.

Dieu d'un souffle brûlant avait formé mon âme ;
Tout ce qu'elle approchait s'embrasait de sa flamme.
Don fatal ! et je meurs pour avoir trop aimé !
Tout ce que j'ai touché s'est réduit en poussière :
Ainsi le feu du ciel tombé sur la bruyère
    S'éteint quand tout est consumé.

Mais le temps? Il n'est plus! - Mais la gloire? Hé! qu'importe
Cet écho d'un vain son qu'un siècle à l'autre apporte,
Ce nom, brillant jouet de la postérité!
Vous qui de l'avenir lui promettez l'empire,
Écoutez cet accord que va rendre ma lyre...
    Les vents déjà l'ont emporté!


Ah! donnez à la mort un espoir moins frivole.
Hé quoi! le souvenir de ce son qui s'envole
Autour d'un vain tombeau retentirait toujours?
Ce souffle d'un mourant, quoi! c'est là de la gloire?
Mais vous qui promettez les temps à sa mémoire,
    Mortels, possédez-vous deux jours?


J'en atteste les dieux! depuis que je respire,
Mes lèvres n'ont jamais prononcé sans sourire
Ce grand nom inventé par le délire humain;
Plus j'ai pressé ce mot, plus je l'ai trouvé vide,
Et je l'ai rejeté, comme une écorce aride
    Que nos lèvres pressent en vain.


Dans le stérile amour d'une gloire incertaine,
L'homme livre en passant, au courant qui l'entraîne,
Un nom de jour en jour dans sa course affaibli:
De ce brillant débris le flot du temps se joue;
De siècle en siècle il flotte, il avance, il échoue
    Dans les abimes de l'oubli.


Je jette un nom de plus à ces flots sans rivage:
Au gré des vents, du ciel, qu'il s'abime ou surnage,
En serai-je plus grand? Pourquoi? ce n'est qu'un nom.

Le cygne qui s'envole aux voûtes éternelles,
Amis, s'informe-t-il si l'ombre de ses ailes
  Flotte encor sur un vil gazon?...

Mais pourquoi chantais-tu? — Demande à Philomèle
Pourquoi, durant les nuits, sa douce voix se mêle
Au doux bruit des ruisseaux sous l'ombrage roulant.
Je chantais, mes amis, comme l'homme respire,
Comme l'oiseau gémit, comme le vent soupire,
  Comme l'eau murmure en coulant.

Aimer, prier, chanter, voilà toute ma vie.
Mortel, de tous ces biens qu'ici-bas l'homme envie,
A l'heure des adieux je ne regrette rien ;
Rien que l'ardent soupir qui vers le ciel s'élance,
L'extase de la lyre, ou l'amoureux silence
  D'un cœur pressé contre le mien.

Aux pieds de la beauté sentir frémir sa lyre ;
Voir d'accord en accord l'harmonieux délire
Couler avec le son et passer dans son sein ;
Faire pleuvoir les pleurs de ces yeux qu'on adore,
Comme au souffle des vents les larmes de l'aurore
  Pleuvent d'un calice trop plein ;

Voir le regard plaintif de la vierge modeste
Se tourner tristement vers la voûte céleste,
Comme pour s'envoler avec le son qui fuit,
Puis, retombant sur vous plein d'une chaste flamme,
Sous ses cils abaissés laisser briller son âme,
  Comme un feu tremblant dans la nuit ;

Voir passer sur son front l'ombre de sa pensée,
La parole manquer à sa bouche oppressée,
Et de ce long silence entendre enfin sortir
Ce mot qui retentit jusque dans le ciel même,
Ce mot, le mot des dieux et des hommes : « Je t'aime ! »
      Voilà ce qui vaut un soupir.


Un soupir ! un regret ! inutile parole !
Sur l'aile de la mort mon âme au ciel s'envoie,
Je vais où leur instinct emporte nos désirs ;
Je vais où le regard voit briller l'espérance ;
Je vais où va le son qui de mon luth s'élance,
      Où sont allés tous mes soupirs !


Comme l'oiseau qui voit dans les ombres funèbres,
La foi, cet œil de l'âme, a percé mes ténèbres ;
Son prophétique instinct m'a révélé mon sort.
Aux champs de l'avenir combien de fois mon âme,
S'élançant jusqu'au ciel sur des ailes de flamme,
      A-t-elle devancé la mort !


N'inscrivez point de nom sur ma demeure sombre ;
Du poids d'un monument ne chargez pas mon ombre :
D'un peu de sable, hélas ! je ne suis point jaloux.
Laissez-moi seulement à peine assez d'espace
Pour que le malheureux qui sur ma tombe passe
      Puisse y poser ses deux genoux.


Souvent, dans le secret de l'ombre et du silence,
Du gazon d'un cercueil la prière s'élance,
Et trouve l'espérance à côté de la mort.

Le pied sur une tombe on tient moins à la terre :
L'horizon est plus vaste, et l'âme, plus légère,
    Monte au ciel avec moins d'effort.


Brisez, livrez aux vents, aux ondes, à la flamme,
Ce luth qui n'a qu'un son pour répondre à mon âme :
Le luth des séraphins va frémir sous mes doigts.
Bientôt, vivant comme eux d'un immortel délire,
Je vais guider peut-être, aux accords de ma lyre,
    Des cieux suspendus à ma voix.


Bientôt... Mais de la Mort la main lourde et muette
Vient de toucher la corde ; elle se brise, et jette
Un son plaintif et sourd dans le vague des airs.
Mon luth glacé se tait... Amis, prenez le vôtre,
Et que mon âme encor passe d'un monde à l'autre
    Au bruit de vos sacrés concerts !

## COMMENTAIRE

*A l'âge de seize ans, j'avais lu dans le poëte anglais Pope trois strophes qui m'étaient restées depuis dans le souvenir, et que j'avais essayé de traduire en vers, avec l'aide de mon maître de langue.*

*En 1825, étant allé à Lyon pour consulter, sur des langueurs dont j'étais atteint, un des fameux médecins que cette ville possède toujours, comme Genève ou Bologne, et croyant que j'étais condamné à mourir jeune, j'éprou=*

vai la même mélancolie, et je retrouvai en moi les mêmes images que Pope avait rêvées et qu'il avait essayé de peindre.

J'étais seul dans une chambre d'auberge, dont les fenêtres ouvraient sur la Saône lente, terne et voilée de brumes, sous la sombre colline de Fourvières, au sommet de laquelle s'élèvent les premiers temples du christianisme dans les Gaules. La religion de ma mère et de mon enfance se présentait, dans ces années-là, à ma tristesse avec toutes les tendresses du berceau, avec toutes les perspectives dont elle a embelli l'autre côté de la tombe. J'écrivis ces strophes avec les larmes du souvenir et de l'espérance.

Le soir, je les portai à mon ami, M. de Virieu, qui résidait alors dans le voisinage de Lyon. Il était lui-même malade. Je m'assis près de son lit, aux derniers rayons du soleil sur ses rideaux, et je lui lus les strophes, échos tristes, mais sereins, de deux vies qui finissent. Je vis, aux larmes de mon ami, que ces vers venaient du cœur, puisqu'ils y reproduisaient une si vive impression. Je les laissai à Virieu, qui me les rendit quelques mois après, pour l'impression.

# VI

# L'ESPRIT DE DIEU

### A L. DE V***

Le feu divin qui nous consume
Ressemble à ces feux indiscrets
Qu'un pasteur imprudent allume
Au bord des profondes forêts :
Tant qu'aucun souffle ne l'éveille,
L'humble foyer couve et sommeille ;
Mais s'il respire l'aquilon,
Tout à coup la flamme engourdie
S'enfle, déborde, et l'incendie
Embrase un immense horizon.

O mon âme! de quels rivages
Viendra ce souffle inattendu?
Sera-ce un enfant des orages?
Un soupir à peine entendu?
Viendra-t-il, comme un doux zéphire,
Mollement caresser ma lyre,
Ainsi qu'il caresse une fleur?
Ou, sous ses ailes frémissantes,
Briser ces cordes gémissantes
Du cri perçant de la douleur?


Viens du couchant ou de l'aurore,
Doux ou terrible, au gré du sort!
Le sein généreux qui t'implore
Brave la souffrance ou la mort.
Aux cœurs altérés d'harmonie
Qu'importe le prix du génie?
Si c'est la mort, il faut mourir!
On dit que la bouche d'Orphée,
Par les flots de l'Hèbre étouffée,
Rendit un immortel soupir.


Mais, soit qu'un mortel vive ou meure,
Toujours rebelle à nos souhaits,
L'Esprit ne souffle qu'à son heure,
Et ne se repose jamais.
Préparons-lui des lèvres pures,
Un œil chaste, un front sans souillures,
Comme, aux approches du saint lieu,
Des enfants, des vierges voilées,
Jonchent de roses effeuillées
La route où va passer un Dieu!

Fuyant les bords qui l'ont vu naître,
De Laban l'antique berger
Un jour devant lui vit paraître
Un mystérieux étranger.
Dans l'ombre ses larges prunelles
Lançaient de pâles étincelles ;
Ses pas ébranlaient le vallon ;
Le courroux gonflait sa poitrine,
Et le souffle de sa narine
Résonnait comme l'aquilon.


Dans un formidable silence
Ils se mesurent un moment ;
Soudain l'un sur l'autre s'élance,
Saisi d'un même emportement.
Leurs bras menaçants se replient,
Leurs fronts luttent, leurs membres crient,
Leurs flancs pressent leurs flancs pressés ;
Comme un chêne qu'on déracine,
Leur tronc se balance et s'incline
Sur leurs genoux entrelacés.


Tous deux ils glissent dans la lutte,
Et Jacob, enfin terrassé,
Chancelle, tombe, et dans sa chute
Entraîne l'ange renversé :
Palpitant de crainte et de rage,
Soudain le pasteur se dégage
Des bras du combattant des cieux,
L'abat, le presse, le surmonte,
Et sur son sein gonflé de honte
Pose un genou victorieux !

Mais sur le lutteur qu'il domine
Jacob, encor mal affermi,
Sent à son tour sur sa poitrine
Le poids du céleste ennemi.
Enfin, depuis les heures sombres
Où le soir lutte avec les ombres,
Tantôt vaincu, tantôt vainqueur,
Contre ce rival qu'il ignore
Il combattit jusqu'à l'aurore...
Et c'était l'Esprit du Seigneur!

Attendons le souffle suprême
Dans un repos silencieux ;
Nous ne sommes rien de nous-même
Qu'un instrument mélodieux.
Quand le doigt d'en haut se retire,
Restons muets comme la lyre
Qui recueille ses saints transports,
Jusqu'à ce que la main puissante
Touche la corde frémissante
Où dorment les divins accords.

## COMMENTAIRE

*J'écrivis cette ode à Paris, dans un de ces moments de sécheresse où l'âme se torture sans pouvoir enfanter sa pensée. Cette belle image de Jacob luttant avec l'ange, qui m'avait toujours paru inexpliquée, se révéla alors à* moi. C'était évidemment l'inspiration de Dieu combattant contre la volonté aveugle et rebelle de l'homme. Cette idée me frappa tellement un matin à mon réveil, que je la chantai d'une seule haleine; et que l'ode était écrite avant que le fils de la portière de mon hôtel, qui me servait de page, et dont j'ai parlé dans les Confidences, m'eût apporté mes habits et allumé le feu de ma cheminée.

# VII

# BONAPARTE

Sur un écueil battu par la vague plaintive,
Le nautonier de loin voit blanchir sur la rive
Un tombeau près du bord par les flots déposé;
Le temps n'a pas encor bruni l'étroite pierre,
Et sous le vert tissu de la ronce et du lierre
      On distingue... un sceptre brisé.

Ici gît... Point de nom! demandez à la terre!
Ce nom, il est inscrit en sanglant caractère
Des bords du Tanaïs au sommet du Cédar,
Sur le bronze et le marbre, et sur le sein des braves,
Et jusque dans le cœur de ces troupeaux d'esclaves
      Qu'il foulait tremblants sous son char.

Depuis ces deux grands noms qu'un siècle au siècle annonce,
Jamais nom qu'ici-bas toute langue prononce
Sur l'aile de la foudre aussi loin ne vola;
Jamais d'aucun mortel le pied qu'un souffle efface
N'imprima sur la terre une plus forte trace :
  Et ce pied s'est arrêté là...


Il est là !... Sous trois pas un enfant le mesure !
Son ombre ne rend pas même un léger murmure;
Le pied d'un ennemi foule en paix son cercueil.
Sur ce front foudroyant le moucheron bourdonne,
Et son ombre n'entend que le bruit monotone
  D'une vague contre un écueil.


Ne crains pas cependant, ombre encore inquiète,
Que je vienne outrager ta majesté muette.
Non ! la lyre aux tombeaux n'a jamais insulté :
La mort fut de tout temps l'asile de la gloire.
Rien ne doit jusqu'ici poursuivre une mémoire;
  Rien... excepté la vérité.


Ta tombe et ton berceau sont couverts d'un nuage,
Mais, pareil à l'éclair, tu sortis d'un orage;
Tu foudroyas le monde avant d'avoir un nom :
Tel ce Nil, dont Memphis boit les vagues fécondes,
Avant d'être nommé fait bouillonner ses ondes
  Aux solitudes de Memnon.


Les dieux étaient tombés, les trônes étaient vides;
La Victoire te prit sur ses ailes rapides;
D'un peuple de Brutus la gloire te fit roi.

Ce siècle, dont l'écume entraînait dans sa course
Les mœurs, les rois, les dieux... refoulé vers sa source,
    Recula d'un pas devant toi.

Tu combattis l'erreur sans regarder le nombre ;
Pareil au fier Jacob, tu luttas contre une ombre ;
Le fantôme croula sous le poids d'un mortel ;
Et, de tous ces grands noms profanateur sublime,
Tu jouas avec eux comme la main du crime
    Avec les vases de l'autel.

Ainsi, dans les accès d'un impuissant délire,
Quand un siècle vieilli de ses mains se déchire
En jetant dans ses fers un cri de liberté,
Un héros tout à coup de la poudre se lève,
Le frappe avec son sceptre... Il s'éveille, et le rêve
    Tombe devant la vérité.

Ah ! si, rendant ce sceptre à ses mains légitimes,
Plaçant sur ton pavois de royales victimes,
Tes mains des saints bandeaux avaient lavé l'affront,
Soldat vengeur des rois, plus grand que ces rois même,
De quel divin parfum, de quel pur diadème
    L'histoire aurait sacré ton front !

Gloire, honneur, liberté, ces mots que l'homme adore,
Retentissaient pour toi comme l'airain sonore
Dont un stupide écho répète au loin le son :
De cette langue en vain ton oreille frappée
Ne comprit ici-bas que le cri de l'épée
    Et le mâle accord du clairon.

Superbe, et dédaignant ce que la terre admire,
Tu ne demandais rien au monde que l'empire.
Tu marchais... tout obstacle était ton ennemi.
Ta volonté volait comme ce trait rapide
Qui va frapper le but où le regard le guide,
    Même à travers un cœur ami.


Jamais, pour éclaircir ta royale tristesse,
La coupe des festins ne te versa l'ivresse;
Tes yeux d'une autre pourpre aimaient à s'enivrer.
Comme un soldat debout qui veille sous les armes,
Tu vis de la beauté le sourire ou les larmes,
    Sans sourire et sans soupirer.


Tu n'aimais que le bruit du fer, le cri d'alarmes,
L'éclat resplendissant de l'aube sur les armes;
Et ta main ne flattait que ton léger coursier,
Quand les flots ondoyants de sa pâle crinière
Sillonnaient comme un vent la sanglante poussière,
    Et que ses pieds brisaient l'acier.


Tu grandis sans plaisir, tu tombas sans murmure.
Rien d'humain ne battait sous ton épaisse armure:
Sans haine et sans amour, tu vivais pour penser.
Comme l'aigle régnant dans un ciel solitaire,
Tu n'avais qu'un regard pour mesurer la terre,
    Et des serres pour l'embrasser.


S'élancer d'un seul bond au char de la victoire;
Foudroyer l'univers des splendeurs de sa gloire;
Fouler d'un même pied des tribuns et des rois;

Forger un joug trempé dans l'amour et la haine,
Et faire frissonner sous le frein qui l'enchaîne
  Un peuple échappé de ses lois ;

Être d'un siècle entier la pensée et la vie ;
Émousser le poignard, décourager l'envie,
Ébranler, raffermir l'univers incertain ;
Aux sinistres clartés de ta foudre qui gronde,
Vingt fois contre les dieux jouer le sort du monde,
  Quel rêve !!! et ce fut ton destin !...

Tu tombas cependant de ce sublime faîte :
Sur ce rocher désert jeté par la tempête,
Tu vis tes ennemis déchirer ton manteau ;
Et le sort, ce seul dieu qu'adora ton audace,
Pour dernière faveur t'accorda cet espace
  Entre le trône et le tombeau.

Oh ! qui m'aurait donné d'y sonder ta pensée,
Lorsque le souvenir de ta grandeur passée
Venait, comme un remords, t'assaillir loin du bruit,
Et que, les bras croisés sur ta large poitrine,
Sur ton front chauve et nu, que la pensée incline,
  L'horreur passait comme la nuit !

Tel qu'un pasteur debout sur la rive profonde
Voit son ombre de loin se prolonger sur l'onde
Et du fleuve orageux suivre en flottant le cours ;
Tel, du sommet désert de ta grandeur suprême,
Dans l'ombre du passé te recherchant toi-même,
  Tu rappelais tes anciens jours.

Ils passaient devant toi comme des flots sublimes
Dont l'œil voit sur les mers étinceler les cimes :
Ton oreille écoutait leur bruit harmonieux ;
Et, d'un reflet de gloire éclairant ton visage,
Chaque flot t'apportait une brillante image
     Que tu suivais longtemps des yeux.


Là, sur un pont tremblant tu défiais la foudre ;
Là, du désert sacré tu réveillais la poudre ;
Ton coursier frissonnait dans les flots du Jourdain ;
Là, tes pas abaissaient une cime escarpée ;
Là, tu changeais en sceptre une invincible épée ;
     Ici... Mais quel effroi soudain !


Pourquoi détournes-tu ta paupière éperdue ?
D'où vient cette pâleur sur ton front répandue ?
Qu'as-tu vu tout à coup dans l'horreur du passé ?
Est-ce de vingt cités la ruine fumante,
Ou du sang des humains quelque plaine écumante ?
     Mais la gloire a tout effacé.


La gloire efface tout... tout, excepté le crime !
Mais son doigt me montrait le corps d'une victime,
Un jeune homme, un héros d'un sang pur inondé.
Le flot qui l'apportait passait, passait sans cesse ;
Et toujours en passant la vague vengeresse
     Lui jetait le nom de Condé.


Comme pour effacer une tache livide,
On voyait sur son front passer sa main rapide ;
Mais la trace du sang sous son doigt renaissait :

Et, comme un sceau frappé par une main suprême,
La goutte ineffaçable, ainsi qu'un diadème,
    Le couronnait de son forfait.


C'est pour cela, tyran, que ta gloire ternie
Fera par ton forfait douter de ton génie,
Qu'une trace de sang suivra partout ton char,
Et que ton nom, jouet d'un éternel orage,
Sera par l'avenir ballotté d'âge en âge
    Entre Marius et César.


Tu mourus cependant de la mort du vulgaire :
Ainsi qu'un moissonneur va chercher son salaire
Et dort sur sa faucille avant d'être payé,
Tu ceignis en mourant ton glaive sur ta cuisse,
Et tu fus demander récompense ou justice
    Au Dieu qui t'avait envoyé !


On dit qu'aux derniers jours de sa longue agonie,
Devant l'éternité seul avec son génie,
Son regard vers le ciel parut se soulever :
Le signe rédempteur toucha son front farouche,
Et même on entendit commencer sur sa bouche
    Un nom... qu'il n'osait achever.


Achève!... C'est le Dieu qui règne et qui couronne,
C'est le Dieu qui punit, c'est le Dieu qui pardonne !
Pour les héros et nous il a des poids divers.
Parle-lui sans effroi : lui seul peut te comprendre.
L'esclave et le tyran ont tous un compte à rendre,
    L'un du sceptre, l'autre des fers.

Son cercueil est fermé : Dieu l'a jugé. Silence !
Son crime et ses exploits pèsent dans la balance :
Que des faibles mortels la main n'y touche plus !
Qui peut sonder, Seigneur, ta clémence infinie ?
Et vous, fléaux de Dieu, qui sait si le génie
    N'est pas une de vos vertus ?

## COMMENTAIRE

*Cette méditation fut écrite à Saint-Point, dans la petite tour du nord, au printemps de l'année 1821, peu de mois après qu'on eut appris en France la mort de Bonaparte à Sainte-Hélène. Elle fit une immense impression dans le temps. Je n'aimais pas Bonaparte : j'avais été élevé dans l'horreur de sa tyrannie. L'inquisition de cet homme contre la pensée était telle, que la police de Paris ayant été informée qu'un jeune homme de Mâcon, âgé de dix-sept ans, prenait des leçons de langue anglaise d'un prisonnier de guerre en résidence dans cette ville, le préfet vint chez le père de ce jeune homme lui signifier, au nom de l'empereur, de faire cesser cette étude de son fils, s'il ne voulait pas porter ombrage au gouvernement. En écrivant cette ode, qu'on a trouvée quelquefois trop sévère, je me trouvais donc moi-même trop indulgent : je me reprochais quelque complaisance pour la popularité posthume de ce grand nom. La dernière strophe surtout est un sacrifice immoral à ce qu'on appelle la gloire. Le génie par lui-même n'est rien moins qu'une vertu ; ce n'est qu'un don, une faculté, un instrument : il* n'expie rien, il aggrave tout. Le génie mal employé est un crime plus illustre : voilà la vérité en prose.

La circonstance dans laquelle j'appris la nouvelle de la mort de Bonaparte est trop remarquable pour que je ne la consigne pas ici.

J'étais à Aix, en Savoie. M^me de Saint-Fargeau, fille de Lepelletier de Saint-Fargeau, assassiné par Pâris, le jour de la condamnation de Louis XVI, en expiation de son vote, m'avait invité à dîner chez elle. Je me rendis à son hôtel. J'y trouvai le maréchal Marmont; il ignorait encore, comme tout le monde, la mort de son compagnon de jeunesse et de son empereur. Un moment après, entra M. de Lally-Tollendal. La conversation s'engagea sur des choses indifférentes. On attendit longtemps un quatrième convive ; c'était le duc Dalberg, ambassadeur à Turin. Comme il n'arrivait pas, on se mit à table. L'entretien était serein, gai, très intéressant pour moi, jeune homme obscur, assis entre les représentants de deux siècles. Enfin, au milieu du dîner, arriva le duc Dalberg. Il paraissait ému. Il s'excusa sur la nécessité où il avait été d'ouvrir son courrier, et de lire des dépêches importantes. « Il y a une bien grande nouvelle, dit-il à M^me de Saint-Fargeau avant de s'asseoir ; il est mort ! » Il voulait dire l'homme du siècle. Tout le monde le comprit. Le duc raconta alors l'événement et les détails.

J'étais en face du maréchal Marmont. Je surpris la nature avant qu'elle eût le temps de s'arranger ou de se voiler. Je vis dans la pâleur subite de la physionomie, dans le pli involontaire des lèvres, dans l'accent brisé de la voix, et bientôt dans les larmes montant du cœur aux yeux sous les larges sourcils noirs du soldat, la douleur non simulée, mais profonde et déchirante, de l'homme et de l'ami. Tous ceux qui étaient là détestaient

*Bonaparte : le duc Dalberg, comme ami de M. de Talleyrand ; M. de Lally-Tollendal, comme émigré rentré, voué au culte des Bourbons ; M*$^{me}$ *de Saint-Fargeau, comme fille de son père, ayant eu la République pour marraine ; moi, comme poëte. Le maréchal n'avait donc aucun intérêt à feindre. D'ailleurs, il n'aurait pas eu le temps de composer son visage. Il fut atterré. Il se leva de table et marcha longtemps dans la salle, les yeux levés au ciel, et les lèvres balbutiant des mots que nous n'entendions pas.*

*Non, un tel homme n'était pas un traître ! Il avait été placé dans une circonstance terrible entre sa patrie et son ami, bourrelé, surpris, indécis, entraîné. Mais il y avait eu étourdissement dans sa pensée ; il a subi une fatalité, il a perdu une heure plus tôt, il n'a pas vendu son bienfaiteur. L'attachement dans le cœur ne survit pas à la trahison. L'histoire peut chercher les clauses du pacte infâme et imaginaire dans lequel il aurait vendu son compagnon de jeunesse. Quant à moi, j'ai vu les larmes de l'ami. Je ne crois pas au traître.*

# VIII

## LES ÉTOILES

#### A MADAME DE P***

Il est pour la pensée une heure... une heure sainte,
Alors que, s'enfuyant de la céleste enceinte,
De l'absence du jour pour consoler les cieux,
Le crépuscule aux monts prolonge ses adieux.
On voit à l'horizon sa lueur incertaine,
Comme les bords flottants d'une robe qui traine,
Balayer lentement le firmament obscur,
Où les astres ternis revivent dans l'azur.
Alors ces globes d'or, ces iles de lumière,
Que cherche par instinct la rêveuse paupière,
Jaillissent par milliers de l'ombre qui s'enfuit,
Comme une poudre d'or sous les pas de la nuit;

Et le souffle du soir, qui vole sur sa trace,
Les sème en tourbillons dans le brillant espace.
L'œil ébloui les cherche et les perd à la fois :
Les uns semblent planer sur les cimes des bois,
Tels qu'un céleste oiseau dont les rapides ailes
Font jaillir, en s'ouvrant, des gerbes d'étincelles;
D'autres en flots brillants s'étendent dans les airs,
Comme un rocher blanchi de l'écume des mers;
Ceux-là, comme un coursier volant dans la carrière,
Déroulent à longs plis leur flottante crinière;
Ceux-ci, sur l'horizon se penchant à demi,
Semblent des yeux ouverts sur le monde endormi,
Tandis qu'aux bords du ciel de légères étoiles
Voguent dans cet azur comme de blanches voiles
Qui, revenant au port d'un rivage lointain,
Brillent sur l'Océan aux rayons du matin.

De ces astres brillants, son plus sublime ouvrage,
Dieu seul connaît le nombre, et la distance, et l'âge :
Les uns, déjà vieillis, pâlissent à nos yeux;
D'autres se sont perdus dans les routes des cieux;
D'autres, comme des fleurs que son souffle caresse,
Lèvent un front riant de grâce et de jeunesse,
Et, charmant l'orient de leurs fraîches clartés,
Étonnent tout à coup l'œil qui les a comptés.
Dans la danse céleste ils s'élancent... et l'homme,
Ainsi qu'un nouveau-né, les salue et les nomme..
Quel mortel enivré de leur chaste regard,
Laissant ses yeux flottants les fixer au hasard,
Et cherchant le plus pur parmi ce chœur suprême,
Ne l'a pas consacré du nom de ce qu'il aime?
Moi-même... il en est un, solitaire, isolé,
Qui dans mes longues nuits m'a souvent consolé,

Et dont l'éclat, voilé des ombres du mystère,
Me rappelle un regard qui brillait sur la terre.
Peut-être... Ah! puisse-t-il au céleste séjour
Porter au moins ce nom que lui donna l'amour!


Cependant la nuit marche, et sur l'abîme immense
Tous ces mondes flottants gravitent en silence,
Et nous-même, avec eux emportés dans leur cours,
Vers un port inconnu nous avançons toujours.
Souvent pendant la nuit, au souffle du zéphire,
On sent la terre aussi flotter comme un navire;
D'une écume brillante on voit les monts couverts
Fendre d'un cours égal le flot grondant des airs;
Sur ces vagues d'azur, où le globe se joue,
On entend l'aquilon se briser sous la proue,
Et du vent dans les mâts les tristes sifflements,
Et de ses flancs battus les sourds gémissements;
Et l'homme, sur l'abîme où sa demeure flotte,
Vogue avec volupté sur la foi du pilote!
Soleils! mondes errants qui voguez avec nous,
Dites, s'il vous l'a dit, où donc allons-nous tous?
Quel est le port céleste où son souffle nous guide?
Quel terme assigna-t-il à notre vol rapide?
Allons-nous sur des bords de silence et de deuil,
Échouant dans la nuit sur quelque vaste écueil,
Semer l'immensité des débris du naufrage?
Ou, conduits par sa main sur un brillant rivage,
Et sur l'ancre éternelle à jamais affermis,
Dans un golfe du ciel aborder endormis?


Vous qui nagez plus près de la céleste voûte,
Mondes étincelants, vous le savez sans doute!

Cet océan plus pur, ce ciel où vous flottez,
Laisse arriver à vous de plus vives clartés ;
Plus brillantes que nous, vous savez davantage :
Car de la vérité la lumière est l'image.
Oui, si j'en crois l'éclat dont vos orbes errants
Argentent des forêts les dômes transparents,
Ou qui, glissant soudain sur des mers irritées,
Calme en les éclairant les vagues agitées ;
Si j'en crois ces rayons qui, d'un sensible jour,
Inspirent la vertu, la prière, l'amour,
Et, quand l'œil attendri s'entr'ouvre à leur lumière,
Attirent une larme au bord de la paupière ;
Si j'en crois ces instincts, ces doux pressentiments
Qui dirigent vers vous les soupirs des amants,
Les yeux de la beauté, les rêves qu'on regrette,
Et le vol enflammé de l'aigle et du poëte,
Tentes du ciel, Édens, temples, brillants palais,
Vous êtes un séjour d'innocence et de paix !
Dans le calme des nuits, à travers la distance,
Vous en versez sur nous la lointaine influence.
Tout ce que nous cherchons, l'amour, la vérité,
Ces fruits tombés du ciel, dont la terre a goûté,
Dans vos brillants climats que le regard envie,
Nourrissent à jamais les enfants de la vie ;
Et l'homme, un jour peut-être à ses destins rendu,
Retrouvera chez vous tout ce qu'il a perdu.
Hélas ! combien de fois seul, veillant sur ces cimes
Où notre âme plus libre a des vœux plus sublimes,
Beaux astres, fleurs du ciel dont le lis est jaloux,
J'ai murmuré tout bas : Que ne suis-je un de vous !
Que ne puis-je, échappant à ce globe de boue,
Dans la sphère éclatante où mon regard se joue,
Jonchant d'un feu de plus les parvis du saint lieu,
Éclore tout à coup sous les pas de mon Dieu,

Ou briller sur le front de la beauté suprême,
Comme un pâle fleuron de son saint diadème !


Dans le limpide azur de ces flots de cristal,
Me souvenant encor de mon globe natal,
Je viendrais chaque nuit, tardif et solitaire,
Sur les monts que j'aimais briller près de la terre ;
J'aimerais à glisser sous la nuit des rameaux,
A dormir sur les prés, à flotter sur les eaux,
A percer doucement le voile d'un nuage,
Comme un regard d'amour que la pudeur ombrage.
Je visiterais l'homme ; et, s'il est ici-bas
Un front pensif, des yeux qui ne se ferment pas,
Une âme en deuil, un cœur qu'un poids sublime oppresse,
Répandant devant Dieu sa pieuse tristesse,
Un malheureux au jour dérobant ses douleurs,
Et dans le sein des nuits laissant couler ses pleurs,
Un génie inquiet, une active pensée
Par un instinct trop fort dans l'infini lancée,
Mon rayon, pénétré d'une sainte amitié,
Pour des maux trop connus prodiguant sa pitié,
Comme un secret d'amour versé dans un cœur tendre,
Sur ces fronts inclinés se plairait à descendre.
Ma lueur fraternelle en découlant sur eux
Dormirait sur leur sein, sourirait à leurs yeux :
Je leur révélerais dans la langue divine
Un mot du grand secret que le malheur devine ;
Je sécherais leurs pleurs ; et, quand l'œil du matin
Ferait pâlir mon disque à l'horizon lointain,
Mon rayon, en quittant leur paupière attendrie,
Leur laisserait encor la vague rêverie,
Et la paix et l'espoir ; et, lassés de gémir,
Au moins avant l'aurore ils pourraient s'endormir !

Et vous, brillantes sœurs, étoiles, mes compagnes,
Qui du bleu firmament émaillez les campagnes,
Et, cadençant vos pas à la lyre des cieux,
Nouez et dénouez vos chœurs harmonieux,
Introduit sur vos pas dans la céleste chaine,
Je suivrais dans l'azur l'instinct qui vous entraine.
Vous guideriez mon œil dans ce vaste désert,
Labyrinthe de feux où le regard se perd :
Vos rayons m'apprendraient à louer, à connaître
Celui que nous cherchons, que vous voyez peut-être ;
Et, noyant dans son sein mes tremblantes clartés,
Je sentirais en lui... tout ce que vous sentez !

## COMMENTAIRE

*La nuit est le livre mystérieux des contemplateurs, des amants et des poëtes. Eux seuls savent y lire, parce qu'eux seuls en ont la clef. Cette clef, c'est l'infini. Le ciel étoilé est la révélation visible de cet infini. L'œil n'y cherche pas seulement la vérité, mais il y cherche l'amour, surtout l'amour évanoui ici-bas. Ces lueurs sont des âmes, des regards, des silences pleins de voix connues. Qui n'a pas senti cela n'a jamais aspiré, aimé, regretté dans sa vie.*

*J'écrivis cette méditation sur un étang des bois de Montculot, château de ma famille, dans ces hautes montagnes de Bourgogne, à quelque distance de Dijon, pendant ces belles nuits de l'été, où l'ombre immobile des peupliers frissonne de temps en temps au bord de l'eau* transparente, comme au passage d'une ombre. Je détachais la barque du rivage, et je me laissais dériver au hasard ou échouer au milieu des ajoncs. Ce lieu, que j'ai été obligé de vendre, m'est resté sacré. J'y ai tant lu, tant rêvé, tant soupiré, tant aimé, depuis l'âge de onze ans jusqu'à l'âge d'homme! J'ai vendu le château, mais pas les mémoires ; les bois, mais pas l'ombre ; les eaux, mais pas les murmures. Tout cela est dans mon cœur et ne mourra qu'avec moi.

## IX

## LE PAPILLON

Naître avec le printemps, mourir avec les roses;
Sur l'aile du zéphyr nager dans un ciel pur;
Balancé sur le sein des fleurs à peine écloses,
S'enivrer de parfums, de lumière et d'azur;
Secouant, jeune encor, la poudre de ses ailes,
S'envoler comme un souffle aux voûtes éternelles :
Voilà du papillon le destin enchanté.
Il ressemble au désir, qui jamais ne se pose,
Et, sans se satisfaire, effleurant toute chose,
Retourne enfin au ciel chercher la volupté.

# X

## A EL...

Lorsque seul avec toi, pensive et recueillie,
Tes deux mains dans la mienne, assis à tes côtés,
J'abandonne mon âme aux molles voluptés,
Et je laisse couler les heures que j'oublie ;
Lorsqu'au fond des forêts je t'entraîne avec moi,
Lorsque tes doux soupirs charment seuls mon oreille,
Ou que, te répétant les serments de la veille,
Je te jure à mon tour de n'adorer que toi ;
Lorsqu'enfin, plus heureux, ton front charmant repose
Sur mon genou tremblant qui lui sert de soutien,
Et que mes lents regards sont suspendus au tien
Comme l'abeille avide aux feuilles de la rose :
Souvent alors, souvent, dans le fond de mon cœur
Pénètre comme un trait une vague terreur ;
Tu me vois tressaillir ; je pâlis, je frissonne,
Et, troublé tout à coup dans le sein du bonheur,

Je sens couler des pleurs dont mon âme s'étonne.
Tu me presses soudain dans tes bras caressants,
    Tu m'interroges, tu t'alarmes,
Et je vois de tes yeux s'échapper quelques larmes
Qui viennent se mêler aux pleurs que je répands.
« De quel ennui secret ton âme est-elle atteinte?
Me dis-tu; cher amour, épanche ta douleur;
J'adoucirai ta peine en écoutant ta plainte,
Et mon cœur versera le baume dans ton cœur. »


Ne m'interroge plus, ô moitié de moi-même !
Enlacé dans tes bras, quand tu me dis : « Je t'aime, »
Quand mes yeux enivrés se soulèvent vers toi,
Nul mortel sous les cieux n'est plus heureux que moi !
Mais, jusque dans le sein des heures fortunées,
Je ne sais quelle voix que j'entends retentir
    Me poursuit, et vient m'avertir
Que le bonheur s'enfuit sur l'aile des années,
Et que de nos amours le flambeau doit mourir.
D'un vol épouvanté, dans le sombre avenir
    Mon âme avec effroi se plonge,
    Et je me dis : « Ce n'est qu'un songe
    Que le bonheur qui doit finir. »

## COMMENTAIRE

*Cette élégie se rattache au temps dont j'ai donné, sous un autre nom, le récit dans* Raphaël.

*Il n'y a pas de commentaire à ces effusions du premier*

amour, qui chantent ou pleurent en nous sous un regard limpide, ou sous un regard assombri de pressentiments. Le roseau chante aussi sous le vent qui le courbe ou sous le vent qui le relève. Mais demandez-lui ce qu'il chante : il n'en sait rien. Tout est chant dans la nature, parce que tout est voix. Le poëte note quelques-unes de ces voix confuses et perdues, voilà tout : le sentiment n'est qu'un écho des sensations.

## XI

## ÉLÉGIE


Cueillons, cueillons la rose au matin de la vie;
Des rapides printemps respire au moins les fleurs:
Aux chastes voluptés abandonnons nos cœurs;
Aimons-nous sans mesure, ô mon unique amie!

Quand le nocher battu par les flots irrités
Voit son fragile esquif menacé du naufrage,
Il tourne ses regards aux bords qu'il a quittés
Et regrette trop tard les loisirs du rivage.
Ah! qu'il voudrait alors, au toit de ses aïeux,
Près des objets chéris présents à sa mémoire,
Coulant des jours obscurs, sans périls et sans gloire,
N'avoir jamais laissé son pays ni ses dieux!

Ainsi l'homme, courbé sous le poids des années,
Pleure son doux printemps qui ne peut revenir.
« Ah ! rendez-moi, dit-il, ces heures profanées !
O dieux ! dans leur saison j'oubliai d'en jouir. »
Il dit ; la mort répond ; et ces dieux qu'il implore,
Le poussant au tombeau sans se laisser fléchir,
Ne lui permettent pas de se baisser encore
Pour ramasser ces fleurs qu'il n'a pas su cueillir.

    Aimons-nous, ô ma bien-aimée !
Et rions des soucis qui bercent les mortels.
Pour le frivole appât d'une vaine fumée,
La moitié de leurs jours, hélas ! est consumée
    Dans l'abandon des biens réels.


A leur stérile orgueil ne portons point envie ;
Laissons le long espoir aux maîtres des humains !
    Pour nous, de notre heure incertains,
Hâtons-nous d'épuiser la coupe de la vie
    Pendant qu'elle est entre nos mains.


    Soit que le laurier nous couronne,
Et qu'aux fastes sanglants de l'altière Bellone
Sur le marbre ou l'airain on inscrive nos noms ;
Soit que des simples fleurs que la beauté moissonne
    L'amour pare nos humbles fronts ;
Nous allons échouer, tous, au même rivage :
    Qu'importe, au moment du naufrage,
Sur un vaisseau fameux d'avoir fendu les airs,
    Ou sur une barque légère
    D'avoir, passager solitaire,
Rasé timidement le rivage des mers !

## COMMENTAIRE

*On voit assez, par les formes un peu mythologiques de cette élégie, qu'elle est d'une date très antérieure aux Méditations. Elle est du temps où j'écrivais* Sapho, *où j'imitais au lieu de sentir par moi-même. C'est la philosophie voluptueuse et sensuelle d'Horace, d'Anacréon, d'Épicure : ce n'est pas la mienne. Le génie grave et infini du christianisme poétique n'a point passé par là.*

# XII

# TRISTESSE

Ramenez-moi, disais-je, au fortuné rivage
Où Naples réfléchit dans une mer d'azur
Ses palais, ses coteaux, ses astres sans nuage,
Où l'oranger fleurit sous un ciel toujours pur.
Que tardez-vous? Partons! Je veux revoir encore
Le Vésuve enflammé sortant du sein des eaux;
Je veux de ses hauteurs voir se lever l'aurore;
Je veux, guidant les pas de celle que j'adore,
Redescendre, en rêvant, de ces riants coteaux.
Suis-moi dans les détours de ce golfe tranquille;
Retournons sur ces bords à nos pas si connus,
Aux jardins de Cynthie, au tombeau de Virgile,
Près des débris épars du temple de Vénus :
Là, sous les orangers, sous la vigne fleurie
Dont le pampre flexible au myrte se marie
Et tresse sur ta tête une voûte de fleurs,

Au doux bruit de la vague ou du vent qui murmure,
Seuls avec notre amour, seuls avec la nature,
La vie et la lumière auront plus de douceurs.

De mes jours pâlissants le flambeau se consume,
Il s'éteint par degrés au souffle du malheur,
Ou, s'il jette parfois une faible lueur,
C'est quand ton souvenir dans mon sein le rallume.
Je ne sais si les dieux me permettront enfin
D'achever ici-bas ma pénible journée :
Mon horizon se borne, et mon œil incertain
Ose l'étendre à peine au delà d'une année.
  Mais, s'il faut périr au matin,
S'il faut, sur une terre au bonheur destinée,
  Laisser échapper de ma main
  Cette coupe que le destin
Semblait avoir pour moi de roses couronnée,
Je ne demande aux dieux que de guider mes pas
Jusqu'aux bords qu'embellit ta mémoire chérie,
De saluer de loin ces fortunés climats,
Et de mourir aux lieux où j'ai goûté la vie !


# COMMENTAIRE

*Lisez* Graziella, *dans les* Confidences. *C'est la clef de ces vers.*

*J'avais vingt ans ; j'avais quitté Naples et la maison du pêcheur ; j'avais laissé sur le bord de cette mer la jeune fille que j'aimais. J'ignorais encore qu'elle fût* morte de mon absence. J'étais à Paris, dans la dissipation et dans le jeu. Je me promenais un jour, seul, dans le jardin désert du Luxembourg, le long de ce petit mur à hauteur d'appui qui séparait ce jardin du terrain alors inculte des Chartreux. Je m'accoudai sur ce mur. Je cherchais des yeux la mer de Naples, du cœur l'image de Graziella. J'avais le pressentiment de sa mort sans savoir sa maladie. Je restai là longtemps, anéanti dans sa vision. Quand je me relevai, la pierre était tachetée de mes larmes. Je rentrai dans ma chambre, pour rêver et regretter plus seul. J'écrivis ces vers. Je ne passe jamais au Luxembourg sans m'approcher de ce petit mur, et sans regarder si le vent de tant de printemps et la pluie de tant d'hivers n'ont pas effacé toutes mes larmes d'enfant.

# XIII

# LA SOLITUDE

Heureux qui, s'écartant des sentiers d'ici-bas,
A l'ombre du désert allant cacher ses pas,
D'un monde dédaigné secouant la poussière,
Efface, encor vivant, ses traces sur la terre,
Et, dans la solitude enfin enseveli,
Se nourrit d'espérance et s'abreuve d'oubli !
Tel que ces esprits purs qui planent dans l'espace,
Tranquille spectateur de cette ombre qui passe,
Des caprices du sort à jamais défendu,
Il suit de l'œil ce char dont il est descendu !...
Il voit les passions, sur une onde incertaine,
De leur souffle orageux enfler la voile humaine.
Mais ces vents inconstants ne troublent plus sa paix ;
Il se repose en Dieu qui ne change jamais ;

Il aime à contempler ses plus hardis ouvrages,
Ces monts, vainqueurs des vents, de la foudre et des âges,
Où, dans leur masse auguste et leur solidité,
Ce Dieu grava sa force et son éternité.
A cette heure, où, frappé d'un rayon de l'aurore,
Leur sommet enflammé, que l'orient colore,
Comme un phare céleste allumé dans la nuit,
Jaillit étincelant de l'ombre qui s'enfuit,
Il s'élance, il franchit ces riantes collines
Que le mont jette au loin sur ses larges racines,
Et, porté par degrés jusqu'à ses sombres flancs,
Sous ses pins immortels il s'enfonce à pas lents.
Là, des torrents séchés le lit seul est sa route ;
Tantôt les rocs minés sur lui pendent en voûte,
Et tantôt, sur leurs bords tout à coup suspendu,
Il recule étonné : son regard éperdu
Jouit avec horreur de cet effroi sublime,
Et sous ses pieds longtemps voit tournoyer l'abime.
Il monte, et l'horizon grandit à chaque instant ;
Il monte, et devant lui l'immensité s'étend.
Comme sous le regard d'une nouvelle aurore,
Un monde à chaque pas pour ses yeux semble éclore,
Jusqu'au sommet suprême où son œil enchanté
S'empare de l'espace et plane en liberté.
Ainsi, lorsque notre âme, à sa source envolée,
Quitte enfin pour jamais la terrestre vallée,
Chaque coup de son aile, en l'élevant aux cieux,
Élargit l'horizon qui s'étend sous ses yeux ;
Des mondes sous son vol le mystère s'abaisse ;
En découvrant toujours, elle monte sans cesse
Jusqu'aux saintes hauteurs d'où l'œil du séraphin
Sur l'espace infini plonge un regard sans fin.

Salut, brillants sommets! champs de neige et de glace!
Vous qui d'aucun mortel n'avez gardé la trace,
Vous que le regard même aborde avec effroi,
Et qui n'avez souffert que les aigles et moi!
Œuvres du premier jour, augustes pyramides
Que Dieu même affermit sur vos bases solides,
Confins de l'univers, qui, depuis ce grand jour,
N'avez jamais changé de forme et de contour!
Le nuage en grondant parcourt en vain vos cimes,
Le fleuve en vain grossi sillonne vos abîmes,
La foudre frappe en vain votre front endurci :
Votre front solennel, un moment obscurci,
Sur nous, comme la nuit, versant son ombre obscure
Et laissant pendre au loin sa noire chevelure,
Semble, toujours vainqueur du choc qui l'ébranla,
Au Dieu qui l'a fondé dire encor : « Me voilà! »
Et moi, me voici seul sur ces confins du monde!
Loin d'ici, sous mes pieds, la foudre vole et gronde;
Les nuages battus par les ailes des vents,
Entre-choquant comme eux leurs tourbillons mouvants,
Tels qu'un autre Océan soulevé par l'orage,
Se déroulent sans fin dans des lits sans rivage,
Et, devant ces sommets abaissant leur orgueil,
Brisent incessamment sur cet immense écueil.
Mais, tandis qu'à ses pieds ce noir chaos bouillonne,
D'éternelles splendeurs le soleil le couronne :
Depuis l'heure où son char s'élance dans les airs
Jusqu'à l'heure où son disque incline vers les mers,
Cet astre, en décrivant son oblique carrière,
D'aucune ombre jamais n'y souille sa lumière;
Et déjà la nuit sombre a descendu des cieux,
Qu'à ces sommets encore il dit de longs adieux.

Là, tandis que je nage en des torrents de joie,
Ainsi que mon regard mon âme se déploie,
Et croit, en respirant cet air de liberté,
Recouvrer sa splendeur et sa sérénité.
Oui, dans cet air du ciel, les soins lourds de la vie,
Le mépris des mortels, leur haine ou leur envie,
N'accompagnent plus l'homme et ne surnagent pas;
Comme un vil plomb, d'eux-même ils retombent en bas.
Ainsi, plus l'onde est pure, et moins l'homme y surnage;
A peine de ce monde il emporte une image :
Mais ton image, ô Dieu, dans ces grands traits épars,
En s'élevant vers toi grandit à nos regards!
Comme au prêtre habitant l'ombre du sanctuaire,
Chaque pas te révèle à l'âme solitaire;
Le silence et la nuit et l'ombre des forêts
Lui murmurent tout bas de sublimes secrets;
Et l'esprit, abimé dans ces rares spectacles,
Par la voix des déserts écoute tes oracles.
J'ai vu de l'Océan les flots épouvantés,
Pareils aux fiers coursiers dans la plaine emportés,
Déroulant à ta voix leur humide crinière,
Franchir en bondissant leur bruyante carrière,
Puis soudain, refoulés sous ton frein tout-puissant,
Dans l'abîme étonné rentrer en mugissant.
J'ai vu le fleuve, épris des gazons du rivage,
Se glisser, flots à flots, de bocage en bocage,
Et dans son lit, voilé d'ombrage et de fraîcheur,
Bercer en murmurant la barque du pêcheur.
J'ai vu le trait brisé de la foudre qui gronde,
Comme un serpent de feu, se dérouler sur l'onde;
Le zéphyr, embaumé des doux parfums du miel,
Balayer doucement l'azur voilé du ciel;
La colombe, essuyant son aile encore humide,
Sur les bords de son nid poser un pied timide,

Puis, d'un vol cadencé fendant le flot des airs,
S'abattre en soupirant sur la rive des mers.
J'ai vu ces monts voisins des cieux où tu reposes,
Cette neige où l'aurore aime à semer ses roses,
Ces trésors des hivers, d'où par mille détours,
Dans nos champs désséchés multipliant leur cours,
Cent rochers de cristal, que tu fonds à mesure,
Viennent désaltérer la mourante verdure ;
Et ces ruisseaux pleuvant de ces rocs suspendus,
Et ces torrents grondant dans les granits fendus,
Et ces pics où le temps a perdu sa victoire...
Et toute la nature est un hymne à ta gloire !

## COMMENTAIRE

*Cette méditation de mes meilleurs jours est un cri d'admiration longtemps contenu, qui m'échappa en apercevant le bassin du lac Léman et l'amphithéâtre des Alpes, en y plongeant pour la centième fois mon regard du sommet du mont Jura.*

*J'étais seul ; je voyageais à pied dans ces montagnes. Je m'arrêtai dans un chalet, et j'y passai trois jours dans une famille de bergers : j'aurais voulu y passer trois ans. Plus je montais, plus je voyais Dieu. La nature est, surtout pour moi, un temple dont le sanctuaire a besoin de silence et de solitude. L'homme offusque l'homme ; il se place entre notre œil et Dieu. Je comprends les solitaires. Ce sont des âmes qui ont l'oreille plus fine que les autres, qui entendent Dieu à travers ses œuvres, et qui ne veulent pas être interrompues dans leur entretien.*

*Aussi voyez! tous les poëtes se font une solitude dans leur âme, pour écouter Dieu.*

## XIV

## CONSOLATION

Quand le Dieu qui me frappe, attendri par mes larmes,
De mon cœur oppressé soulève un peu sa main,
Et, donnant quelque trêve à mes longues alarmes,
Laisse tarir mes yeux et respirer mon sein ;

Soudain, comme le flot refoulé du rivage
Aux bords qui l'ont brisé revient en gémissant,
Ou comme le roseau, vain jouet de l'orage,
Qui plie et rebondit sous la main du passant,

Mon cœur revient à Dieu plus docile et plus tendre,
Et, de ses châtiments perdant le souvenir,
Comme un enfant soumis n'ose lui faire entendre
Qu'un murmure amoureux pour se plaindre et bénir.

Que le deuil de mon âme était lugubre et sombre!
Que de nuits sans pavots, que de jours sans soleil!
Que de fois j'ai compté les pas du temps dans l'ombre,
Quand les heures passaient sans mener le sommeil!

Mais loin de moi ces temps! que l'oubli les dévore!
Ce qui n'est plus, pour l'homme a-t-il jamais été?
Quelques jours sont perdus, mais le bonheur encore
Peut fleurir sous mes yeux comme une fleur d'été.

Tous les jours sont à toi : que t'importe leur nombre!
Tu dis : le temps se hâte ou revient sur ses pas;
Eh! n'es-tu pas celui qui fit reculer l'ombre
Sur le cadran rempli d'un roi que tu sauvas?

Si tu voulais, ainsi le torrent de ma vie,
A sa source aujourd'hui remontant sans efforts,
Nourrirait de nouveau ma jeunesse tarie,
Et de ses flots vermeils féconderait ses bords;

Ces cheveux dont la neige, hélas! argente à peine
Un front où la douleur a gravé le passé,
L'ombrageraient encor de leur touffe d'ébène,
Aussi pur que la vague où le cygne a passé;

L'amour ranimerait l'éclat de ces prunelles,
Et ce foyer du cœur, dans les yeux répété,
Lancerait de nouveau ces chastes étincelles
Qui d'un désir craintif font rougir la beauté.

Dieu! laisse-moi cueillir cette palme féconde,
Et dans mon sein ravi l'emporter pour toujours,
Ainsi que le torrent emporte dans son onde
Les roses de Sarons, qui parfument son cours!

Quand pourrai-je la voir sur l'enfant qui repose
S'incliner doucement dans le calme des nuits!
Quand verrai-je ses fils, de leurs lèvres de rose,
Se suspendre à son sein comme l'abeille aux lis!

A l'ombre du figuier, près du courant de l'onde,
Loin de l'œil de l'envie et des pas du pervers,
Je bâtirai pour eux un nid parmi le monde,
Comme sur un écueil l'hirondelle des mers.

Là, sans les abreuver à ces sources amères
Où l'humaine sagesse a mêlé son poison,
De ma bouche fidèle aux leçons de mes pères,
Pour unique sagesse ils apprendront ton nom.

Là je leur laisserai le modeste héritage
Qu'aux petits des oiseaux Dieu donne à leur réveil,
L'eau pure du torrent, un nid sous le feuillage,
Les fruits tombés de l'arbre, et ma place au soleil.

Alors, le front chargé de guirlandes fanées,
Tel qu'un vieil olivier parmi ses rejetons,
Je verrai de mes fils les brillantes années
Cacher mon tronc flétri sous leurs jeunes festons.

Alors j'entonnerai l'hymne de ma vieillesse,
Et, convive enivré des vins de ta bonté,
Je passerai la coupe aux mains de la jeunesse,
Et je m'endormirai dans ma félicité.

## COMMENTAIRE

*Cette méditation est de 1820. Elle se lie à l'époque où, ayant perdu très jeune les premiers attachements de ma vie, je commençai à connaître et à aimer d'un sentiment grave et tendre la femme à laquelle je désirais consacrer mes jours.*

*Les perspectives d'un chaste amour, de la vie domestique, du bonheur de famille, de la prolongation de l'existence dans des enfants, multipliant autour de nous et après nous l'amour et la vie, s'ouvraient devant moi. Tous mes vers de cette époque ont un caractère de repos et de piété heureuse, reflet et retentissement de mon cœur.*

## XV

## LES PRÉLUDES

A M. VICTOR HUGO

La nuit, pour rafraîchir la nature embrasée,
De ses cheveux d'ébène exprimant la rosée,
Pose au sommet des monts ses pieds silencieux,
Et l'ombre et le sommeil descendent sur mes yeux :
C'était l'heure où jadis... Mais aujourd'hui mon âme,
Comme un feu dont le vent n'excite plus la flamme,
Fait pour se ranimer un inutile effort,
Retombe sur soi-même, et languit et s'endort.
Que ce calme lui pèse ! O lyre ! ô mon génie !
Musique intérieure, ineffable harmonie,

Harpe que j'entendais résonner dans les airs
Comme un écho lointain des célestes concerts,
Pendant qu'il en est temps, pendant qu'il vibre encore,
Venez, venez bercer ce cœur qui vous implore !
Et toi qui donnes l'âme à mon luth inspiré,
Esprit capricieux, viens, prélude à ton gré !

Il descend ! il descend ! La harpe obéissante
A frémi mollement sous son vol cadencé,
  Et de la corde frémissante
Le souffle harmonieux dans mon âme a passé.

  L'onde qui baise ce rivage,
  De quoi se plaint-elle à ses bords ?
  Pourquoi le roseau sur la plage,
  Pourquoi le ruisseau sous l'ombrage,
  Rendent-ils de tristes accords ?

  De quoi gémit la tourterelle
  Quand, dans le silence des bois,
  Seule auprès du ramier fidèle,
  L'amour fait palpiter son aile,
  Les baisers étouffent sa voix ?

  Et toi, qui mollement te livre
  Au doux sourire du bonheur,
  Et du regard dont tu m'enivre
  Me fais mourir, me fais revivre,
  De quoi te plains-tu sur mon cœur ?

Plus jeune que la jeune aurore,
Plus limpide que ce flot pur,
Ton âme au bonheur vient d'éclore,
Et jamais aucun souffle encore
N'en a terni le vague azur.

Cependant, si ton cœur soupire
De quelque poids mystérieux,
Sur tes traits si la joie expire,
Et si tout près de ton sourire
Brille une larme dans tes yeux,

Hélas! c'est que notre faiblesse,
Pliant sous sa félicité
Comme un roseau qu'un souffle abaisse,
Donne l'accent de la tristesse
Même au chant de la volupté;

Ou bien peut-être qu'avertie
De la fuite de nos plaisirs,
L'âme en extase anéantie
Se réveille et sent que la vie
Fuit dans chacun de nos soupirs.

Ah! laisse le zéphyr avide
A leur source arrêter tes pleurs;
Jouissons de l'heure rapide:
Le temps fuit, mais son flot limpide
Du ciel réfléchit les couleurs.

Tout naît, tout passe, tout arrive
Au terme ignoré de son sort:
A l'Océan l'onde plaintive,
Aux vents la feuille fugitive,
L'aurore au soir, l'homme à la mort.

Mais qu'importe, ô ma bien-aimée,
Le terme incertain de nos jours,
Pourvu que sur l'onde calmée,
Par une pente parfumée
Le temps nous entraîne en son cours !

Pourvu que, durant le passage,
Couché dans tes bras à demi,
Les yeux tournés vers ton image,
Sans le voir, j'aborde au rivage
Comme un voyageur endormi !

Le flot murmurant se retire
Du rivage qu'il a baisé,
La voix de la colombe expire,
Et le voluptueux zéphire
Dort sur le calice épuisé.

Embrassons-nous, mon bien suprême,
Et, sans rien reprocher aux dieux,
Un jour, de la terre où l'on aime,
Évanouissons-nous de même
En un soupir mélodieux !

Non, non, brise à jamais cette corde amollie !
Mon cœur ne répond plus à ta voix affaiblie.
L'amour n'a pas de sons qui puissent l'exprimer :
Pour révéler sa langue, il faut, il faut aimer.
Un seul soupir du cœur que le cœur nous renvoie,
Un œil demi-voilé par des larmes de joie,
Un regard, un silence, un accent de sa voix,
Un mot toujours le même et répété cent fois,
O lyre ! en disent plus que ta vaine harmonie.
L'amour est à l'amour, le reste est au génie.

Si tu veux que mon cœur résonne sous ta main,
Tire un plus mâle accord de tes fibres d'airain.

J'entends, j'entends de loin comme une voix qui gronde;
Un souffle impétueux fait frissonner les airs,
    Comme l'on voit frissonner l'onde
Quand l'aigle au vol pesant rase le sein des mers.

Eh! qui m'emportera sur des flots sans rivages?
Quand pourrai-je, la nuit, aux clartés des orages,
Sur un vaisseau sans mâts, au gré des aquilons,
Fendre de l'Océan les liquides vallons,
M'engloutir dans leur sein, m'élancer sur leurs cimes,
Rouler avec la vague au fond des noirs abîmes,
Et, revomi cent fois par les gouffres amers,
Flotter comme l'écume au vaste sein des mers?
D'effroi, de volupté, tour à tour éperdue,
Cent fois entre la vie et la mort suspendue,
Peut-être que mon âme, au sein de ces horreurs,
Pourrait jouir au moins de ses propres terreurs,
Et, prête à s'abîmer dans la nuit qu'elle ignore,
A la vie un moment se reprendrait encore,
Comme un homme, roulant des sommets d'un rocher,
De ses bras tout sanglants cherche à s'y rattacher.
Mais toujours repasser par une même route,
Voir ses jours épuisés s'écouler goutte à goutte;

Mais suivre pas à pas dans l'immense troupeau
Ces générations, inutile fardeau,
Qui meurent pour mourir, qui vécurent pour vivre,
Et dont chaque printemps la terre se délivre,
Comme dans nos forêts le chêne avec mépris
Livre aux vents des hivers ses feuillages flétris;
Sans regrets, sans espoir, avancer dans la vie
Comme un vaisseau qui dort sur une onde assoupie;
Sentir son âme, usée en impuissant effort,
Se ronger lentement sous la rouille du sort;
Penser sans découvrir, aspirer sans atteindre,
Briller sans éclairer, et pâlir sans s'éteindre :
Hélas ! tel est mon sort et celui des humains.
Nos pères ont passé par les mêmes chemins;
Chargés du même sort, nos fils prendront nos places;
Ceux qui ne sont pas nés y trouveront leurs traces.
Tout s'use, tout périt, tout passe : mais, hélas !
Excepté les mortels, rien ne change ici-bas.

Toi qui rendais la force à mon âme affligée,
Esprit consolateur, que ta voix est changée !
On dirait qu'on entend, au séjour des douleurs,
Rouler à flots plaintifs le sourd torrent des pleurs.
Pourquoi gémir ainsi, comme un souffle d'orage
A travers les rameaux qui pleurent leur feuillage?
Pourquoi ce vain retour vers la félicité?
Quoi donc ! ce qui n'est plus a-t-il jamais été ?
Faut-il que le regret, comme une ombre ennemie,
Vienne s'asseoir sans cesse au festin de la vie,

Et, d'un regard funèbre effrayant les humains,
Fasse tomber toujours les coupes de leurs mains?
Non : de ce triste aspect que ta voix me délivre !
Oublions, oublions : c'est le secret de vivre.
Viens, chante, et, du passé détournant mes regards,
Précipite mon âme au milieu des hasards !

De quels sons belliqueux mon oreille est frappée !
C'est le cri du clairon, c'est la voix du coursier ;
  La corde de sang trempée
  Retentit comme l'épée
  Sur l'orbe du bouclier.

La trompette a jeté le signal des alarmes :
« Aux armes ! » et l'écho répète au loin : « Aux armes ! »
Dans la plaine soudain les escadrons épars,
Plus prompts que l'aquilon, fondent de toutes parts,
Et sur les flancs épais des légions mortelles
S'étendent tout à coup comme deux sombres ailes.
Le coursier, retenu par un frein impuissant,
Sur ses jarrets pliés s'arrête en frémissant ;
La foudre dort encore, et sur la foule immense
Plane, avec la terreur, un lugubre silence :
On n'entend que le bruit de cent mille soldats
Marchant comme un seul homme au-devant du trépas,
Les roulements des chars, les coursiers qui hennissent,
Les ordres répétés qui dans l'air retentissent,

Ou le bruit des drapeaux soulevés par les vents,
Qui, sur les champs rivaux flottant à plis mouvants,
Tantôt semblent, enflés d'un souffle de victoire,
Vouloir voler d'eux-même au-devant de la gloire,
Et tantôt, retombant le long des pavillons,
De leurs funèbres plis couvrir leurs bataillons.

Mais sur le front des camps déjà les bronzes grondent :
Ces tonnerres lointains se croisent, se répondent ;
Des tubes enflammés la foudre avec effort
Sort et frappe en sifflant comme un souffle de mort ;
Le boulet dans les rangs laisse une large trace.
Ainsi qu'un laboureur qui passe et qui repasse,
Et, sans se reposer déchirant le vallon,
A côté du sillon creuse un autre sillon :
Ainsi le trait fatal dans les rangs se promène
Et comme des épis les couche dans la plaine.
Ici tombe un héros moissonné dans sa fleur,
Superbe et l'œil brillant d'orgueil et de valeur.
Sur son casque ondulant, d'où jaillit la lumière,
Flotte d'un coursier noir l'ondoyante crinière :
Ce casque éblouissant sert de but au trépas ;
Par la foudre frappé d'un coup qu'il ne sent pas,
Comme un faisceau d'acier il tombe sur l'arène ;
Son coursier bondissant, qui sent flotter la rêne,
Lance un regard oblique à son maître expirant,
Revient, penche sa tête, et le flaire en pleurant.
Là tombe un vieux guerrier qui, né dans les alarmes,
Eut les camps pour patrie, et pour amours ses armes.
Il ne regrette rien que ses chers étendards,
Et les suit, en mourant, de ses derniers regards...
La mort vole au hasard dans l'horrible carrière :
L'un périt tout entier ; l'autre, sur la poussière,
Comme un tronc dont la hache a coupé les rameaux,

De ses membres épars voit voler les lambeaux,
Et, se trainant encor sur la terre humectée,
Marque en ruisseaux de sang sa trace ensanglantée.
Le blessé que la mort n'a frappé qu'à demi
Fuit en vain, emporté dans les bras d'un ami :
Sur le sein l'un de l'autre ils sont frappés ensemble
Et bénissent du moins le coup qui les rassemble.
Mais de la foudre en vain les livides éclats
Pleuvent sur les deux camps : d'intrépides soldats,
Comme la mer qu'entr'ouvre une proue écumante
Se referme soudain sur sa trace fumante,
Sur les rangs écrasés formant de nouveaux rangs,
Viennent braver la mort sur les corps des mourants !...

Cependant, las d'attendre un trépas sans vengeance,
Les deux camps, animés d'une même vaillance,
Se heurtent, et, du choc ouvrant leurs bataillons,
Mêlent en tournoyant leurs sanglants tourbillons.
Sous le poids des coursiers les escadrons s'entr'ouvrent,
D'une voûte d'airain les rangs pressés se couvrent ;
Les feux croisent les feux, le fer frappe le fer,
Les rangs entre-choqués lancent un seul éclair :
Le salpêtre, au milieu des torrents de fumée,
Brille et court en grondant sur la ligne enflammée,
Et, d'un nuage épais enveloppant leur sort,
Cache encore à nos yeux la victoire ou la mort.
Ainsi quand deux torrents, dans deux gorges profondes
De deux monts opposés précipitant leurs ondes,
Dans le lit trop étroit qu'ils vont se disputer
Viennent au même instant tomber et se heurter,
Le flot choque le flot, les vagues courroucées
Rejaillissent au loin par les vagues poussées,
D'une poussière humide obscurcissent les airs,
Du fracas de leur chute ébranlent les déserts,

Et, portant leur fureur au lit qui les rassemble,
Tout en s'y combattant leurs flots roulent ensemble.

. . . . . . . . . . . . . . .

Mais la foudre se tait. Écoutez!... Des concerts
De cette plaine en deuil s'élèvent dans les airs :
La harpe, le clairon, la joyeuse cymbale,
Mêlant leurs voix d'airain, montent par intervalle,
S'éloignent par degrés, et sur l'aile des vents
Nous jettent leurs accords et les cris des mourants.
De leurs brillants éclats les coteaux retentissent,
Le cœur glacé s'arrête, et tous les sens frémissent,
Et dans les airs pesants que le son vient froisser
On dirait qu'on entend l'âme des morts passer!
Tout à coup le soleil, dissipant le nuage,
Éclaire avec horreur la scène du carnage;
Et son pâle rayon, sur la terre glissant,
Découvre à nos regards de longs ruisseaux de sang,
Des coursiers et des chars brisés dans la carrière,
Des membres mutilés épars sur la poussière,
Les débris confondus des armes et des corps,
Et des drapeaux jetés sur des monceaux de morts.

. . . . . . . . . . . . . . .

Accourez maintenant, amis, épouses, mères!
Venez compter vos fils, vos amants et vos frères!
Venez sur ces débris disputer aux vautours
L'espoir de vos vieux ans, les fruits de vos amours!
Que de larmes sans fin sur eux vont se répandre!
Dans vos cités en deuil que de cris vont s'entendre,
Avant qu'avec douleur la terre ait reproduit,
Misérables mortels, ce qu'un jour a détruit!
Mais au sort des humains la nature insensible
Sur leurs débris épars suivra son cours paisible :

Demain, la douce aurore, en se levant sur eux,
Dans leur acier sanglant réfléchira ses feux,
Le fleuve lavera sa rive ensanglantée,
Les vents balayeront leur poussière infectée,
Et le sol engraissé de leurs restes fumants
Cachera sous des fleurs leurs pâles ossements !

Silence, Esprit de feu ! Mon âme épouvantée
Suit le frémissement de ta corde irritée,
Et court en frissonnant sur tes pas belliqueux,
Comme un char emporté par des coursiers fougueux ;
Mais mon œil, attristé de ces sombres images,
Se détourne en pleurant vers de plus doux rivages.
N'as-tu point sur ta lyre un chant consolateur ?
N'as-tu pas entendu la flûte du pasteur,
Quand seul, assis en paix sous le pampre qui plie,
Il charme par ses airs les heures qu'il oublie,
Et que l'écho des bois, ou le fleuve en coulant,
Porte de saule en saule un son plaintif et lent?
Souvent pour l'écouter, le soir, sur la colline,
Du côté de ses chants mon oreille s'incline ;
Mon cœur, par un soupir soulagé de son poids,
Dans un monde étranger se perd avec la voix ;
Et je sens par moments, sur mon âme calmée,
Passer avec le son une brise embaumée,
Plus douce qu'à mes sens l'ombre des arbrisseaux
Ou que l'air rafraîchi qui sort du lit des eaux.

Un vent caresse ma lyre
Comme l'aile d'un oiseau,
Sa voix dans le cœur expire,
Et l'humble corde soupire
Comme un flexible roseau.

O vallons paternels! doux champs! humble chaumière
Au bord penchant des bois suspendue aux coteaux,
Dont l'humble toit, caché sous des touffes de lierre,
    Ressemble au nid sous les rameaux!

Gazons entrecoupés de ruisseaux et d'ombrages,
Seuil antique où mon père, adoré comme un roi,
Comptait ses gras troupeaux rentrant des pâturages,
    Ouvrez-vous! ouvrez-vous! c'est moi.

Voilà du dieu des chants la rustique demeure.
J'entends l'airain frémir au sommet de ses tours;
Il semble que dans l'air une voix qui me pleure
    Me rappelle à mes premiers jours.

Oui, je reviens à toi, berceau de mon enfance,
Embrasser pour jamais tes foyers protecteurs.
Loin de moi les cités et leur vaine opulence!
    Je suis né parmi les pasteurs.

Enfant, j'aimais comme eux à suivre dans la plaine
Les agneaux pas à pas égarés jusqu'au soir;
A revenir comme eux laver leur blanche laine
    Dans l'eau courante du lavoir;

J'aimais à me suspendre aux lianes légères,
A gravir dans les airs de rameaux en rameaux,
Pour ravir, le premier, sous l'aile de leurs mères,
    Les tendres œufs des tourtereaux ;

J'aimais les voix du soir dans les airs répandues,
Le bruit lointain des chars gémissant sous leur poids,
Et le sourd tintement des cloches suspendues
    Au cou des chevreaux, dans les bois.

Et depuis, exilé de ces douces retraites,
Comme un vase imprégné d'une première odeur,
Toujours, loin des cités, des voluptés secrètes
    Entraînaient mes yeux et mon cœur.

Beaux lieux, recevez-moi sous vos sacrés ombrages !
Vous qui couvrez le seuil de rameaux éplorés,
Saules contemporains, courbez vos longs feuillages
    Sur le frère que vous pleurez.

Reconnaissez mes pas, doux gazons que je foule,
Arbres que dans mes jeux j'insultais autrefois ;
Et toi qui loin de moi te cachais à la foule,
    Triste écho, réponds à ma voix !

Je ne viens pas traîner, dans vos riants asiles,
Les regrets du passé, les songes du futur :
J'y viens vivre, et, couché sous vos berceaux fertiles,
    Abriter mon repos obscur.

S'éveiller, le cœur pur, au réveil de l'aurore,
Pour bénir, au matin, le Dieu qui fait le jour ;
Voir les fleurs du vallon sous la rosée éclore,
    Comme pour fêter son retour ;

Respirer les parfums que la colline exhale,
Ou l'humide fraîcheur qui tombe des forêts ;
Voir onduler de loin l'haleine matinale
    Sur le sein flottant des guérets ;

Conduire la génisse à la source qu'elle aime,
Ou suspendre la chèvre au cytise embaumé,
Ou voir ses blancs taureaux venir tendre d'eux-même
    Leur front au joug accoutumé ;

Guider un soc tremblant dans le sillon qui crie,
Du pampre domestique émonder les berceaux,
Ou creuser mollement, au sein de la prairie,
    Les lits murmurants des ruisseaux ;

Le soir, assis en paix au seuil de la chaumière,
Tendre au pauvre qui passe un morceau de son pain,
Et, fatigué du jour, y fermer sa paupière
    Loin des soucis du lendemain ;

Sentir, sans les compter, dans leur ordre paisible,
Les jours suivre les jours, sans faire plus de bruit
Que ce sable léger dont la fuite insensible
    Nous marque l'heure qui s'enfuit ;

Voir de vos doux vergers sur vos fronts les fruits pendre ;
Les fruits d'un chaste amour dans vos bras accourir,
Et, sur eux appuyé, doucement redescendre :
    C'est assez pour qui doit mourir.

Le chant meurt, la voix tombe. Adieu, divin génie !
Remonte au vrai séjour de la pure harmonie :
Tes chants ont arrêté les larmes dans mes yeux...
Je lui parlais encore, il était dans les cieux.

## COMMENTAIRE

*J'avais vingt-neuf ans; j'étais marié et heureux. J'avais demandé un congé au ministre des affaires étrangères, et je passais l'hiver de 1822 à Paris.*

*La poésie n'était plus pour moi qu'un délassement littéraire : ce n'était plus le déchirement sonore de mon cœur. J'écrivais encore de temps en temps, mais comme poëte, non plus comme homme. J'écrivis* Les Préludes *dans cette disposition d'esprit. C'était une sonate de poésie. J'étais devenu plus habile artiste; je jouais avec mon instrument. Dans ce jeu j'intercalai cependant une élégie réelle, inspirée par l'amour pour la compagne que Dieu m'avait donnée :*

L'onde qui baise ce rivage, etc.

## XVI

## LA BRANCHE D'AMANDIER

De l'amandier tige fleurie,
Symbole, hélas! de la beauté,
Comme toi, la fleur de la vie
Fleurit et tombe avant l'été.

Qu'on la néglige ou qu'on la cueille,
De nos fronts, des mains de l'amour,
Elle s'échappe feuille à feuille,
Comme nos plaisirs jour à jour.

Savourons ces courtes délices,
Disputons-les même au zéphyr;
Épuisons les riants calices
De ces parfums qui vont mourir.

Souvent la beauté fugitive
Ressemble à la fleur du matin,
Qui du front glacé du convive
Tombe avant l'heure du festin.

Un jour tombe, un autre se lève ;
Le printemps va s'évanouir ;
Chaque fleur que le vent enlève
Nous dit : « Hâtez-vous d'en jouir ! »

Et, puisqu'il faut qu'elles périssent,
Qu'elles périssent sans retour !
Que les roses ne se flétrissent
Que sous les lèvres de l'amour !

## COMMENTAIRE

*Un jour, en revenant de Terracine à Rome, je m'arrêtai à Albano. C'était au mois de février : les collines étaient roses de fleurs de pêchers et d'amandiers. Une jeune fille de Laricia, village voisin d'Albano, passa auprès de moi ; et, détachant de sa tête une couronne de ces fleurs que ses compagnes lui avaient tressée, elle me la jeta en me souhaitant bonheur. Elle était plus belle que ce printemps et plus rose que ces fleurs. Je pris le rameau en souriant, et je l'attachai à la voiture.*

*Le soir, j'écrivis au crayon ces strophes. Arrivé à Paris, je les donnai à une charmante jeune femme, pour qui ces vers furent un triste présage : elle mourut dans l'année. C'était madame de Genoude.*

## XVII

## L'ANGE

#### FRAGMENT ÉPIQUE

Dieu se lève; et soudain sa voix terrible appelle
De ses ordres secrets un ministre fidèle,
Un de ces esprits purs qui sont chargés par lui
De servir aux humains de conseil et d'appui,
De lui porter leurs vœux sur leurs ailes de flamme,
De veiller sur leur vie et de garder leur âme.
Tout mortel a le sien : cet ange protecteur,
Cet invisible ami veille autour de son cœur,
L'inspire, le conduit, le relève s'il tombe,
Le reçoit au berceau, l'accompagne à la tombe,
Et, portant dans les cieux son âme entre ses mains,
La présente en tremblant au juge des humains.

C'est ainsi qu'entre l'homme et Jéhovah lui-même,
Entre le pur néant et la grandeur suprême,
D'êtres inaperçus une chaîne sans fin
Réunit l'homme à l'ange et l'ange au séraphin ;
C'est ainsi que, peuplant l'étendue infinie,
Dieu répandit partout l'esprit, l'âme et la vie.

Au son de cette voix qui fait trembler le ciel,
S'élance devant Dieu l'archange Ithuriel :
C'est lui qui du héros est le céleste guide,
Et qui pendant sa vie à ses destins préside.
Sur les marches du trône, où de la Trinité
Brille au plus haut des cieux la triple majesté,
L'Esprit, épouvanté de la splendeur divine,
Dans un saint tremblement soudain monte et s'incline,
Et du voile éclatant de ses deux ailes d'or
Du céleste regard s'ombrage, et tremble encor.

Mais Dieu, voilant pour lui sa clarté dévorante,
Modère les accents de sa voix éclatante,
Se penche sur son trône et lui parle : soudain
Tout le ciel, attentif au Verbe souverain,
Suspend les chants sacrés, et la cour immortelle
S'apprête à recueillir la parole éternelle.
Pour la première fois, sous la voûte des cieux,
Cessa des chérubins le chœur harmonieux :
On n'entendit alors dans les saintes demeures
Que le bruit cadencé du char léger des heures,
Qui, des jours éternels mesurant l'heureux cours,
Dans un cercle sans fin fuit et revient toujours ;
On n'entendit alors que la sourde harmonie
Des sphères poursuivant leur course indéfinie,
Et des astres pieux le murmure d'amour,
Qui vient mourir au seuil du céleste séjour.

Mais en vain dans le ciel les chœurs sacrés se turent ;
Autour du trône en vain tous les saints accoururent :
L'archange entendit seul les ordres du Très-Haut.
Il s'incline, il adore, il s'élance aussitôt.

Telle qu'au sein des nuits une étoile tombante,
Se détachant soudain de la voûte éclatante,
Glisse, et, d'un trait de feu fendant l'obscurité,
Vient au bord des marais éteindre sa clarté ;
Tel, d'un vol lumineux et d'une aile assurée,
L'ardent Ithuriel fend la plaine azurée.
A peine il a franchi ces déserts enflammés
Que la main du Très-Haut de soleils a semés,
Il ralentit son vol, et, comme un aigle immense,
Sur son aile immobile un instant se balance :
Il craint que la clarté des célestes rayons
Ne trahisse son vol aux yeux des nations ;
Et, secouant trois fois ses ailes immortelles,
Trois fois en fait jaillir des gerbes d'étincelles.
Le nocturne pasteur, qui compte dans les cieux
Les astres tant de fois nommés par ses aïeux,
Se trouble et croit que Dieu de nouvelles étoiles
A de l'antique nuit semé les sombres voiles.

Mais, pour tromper les yeux, l'archange essaye en vain
De dépouiller l'éclat de ce reflet divin ;
L'immortelle clarté dont son aile est empreinte
L'accompagne au delà de la céleste enceinte,
Et ces rayons du ciel dont il est pénétré,
Se détachant de lui, pâlissent par degré.
Ainsi le globe ardent que l'ange des batailles
Inventa pour briser les tours et les murailles,
Sur ses ailes de feu projeté dans les airs,
Trace au sein de la nuit de sinistres éclairs :

Immobile un moment au haut de sa carrière,
Il pâlit, il retombe en perdant sa lumière ;
Tous les yeux avec lui dans les airs suspendus
Le cherchent dans l'espace et ne le trouvent plus.

C'était l'heure où la nuit, de ses paisibles mains,
Répand le doux sommeil, ce nectar des humains.
Le fleuve, déroulant ses vagues fugitives,
Réfléchissait les feux allumés sur ses rives,
Ces feux abandonnés, dont les débris mouvants
Pâlissaient, renaissaient, mouraient au gré des vents.
D'une antique forêt le ténébreux ombrage
Couvrait au loin le plaine et bordait le rivage :
Là, sous l'abri sacré du chêne aimé des Francs,
Clovis avait planté ses pavillons errants.
Les vents, par intervalle agitant les armures,
En tiraient dans la nuit de belliqueux murmures ;
L'astre aux rayons d'argent, se levant dans les cieux,
Répandait sur le camp son jour mystérieux,
Et, se réfléchissant sur l'acier des trophées,
Jetait dans la forêt des lueurs étouffées :
Tels brillent dans la nuit, à travers les rameaux,
Les feux tremblants du ciel réfléchis dans les eaux.

Le messager divin s'avance vers la tente
Où Clovis, qu'entourait sa garde vigilante,
Commençait à goûter les nocturnes pavots :
Clodomir et Lisois, compagnons du héros,
Debout devant la tente, appuyés sur leur lance,
Gardaient l'auguste seuil et veillaient en silence.
Mais de la palme d'or qui brille dans sa main
L'ange en touchant leurs yeux les assoupit soudain :
Ils tombent ; de leur main la lance échappe et roule,
Et sous son pied divin l'ange en passant les foule.

Du pavillon royal il franchit les degrés.
Sur la peau d'un lion, dont les ongles dorés
Retombaient aux deux bords de sa couche d'ivoire,
Clovis dormait, bercé par des songes de gloire.
L'ange, de sa beauté, de sa grâce étonné,
Contemple avec amour ce front prédestiné.
Il s'approche, il retient son haleine divine,
Et sur le lit du prince en souriant s'incline.
Telle une jeune mère, au milieu de la nuit,
De son lit nuptial sortant au moindre bruit,
Une lampe à la main, sur un pied suspendue,
Vole à son premier-né, tremblant d'être entendue,
Et, pour calmer l'effroi qui la faisait frémir,
En silence longtemps le regarde dormir :
Tel des ordres d'en haut l'exécuteur fidèle,
Se penchant sur Clovis, l'ombrageait de son aile.
Sur le front du héros il impose ses mains :
Soudain, par un pouvoir ignoré des humains,
Dénouant sans efforts les liens de la vie,
Des entraves des sens son âme se délie ;
L'ange, qui la reçoit, dirige son essor,
Et le corps du héros paraît dormir encor.

Dans l'astre au front changeant, dont la forme inégale
Grandissant, décroissant, mourant par intervalle,
Prête ou retire aux nuits ses limpides rayons,
L'Éternel étendit d'immenses régions
Où, des êtres réels images symboliques,
Les songes ont bâti leurs palais fantastiques.
Sortis demi-formés des mains du Tout-Puissant,
Ils tiennent à la fois de l'être et du néant :
Un souffle aérien est toute leur essence,
Et leur vie est à peine une ombre d'existence ;
Aucune forme fixe, aucun contour précis,

N'indiquèrent jamais ces êtres indécis ;
Mais ils sont, aux regards du Dieu qui les fit naître,
L'image du possible et les ombres de l'être.
La matière et le temps sont soumis à leurs lois :
Revêtus tour à tour de formes de leur choix,
Tantôt de ce qui fut ils rendent les images,
Et tantôt, s'élançant dans le lointain des âges,
Tous les êtres futurs, au néant arrachés,
Apparaissent d'avance en leurs jeux ébauchés.

Quand la nuit des mortels a fermé la paupière,
Sur les pâles rayons de l'astre du mystère
Ils glissent en silence, et leurs nombreux essaims
Ravissent au sommeil les âmes des humains,
Et, les portant d'un trait à leurs palais magiques,
Font éclore à leurs yeux des mondes fantastiques.
De leur globe natal les divers éléments,
Subissant à leur voix d'éternels changements,
Ne sont jamais fixés dans des formes prescrites,
Ne connaissent ni lois, ni repos, ni limites ;
Mais sans cesse en travail, l'un par l'autre pressés,
Séparés, confondus, attirés, repoussés,
Comme les flots mouvants d'une mer en furie
Leur forme insaisissable à chaque instant varie :
Où des fleuves coulaient, où mugissaient des mers,
Des sommets escarpés s'élancent dans les airs ;
Soudain dans les vallons les montagnes descendent,
Sur leurs flancs décharnés des champs féconds s'étendent,
Qui, changés aussitôt en immenses déserts,
S'abiment à grand bruit dans des gouffres ouverts.
Des cités, des palais et des temples superbes
S'élèvent, et soudain sont cachés sous les herbes ;
Tout change, et les cités, et les monts, et les eaux,
S'y déroulent sans terme en horizons nouveaux :

Tel roulait le chaos dans les déserts du vide,
Lorsque, Dieu séparant la terre du fluide,
De la confusion des éléments divers
Son regard créateur vit sortir l'univers.

C'est là qu'Ithuriel, sur son aile brillante,
Du héros endormi portait l'âme tremblante.
A peine il a touché ces bords mystérieux,
L'ombre de l'avenir éclôt devant ses yeux :
L'ange l'y précipite, et son âme étonnée
Parcourt en un clin d'œil l'immense destinée.

## COMMENTAIRE

*Ceci est un fragment d'un poëme épique de Clovis, que j'avais ébauché dans mon enfance, et que j'ai brûlé depuis, avec tant d'autres ébauches indignes de la lumière. Un de mes amis avait copié ce fragment, et le fit insérer dans je ne sais quelle feuille littéraire, après la publication des premières Méditations. Je le recueillis dans les secondes comme un enfant qui demandait asile dans la famille légitime de mes premiers vers.*

# XVIII

## L'APPARITION
### DE
## L'OMBRE DE SAMUEL A SAÜL

FRAGMENT DRAMATIQUE

---

SAÜL, LA PYTHONISSE D'ENDOR

SAUL, *seul.*

Peut-être... puisque enfin je puis le consulter,
Le ciel, peut-être, est las de me persécuter!
A mes yeux dessillés la vérité va luire :
Mais au livre du sort, ô Dieu! que vont-ils lire ?...
De ce livre fatal qui s'explique trop tôt,
Chaque jour, chaque instant, hélas! révèle un mot.

Pourquoi donc devancer le temps qui nous l'apporte?
Pourquoi, dans cet abîme, avant l'heure...? N'importe!
C'est trop, c'est trop longtemps attendre dans la nuit
Les invisibles coups du bras qui me poursuit!
J'aime mieux, déroulant la trame infortunée,
Y lire d'un seul trait toute ma destinée.

*(La Pythonisse d'Endor entre sur la scène.)*

Est-ce toi qui, portant l'avenir dans ton sein,
Viens au roi d'Israël annoncer son destin?

LA PYTHONISSE.

C'est moi.

SAUL.

Qui donc es-tu?

LA PYTHONISSE.

La voix du Dieu suprême.

SAUL.

Tremble de me tromper!

LA PYTHONISSE.

Saül, tremble toi-même!

SAUL.

Eh bien! qu'apportes-tu?

LA PYTHONISSE.

Ton arrêt.

SAUL.

Parle.

LA PYTHONISSE.

         O ciel !
Pourquoi m'as-tu choisie entre tout Israël ?
Mon cœur est faible, ô ciel ! et mon sexe est timide.
Choisis pour ton organe un sein plus intrépide ;
Pour annoncer au roi tes divines fureurs,
Qui suis-je ?

SAUL, *étonné*.

   Ta main tremble et tu verses des pleurs !
Quoi ! ministre du ciel, tu n'es plus qu'une femme !

LA PYTHONISSE.

Détruis donc, ô mon Dieu, la pitié dans mon âme !

SAUL.

Par tes feintes terreurs penses-tu m'ébranler ?

LA PYTHONISSE.

Mais ma bouche, ô mon roi ! se refuse à parler.

SAUL, *avec colère*.

Tes lenteurs, à la fin, lassent ma patience :
Parle, si tu le peux, ou sors de ma présence !

LA PYTHONISSE.

Que ne puis-je sortir, emportant avec moi
Tout ce qu'ici je viens prophétiser sur toi !
Mais un Dieu me retient, me pousse, me ramène ;
Je ne puis résister à son bras qui m'entraine.

Oui, je sens ta présence; ô Dieu persécuteur!
Et ta fureur divine a passé dans mon cœur.

*Avec plus d'horreur.*

Mais quel rayon sanglant vient frapper ma paupière!
Mon œil épouvanté cherche et fuit la lumière.
Silence!... l'avenir ouvre ses noirs secrets:
Quel chaos de malheurs, de vertus, de forfaits!
Dans la confusion je les vois tous ensemble.
Comment, comment saisir le fil qui les rassemble?
Saül... Michol... David... Malheureux Jonathas!
Arrête! arrête, ô roi! ne m'interroge pas.

SAUL, *tremblant.*

Que dis-tu de David, de Jonathas? achève!

LA PYTHONISSE, *montrant du doigt une ombre.*

Oui, l'ombre se dissipe et le voile se lève:
C'est lui!...

SAUL.

Qui donc?

LA PYTHONISSE.
David!...

SAUL.

Eh bien?

LA PYTHONISSE.

Il est vainqueur!
Quel triomphe! O David! que d'éclat t'environne!
Que vois-je sur ton front?

SAUL.

Achève !

LA PYTHONISSE.

Une couronne !...

SAUL.

Perfide ! qu'as-tu dit ? Lui, David, couronné ?

LA PYTHONISSE, *avec tristesse.*

Hélas ! et tu péris, jeune homme infortuné !
Et pour pleurer ton sort, belle et tendre victime,
Les palmiers de Cadès ont incliné leur cime !...
Grâce ! grâce, ô mon Dieu ! détourne tes fureurs !
Saül a bien assez de ses propres malheurs !...
Mais la mort l'a frappé, sans pitié pour ses charmes,
Hélas ! et David même en a versé des larmes !

SAUL.

Silence ! c'est assez : j'en ai trop écouté.

LA PYTHONISSE.

Saül, pour tes forfaits ton fils est rejeté.
D'un prince condamné Dieu détourne sa face,
D'un souffle de sa bouche il dissipe sa race :
Le sceptre est arraché !...

SAUL, *l'interrompant avec violence.*

Tais-toi, dis-je, tais-toi !

LA PYTHONISSE.

Saül, Saül, écoute un Dieu plus fort que moi !

Le sceptre est arraché de ses mains sans défense ;
Le sceptre dans Juda passe avec ta puissance,
Et ces biens, par Dieu même à ta race promis,
Transportés à David, passent tous à ses fils.
Que David est brillant ! que son triomphe est juste !
Qu'il sort de rejetons de cette tige auguste !
Que vois-je ? un Dieu lui-même !... O vierges du saint lieu,
Chantez, chantez David ! David enfante un Dieu !...

### SAUL.

Ton audace à la fin a comblé la mesure :
Va, tout respire en toi la fourbe et l'imposture.
Dieu m'a promis le trône, et Dieu ne trompe pas.

### LA PYTHONISSE.

Dieu promet ses fureurs à des princes ingrats.

### SAUL.

Crois-tu qu'impunément ta bouche ici m'outrage ?

### LA PYTHONISSE.

Crois-tu faire d'un Dieu varier le langage ?

### SAUL.

Sais-tu quel sort t'attend ? sais-tu...

### LA PYTHONISSE.

                               Ce que je sais,
C'est que ton propre bras va punir tes forfaits ;
Et qu'avant que des cieux le flambeau se retire,
Un Dieu justifira tout ce qu'un Dieu m'inspire.
Adieu, malheureux père ! adieu, malheureux roi !

    *(Elle se retire ; Saül la retient par force.)*

SAUL.

Non, non, perfide, arrête! écoute, et réponds-moi!
C'est souffrir trop longtemps l'insolence et l'injure :
Je veux convaincre ici ta bouche d'imposture.
Si le ciel à tes yeux a su les révéler,
Quels sont donc ces forfaits dont tu m'oses parler?

LA PYTHONISSE.

L'ombre les a couverts, l'ombre les couvre encore,
Saül; mais le ciel voit ce que la terre ignore.
Ne tente pas le ciel.

SAUL.

Non : parle, si tu sais.

LA PYTHONISSE.

L'ombre de Samuel te dira ces forfaits...

SAUL.

Samuel! Samuel! Eh quoi! que veux-tu dire?

LA PYTHONISSE.

Toi-même, en traits de sang ne peux-tu pas le lire?

SAUL.

Eh bien! qu'a de commun ce Samuel et moi?

LA PYTHONISSE.

Qui plongea dans son sein ce fer sanglant?

SAUL.

Qui?

LA PYTHONISSE.

Toi !

SAUL, *furieux, se précipitant sur elle avec sa lance.*

Monstre, qu'a trop longtemps épargné ma clémence,
Ton audace, à la fin, appelle ma vengeance !

*Prêt à la frapper.*

Tiens ! va dire à ton Dieu, va dire à Samuel
Comment Saül punit ton imposture...

(*Au moment où il va frapper, il voit l'ombre de Samuel ;
il laisse tomber la lance, il recule.*)

O ciel !

Ciel ! que vois-je ? C'est toi ! c'est ton ombre sanglante !
Quel regard !... Son aspect m'a glacé d'épouvante.
Pardonne, ombre fatale ! oh ! pardonne ! Oui, c'est moi,
C'est moi qui t'ai porté tous ces coups que je vois !
Quoi ! depuis si longtemps ! quoi ! ton sang coule encore !
Viens-tu pour le venger ?... Tiens...

(*Il découvre sa poitrine et tombe à genoux.*)

Mais il s'évapore !...

(*La Pythonisse disparaît pendant ces derniers mots.*)

---

# COMMENTAIRE

*C'est encore un fragment de cette tragédie biblique de Saül que j'avais écrite en 1818, que j'avais lue à*

Talma, pour la donner, sous les auspices de ce grand et excellent artiste, au théâtre, et que mes absences de Paris et mes entraînements m'avaient empêché de faire représenter. Dans ce temps-là, elle aurait eu peut-être un certain succès : c'était encore le temps des imitations en tout genre. Maintenant, elle n'en aurait plus. On cherche le drame moderne. Je sais bien où on le trouvera : c'est dans l'histoire mieux étudiée et mieux comprise. La France a un génie dramatique qui fera cette découverte. Quant à moi, je m'en sens incapable. La poésie n'est pour moi que du chant ou du récit, l'hymne ou l'épopée. Le drame veut trop d'art, et je ne suis pas assez artiste.

# XIX

# STANCES

Et j'ai dit dans mon cœur : Que faire de la vie?
Irai-je encor, suivant ceux qui m'ont devancé,
Comme l'agneau qui passe où sa mère a passé,
Imiter des mortels l'immortelle folie?

L'un cherche sur les mers les trésors de Memnon,
Et la vague engloutit ses vœux et son navire;
Dans le sein de la gloire, où son génie aspire,
L'autre meurt enivré par l'écho d'un vain nom.

Avec nos passions formant sa vaste trame,
Celui-là fonde un trône et monte pour tomber;
Dans des piéges plus doux aimant à succomber,
Celui-ci lit son sort dans les yeux d'une femme.

Le paresseux s'endort dans les bras de la faim;
Le laboureur conduit sa fertile charrue;
Le savant pense et lit, le guerrier frappe et tue;
Le mendiant s'assied sur le bord du chemin.

Où vont-ils cependant? Ils vont où va la feuille
Que chasse devant lui le souffle des hivers.
Ainsi vont se flétrir dans leurs travaux divers
Ces générations que le temps sème et cueille.

Ils luttaient contre lui, mais le temps a vaincu;
Comme un fleuve engloutit le sable de ses rives,
Je l'ai vu dévorer leurs ombres fugitives.
Ils sont nés, ils sont morts : Seigneur, ont-ils vécu?

Pour moi, je chanterai le Maître que j'adore,
Dans le bruit des cités, dans la paix des déserts,
Couché sur le rivage, ou flottant sur les mers,
Au déclin du soleil, au réveil de l'aurore.

La terre m'a crié : « Qui donc est le Seigneur? »
Celui dont l'âme immense est partout répandue,
Celui dont un seul pas mesure l'étendue,
Celui dont le soleil emprunte sa splendeur,

Celui qui du néant a tiré la matière,
Celui qui sur le vide a fondé l'univers,
Celui qui sans rivage a renfermé les mers,
Celui qui d'un regard a lancé la lumière,

Celui qui ne connaît ni jour ni lendemain,
Celui qui de tout temps de soi-même s'enfante,
Qui vit dans l'avenir comme à l'heure présente,
Et rappelle les temps échappés de sa main :

C'est lui ! c'est le Seigneur ! Que ma langue redise
Les cent noms de sa gloire aux enfants des mortels :
Comme la harpe d'or pendue à ses autels,
Je chanterai pour lui jusqu'à ce qu'il me brise...

---

## COMMENTAIRE

*C'est encore et toujours le même cri d'adoration jaillissant en vers du cœur de l'homme. Il s'en est échappé de pareils de ma poitrine presque à chacune de mes respirations. Ils n'ont pas été notés, voilà tout. Ce sentiment naturel, constant, passionné, de la présence, de la grandeur, de l'ubiquité de Dieu, est la base fondamentale de cet instrument que la nature, en me formant, a mis dans ma poitrine; harpe ou âme, c'est la même chose. Ce sentiment, cet hymne perpétuel qui chante involontairement en moi, ne m'a pas rendu plus vertueux. La vertu est un effort, et je n'aime pas l'effort; mais il m'a rendu plus adorateur. Adorer, selon moi, c'est vivre. Au fond, je ne crois pas que l'homme ait été créé pour autre chose. L'adoration est le retour de l'âme à son centre divin; c'est la gravitation morale, c'est l'univers intellectuel.*

*Si Dieu me garde des jours libres et sereins au coucher de mon soleil, je les emploierai à chercher dans la nature de plus sublimes notes pour contenir son nom.*

## XX

## LA LIBERTÉ

ou

## UNE NUIT A ROME

A ÉLI..., DUCH. DE DEV...

Comme l'astre adouci de l'antique Élysée,
Sur les murs dentelés du sacré Colisée,
L'astre des nuits, perçant des nuages épars,
Laisse dormir en paix ses longs et doux regards ;
Le rayon qui blanchit ses vastes flancs de pierre,
En glissant à travers les pans flottants du lierre,
Dessine dans l'enceinte un lumineux sentier :
On dirait le tombeau d'un peuple tout entier,
Où la mémoire, errante après des jours sans nombre,
Dans la nuit du passé viendrait chercher une ombre.

Ici, de voûte en voûte élevé dans les cieux,
Le monument debout défie encor les yeux ;
Le regard égaré dans ce dédale oblique,
De degrés en degrés, de portique en portique,
Parcourt en serpentant ce lugubre désert,
Fuit, monte, redescend, se retrouve et se perd.
Là, comme un front penché sous le poids des années,
La ruine, abaissant ses voûtes inclinées,
Tout à coup se déchire en immenses lambeaux,
Pend comme un noir rocher sur l'abîme des eaux ;
Ou, des vastes hauteurs de son faîte superbe
Descendant par degrés jusqu'au niveau de l'herbe,
Comme un coteau qui meurt sous les fleurs d'un vallon,
Vient mourir à nos pieds sur des lits de gazon.
Sur les flancs décharnés de ces sombres collines,
Des forêts dans les airs ont jeté leurs racines :
Là le lierre jaloux de l'immortalité
Triomphe en possédant ce que l'homme a quitté,
Et, pareil à l'oubli, sur ces murs qu'il enlace,
Monte de siècle en siècle au sommet qu'il efface ;
Le buis, l'if immobile, et l'arbre des tombeaux,
Dressent en frissonnant leurs funèbres rameaux,
Et l'humble giroflée, aux lambris suspendue,
Attachant ses pieds d'or dans la pierre fendue,
Et balançant dans l'air ses longs rameaux flétris,
Comme un doux souvenir fleurit sur des débris.
Aux sommets escarpés du fronton solitaire,
L'aigle à la frise étroite a suspendu son aire :
Au bruit sourd de mes pas, qui troublent son repos,
Il jette un cri d'effroi, grossi par mille échos,
S'élance dans le ciel, en redescend, s'arrête,
Et d'un vol menaçant plane autour de ma tête.
Du creux des monuments, de l'ombre des arceaux,
Sortent en gémissant de sinistres oiseaux :

Ouvrant en vain dans l'ombre une ardente prunelle,
L'aveugle amant des nuits bat les murs de son aile;
La colombe, inquiète à mes pas indiscrets,
Descend, vole et s'abat de cyprès en cyprès,
Et sur les bords brisés de quelque urne isolée
Se pose en soupirant comme une âme exilée.

Les vents, en s'engouffrant sous ces vastes débris,
En tirent des soupirs, des hurlements, des cris;
On dirait qu'on entend le torrent des années
Rouler sous ces arceaux ses vagues déchaînées,
Renversant, emportant, minant de jours en jours
Tout ce que les mortels ont bâti sur son cours.
Les nuages flottants dans un ciel clair et sombre,
En passant sur l'enceinte y font courir leur ombre,
Et tantôt, nous cachant le rayon qui nous luit,
Couvrent le monument d'une profonde nuit;
Tantôt, se déchirant sous un souffle rapide,
Laissent sur le gazon tomber un jour livide,
Qui, semblable à l'éclair, montre à l'œil ébloui
Ce fantôme debout du siècle évanoui,
Dessine en serpentant ses formes mutilées,
Les cintres verdoyants des arches écroulées,
Ses larges fondements sous nos pas entr'ouverts;
Ses frontons menaçants suspendus dans les airs,
Et l'éternelle croix qui, surmontant le faîte,
Incline comme un mât battu par la tempête.

Rome, te voilà donc! O mère des Césars,
J'aime à fouler aux pieds tes monuments épars;
J'aime à sentir le temps, plus fort que ta mémoire,
Effacer pas à pas les traces de ta gloire!
L'homme serait-il donc de ses œuvres jaloux?
Nos monuments sont-ils plus immortels que nous?

Égaux devant le temps, non, ta ruine immense
Nous console du moins de notre décadence.
J'aime, j'aime à venir rêver sur ce tombeau,
A l'heure où de la nuit le lugubre flambeau,
Comme l'œil du passé flottant sur des ruines,
D'un pâle demi-deuil revêt tes sept collines,
Et, d'un ciel toujours jeune éclaircissant l'azur,
Fait briller les torrents sur les flancs de Tibur.
Ma harpe, qu'en passant l'oiseau des nuits effleure,
Sur tes propres débris te rappelle et te pleure,
Et jette aux flots du Tibre un cri de liberté,
Hélas! par l'écho même à peine répété.

« Liberté! nom sacré, profané par cet âge,
J'ai toujours dans mon cœur adoré ton image,
Telle qu'aux jours d'Émile et de Léonidas
T'adorèrent jadis le Tibre et l'Eurotas;
Quand, tes fils se levant contre la tyrannie,
Tu teignais leurs drapeaux du sang de Virginie,
Ou qu'à tes saintes lois glorieux d'obéir,
Tes trois cents immortels s'embrassaient pour mourir;
Telle enfin que, d'Uri prenant ton vol sublime,
Comme un rapide éclair qui court de cime en cime,
Des rives du Léman aux rochers d'Appenzell,
Volant avec la mort sur la flèche de Tell,
Tu rassembles tes fils errants sur les montagnes,
Et, semblable au torrent qui fond sur leurs campagnes,
Tu purges à jamais d'un peuple d'oppresseurs
Ces champs où tu fondas ton règne sur les mœurs!

« Alors... Mais aujourd'hui pardonne à mon silence!
Quand ton nom, profané par l'infâme licence,
Du Tage à l'Éridan épouvantant les rois,
Fait crouler dans le sang les trônes et les lois;

Détournant leurs regards de ce culte adultère,
Tes purs adorateurs, étrangers sur la terre,
Voyant dans ces excès ton saint nom s'abolir,
Ne le prononcent plus... de peur de l'avilir.
Il fallait t'invoquer quand un tyran superbe
Sous ses pieds teints de sang nous foulait comme l'herbe ;
En pressant sur son cœur le poignard de Caton,
Alors il était beau de confesser ton nom :
La palme des martyrs couronnait tes victimes,
Et jusqu'à leurs soupirs tout leur était des crimes.
L'univers cependant, prosterné devant lui,
Adorait ou tremblait!... L'univers aujourd'hui
Au bruit des fers brisés en sursaut se réveille.
Mais qu'entends-je? et quels cris ont frappé mon oreille?
Esclaves et tyrans, opprimés, oppresseurs,
Quand tes droits ont vaincu, s'offrent pour tes vengeurs :
Insultant sans péril la tyrannie absente,
Ils poursuivent partout son ombre renaissante ;
Et, de la vérité couvrant la faible voix,
Quand le peuple est tyran, ils insultent aux rois.

Tu règnes cependant sur un siècle qui t'aime,
Liberté! tu n'as rien à craindre que toi-même.
Sur la pente rapide où roule en paix ton char,
Je vois mille Brutus... mais où donc est César? »

---

# COMMENTAIRE

*Je passai à Rome l'hiver de 1821 à 1822. La duchesse de Devonshire, qu'on appelait* la reine des Romains, et qui était l'amie du cardinal Consalvi, premier ministre, réunissait chez elle tous les hommes remarquables de l'Europe, et faisait de son palais, sur la place Colonne, un salon du siècle de Léon X. Rome lui appartenait par droit d'amour et de culte. On pouvait la comparer à une de ces saintes femmes de Jérusalem, venant interroger le sépulcre, et trouvant le Dieu remonté au ciel.

Je connaissais la duchesse de Devonshire depuis longtemps. Elle m'accueillit à Rome comme si elle eût été l'hospitalité souveraine de ces ruines. Je vivais dans son intimité toujours gracieuse, si enivrante autrefois. Nous parcourions le matin les villas, les musées, les sites classiques de Tusculum ou de Tibur. Le soir, je retrouvais chez elle le chevalier de Médici, longtemps premier ministre de Naples, et le cardinal Consalvi, ce véritable Fénelon romain. Les conversations étaient douces, sereines, érudites, enjouées, comme des entretiens de vieillards au bord de la vie, qui ne se passionnent plus, mais qui s'intéressent encore. Canova y venait aussi presque tous les jours. C'était le Praxitèle du siècle. Du fond de son atelier, il régnait sur l'empire des arts dans toute l'Europe. Les rois, les princes, les ministres, obtenaient comme une faveur de venir le voir travailler. Cette existence rappelait celle de Raphaël refusant le cardinalat.

En quittant Rome, j'adressai cette méditation à la duchesse de Devonshire.

Elle mourut peu de temps après. En ouvrant son testament, ses exécuteurs trouvèrent mon nom parmi ceux des amis particuliers à qui elle avait voulu laisser une trace de son affection après la vie. Elle me léguait un des monuments qu'elle avait élevés à la gloire de l'Italie, la patrie de ses derniers jours.

## XXI

## ADIEUX A LA MER

Naples, 1822.

Murmure autour de ma nacelle,
Douce mer dont les flots chéris,
Ainsi qu'une amante fidèle,
Jettent une plainte éternelle
Sur ces poétiques débris!

Que j'aime à flotter sur ton onde,
A l'heure où du haut du rocher
L'oranger, la vigne féconde,
Versent sur ta vague profonde
Une ombre propice au nocher!

Souvent, dans ma barque sans rame,
Me confiant à ton amour,
Comme pour assoupir mon âme,
Je ferme au branle de ta lame
Mes regards fatigués du jour.

Comme un coursier souple et docile
Dont on laisse flotter le mors,
Toujours vers quelque frais asile
Tu pousses ma barque fragile
Avec l'écume de tes bords.

Ah! berce, berce, berce encore,
Berce pour la dernière fois,
Berce cet enfant qui t'adore,
Et qui depuis sa tendre aurore
N'a rêvé que l'onde et les bois!

Le Dieu qui décora le monde
De ton élément gracieux,
Afin qu'ici tout se réponde,
Fit les cieux pour briller sur l'onde,
L'onde pour réfléchir les cieux.

Aussi pur que dans ma paupière,
Le jour pénètre ton flot pur,
Et dans ta brillante carrière
Tu sembles rouler la lumière
Avec tes flots d'or et d'azur.

Aussi libre que la pensée,
Tu brises le vaisseau des rois,
Et dans ta colère insensée,
Fidèle au Dieu qui t'a lancée,
Tu ne t'arrêtes qu'à sa voix.

De l'infini sublime image,
De flots en flots l'œil emporté
Te suit en vain de plage en plage,
L'esprit cherche en vain ton rivage,
Comme ceux de l'éternité.

Ta voix majestueuse et douce
Fait trembler l'écho de tes bords,
Où, sur l'herbe qui te repousse,
Comme le zéphyr dans la mousse,
Murmure de mourants accords.

Que je t'aime, ô vague assouplie,
Quand, sous mon timide vaisseau,
Comme un géant qui s'humilie,
Sous ce vain poids l'onde qui plie
Me creuse un liquide berceau !

Que je t'aime quand, le zéphire
Endormi dans tes antres frais,
Ton rivage semble sourire
De voir, dans ton sein qu'il admire,
Flotter l'ombre de ses forêts !

Que je t'aime quand sur ma poupe
Des festons de mille couleurs,
Pendant au vent qui les découpe,
Te couronnent comme une coupe
Dont les bords sont voilés de fleurs !

Qu'il est doux, quand le vent caresse
Ton sein mollement agité,
De voir, sous ma main qui la presse,
Ta vague qui s'enfle et s'abaisse
Comme le sein de la beauté !

Viens à ma barque fugitive,
Viens donner le baiser d'adieux ;
Roule autour une voix plaintive,
Et de l'écume de ta rive
Mouille encor mon front et mes yeux.

Laisse sur ta plaine mobile
Flotter ma nacelle à son gré,
Ou sous l'antre de la Sibylle,
Ou sous le tombeau de Virgile :
Chacun de tes flots m'est sacré.

Partout, sur ta rive chérie,
Où l'amour éveilla mon cœur,
Mon âme, à sa vue attendrie,
Trouve un asile, une patrie,
Et des débris de son bonheur.

Flotte au hasard : sur quelque plage
Que tu me fasses dériver,
Chaque flot m'apporte une image ;
Chaque rocher de ton rivage
Me fait souvenir ou rêver !

## COMMENTAIRE

*Cette méditation est de 1820. Elle fut écrite dans l'île d'Ischia, dont j'ai déjà tant parlé et dont j'aurai à parler encore. J'aurais dû la jeter dans la mer,* comme on brise d'impatience un miroir qui ternit, rapetisse et défigure un objet.

Je sens que je chanterais mieux maintenant ce ciel liquide qui console la terre de n'avoir pas l'autre ciel. Mais le temps est loin des jours nonchalants passés au pied d'une roche concave, sur un lit tiède de sable fin, à compter des vagues et à noter des frissons de l'eau. S'ils reviennent jamais, je ferai ce que j'ai toujours rêvé de faire, des Marines en vers, des églogues de l'Océan. J'avais écrit quelques chants d'un poëme des Pêcheurs. J'ai perdu le manuscrit.

## XXII

## LE CRUCIFIX

Toi que j'ai recueilli sur sa bouche expirante
Avec son dernier souffle et son dernier adieu,
Symbole deux fois saint, don d'une main mourante,
    Image de mon Dieu !

Que de pleurs ont coulé sur tes pieds que j'adore,
Depuis l'heure sacrée où, du sein d'un martyr,
Dans mes tremblantes mains tu passas, tiède encore
    De son dernier soupir !

Les saints flambeaux jetaient une dernière flamme,
Le prêtre murmurait ces doux chants de la mort,
Pareils aux chants plaintifs que murmure une femme
    A l'enfant qui s'endort.

De son pieux espoir son front gardait la trace,
Et sur ses traits, frappés d'une auguste beauté,
La douleur fugitive avait empreint sa grâce,
  La mort sa majesté.

Le vent qui caressait sa tête échevelée
Me montrait tour à tour ou me voilait ses traits,
Comme l'on voit flotter sur un blanc mausolée
  L'ombre des noirs cyprès.

Un de ses bras pendait de la funèbre couche ;
L'autre, languissamment replié sur son cœur,
Semblait chercher encore et presser sur sa bouche
  L'image du Sauveur.

Ses lèvres s'entr'ouvraient pour l'embrasser encore ;
Mais son âme avait fui dans ce divin baiser,
Comme un léger parfum que la flamme dévore
  Avant de l'embraser.

Maintenant tout dormait sur sa bouche glacée,
Le souffle se taisait dans son sein endormi,
Et sur l'œil sans regard la paupière affaissée
  Retombait à demi.

Et moi, debout, saisi d'une terreur secrète,
Je n'osais m'approcher de ce reste adoré,
Comme si du trépas la majesté muette
  L'eût déjà consacré.

Je n'osais!... Mais le prêtre entendit mon silence,
Et, de ses doigts glacés prenant le crucifix :
« Voilà le souvenir, et voilà l'espérance :
  Emportez-les, mon fils! »

Oui, tu me resteras, ô funèbre héritage !
Sept fois, depuis ce jour, l'arbre que j'ai planté
Sur sa tombe sans nom a changé de feuillage :
    Tu ne m'as pas quitté.

Placé près de ce cœur, hélas ! où tout s'efface,
Tu l'as contre le temps défendu de l'oubli,
Et mes yeux goutte à goutte ont imprimé leur trace
    Sur l'ivoire amolli.

O dernier confident de l'âme qui s'envole,
Viens, reste sur mon cœur ! parle encore, et dis-moi
Ce qu'elle te disait quand sa faible parole
    N'arrivait plus qu'à toi !

A cette heure douteuse où l'âme recueillie,
Se cachant sous le voile épaissi sur nos yeux,
Hors de nos sens glacés pas à pas se replie,
    Sourde aux derniers adieux ;

Alors qu'entre la vie et la mort incertaine,
Comme un fruit par son poids détaché du rameau,
Notre âme est suspendue et tremble à chaque haleine
    Sur la nuit du tombeau ;

Quand des chants, des sanglots, la confuse harmonie
N'éveille déjà plus notre esprit endormi,
Aux lèvres du mourant collé dans l'agonie,
    Comme un dernier ami ;

Pour éclaircir l'horreur de cet étroit passage,
Pour relever vers Dieu son regard abattu,
Divin consolateur, dont nous baisons l'image,
    Réponds ! Que lui dis-tu ?

Tu sais, tu sais mourir! et tes larmes divines,
Dans cette nuit terrible où tu prias en vain,
De l'olivier sacré baignèrent les racines
    Du soir jusqu'au matin!

De la croix, où ton œil sonda ce grand mystère,
Tu vis ta mère en pleurs et la nature en deuil;
Tu laissas comme nous tes amis sur la terre,
    Et ton corps au cercueil!

Au nom de cette mort, que ma faiblesse obtienne
De rendre sur ton sein ce douloureux soupir:
Quand mon heure viendra, souviens-toi de la tienne,
    O toi qui sais mourir!

Je chercherai la place où sa bouche expirante
Exhala sur tes pieds l'irrévocable adieu,
Et son âme viendra guider mon âme errante
    Au sein du même Dieu!

Ah! puisse, puisse alors sur ma funèbre couche,
Triste et calme à la fois, comme un ange éploré,
Une figure en deuil recueillir sur ma bouche
    L'héritage sacré!

Soutiens ses derniers pas, charme sa dernière heure;
Et, gage consacré d'espérance et d'amour,
De celui qui s'éloigne à celui qui demeure
    Passe ainsi tour à tour,

Jusqu'au jour où, des morts perçant la voûte sombre,
Une voix dans le ciel les appelant sept fois,
Ensemble éveillera ceux qui dorment à l'ombre
    De l'éternelle croix!

## COMMENTAIRE

*Ceci est une méditation sortie avec des larmes du cœur de l'homme, et non de l'imagination de l'artiste. On le sent, tout y est vrai.*

*Les lecteurs qui voudront savoir sous quelle impression réelle j'écrivis, après une année de silence et de deuil, cette élégie sépulcrale, n'ont qu'à lire dans Raphaël la mort de Julie. Mon ami, M. de V..., qui assistait à ses derniers moments, me rapporta de sa part le crucifix qui avait reposé sur ses lèvres dans son agonie.*

*Je ne relis jamais ces vers : c'est assez de les avoir écrits.*

## XXIII

## APPARITION

Toi qui du jour mourant consoles la nature,
Parais, flambeau des nuits, lève-toi dans les cieux ;
Étends autour de moi, sur la pâle verdure,
Les douteuses clartés d'un jour mystérieux !
Tous les infortunés chérissent ta lumière ;
L'éclat brillant du jour repousse leurs douleurs :
Aux regards du soleil ils ferment leur paupière,
Et rouvrent devant toi leurs yeux noyés de pleurs.

    Viens guider mes pas vers la tombe
    Où ton rayon s'est abaissé,
    Où chaque soir mon genou tombe
    Sur un saint nom presque effacé.
    Mais quoi ! la pierre le repousse !...
    J'entends... oui, des pas sur la mousse !

Un léger souffle a murmuré ;
Mon œil se trouble, je chancelle :
Non, non, ce n'est plus toi, c'est elle
Dont le regard m'a pénétré !...

Est-ce bien toi, toi qui t'inclines
Sur celui qui fut ton amant ?
Parle : que tes lèvres divines
Prononcent un mot seulement ;
Ce mot que murmurait ta bouche
Quand, planant sur ta sombre couche,
La mort interrompit ta voix !
Sa bouche commence... Ah ! j'achève :
Oui, c'est toi ; ce n'est point un rêve :
Anges du ciel, je la revois !...

Ainsi donc l'ardente prière
Perce le ciel et les enfers ;
Ton âme a franchi la barrière
Qui sépare deux univers.
Gloire à ton nom, Dieu qui l'envoie !
Ta grâce a permis que je voie
Ce que mes yeux cherchaient toujours.
Que veux-tu ? faut-il que je meure ?
Tiens, je te donne pour cette heure
Toutes les heures de mes jours !

Mais quoi ! sur ce rayon déjà l'ombre s'envole :
Pour un siècle de pleurs une seule parole !
Est-ce tout ?... C'est assez !... Astre que j'ai chanté,
J'en bénirai toujours ta pieuse clarté,
Soit que dans nos climats, empire des orages,
Comme un vaisseau voguant sur la mer des nuages,
Tu perces rarement la triste obscurité ;

Soit que sous ce beau ciel, propice à ta lumière,
Dans un limpide azur poursuivant ta carrière,
Des couleurs du matin tu dores les coteaux;
Ou que te balançant sur une mer tranquille,
Et teignant de tes feux sa surface immobile,
Tes rayons argentés se brisent dans les eaux!

## COMMENTAIRE

*C'est la même date et la même pensée que dans le Crucifix; mais c'est une mélancolie déjà moins poignante. Le temps avait interposé des années entre la mémoire et la mort.*

## XXIV

## CHANT D'AMOUR

Naples, 1822

Si tu pouvais jamais égaler, ô ma lyre,
Le doux frémissement des ailes du zéphire
      A travers les rameaux,
Ou l'onde qui murmure en caressant ses rives,
Ou le roucoulement des colombes plaintives
      Jouant aux bords des eaux ;

Si, comme ce roseau qu'un souffle heureux anime,
Tes cordes exhalaient ce langage sublime,
      Divin secret des cieux,
Que, dans le pur séjour où l'esprit seul s'envole,
Les anges amoureux se parlent sans parole,
      Comme les yeux aux yeux ;

Si de ta douce voix la flexible harmonie,
Caressant doucement une âme épanouie
    Au souffle de l'amour,
La berçait mollement sur de vagues images,
Comme le vent du ciel qui berce les nuages
    Dans la pourpre du jour :

Tandis que sur les fleurs mon amante sommeille,
Ma voix murmurerait tout bas à son oreille
    Des soupirs, des accords,
Aussi purs que l'extase où son regard me plonge,
Aussi doux que le son que nous apporte un songe
    Des ineffables bords.

« Ouvre les yeux, dirais-je, ô ma seule lumière !
Laisse-moi, laisse-moi lire dans ta paupière
    Ma vie et ton amour :
Ton regard languissant est plus cher à mon âme
Que le premier rayon de la céleste flamme
    Aux yeux privés du jour. »

Un de ses bras fléchit sous son cou qui le presse,
L'autre sur son beau front retombe avec mollesse
    Et le couvre à demi :
Telle, pour sommeiller, la blanche tourterelle
Courbe son cou d'albâtre et ramène son aile
    Sur son œil endormi.

Le doux gémissement de son sein qui respire
Se mêle au bruit plaintif de l'onde qui soupire
    A flots harmonieux ;

Et l'ombre de ses cils, que le zéphyr soulève,
Flotte légèrement comme l'ombre d'un rêve
  Qui passe sur ses yeux.

---

Que ton sommeil est doux, ô vierge, ô ma colombe !
Comme d'un cours égal ton sein monte et retombe
  Avec un long soupir !
Deux vagues, que blanchit le rayon de la lune,
D'un mouvement moins doux viennent l'une après l'une
  Murmurer et mourir.

Laisse-moi respirer sur ces lèvres vermeilles
Ce souffle parfumé... Qu'ai-je fait? Tu t'éveilles :
  L'azur voilé des cieux
Vient chercher doucement ta timide paupière;
Mais toi... ton doux regard, en voyant la lumière,
  N'a cherché que mes yeux.

Ah! que nos longs regards se suivent, se prolongent,
Comme deux purs rayons l'un dans l'autre se plongent,
  Et portent tour à tour
Dans le cœur l'un de l'autre une tremblante flamme,
Ce jour intérieur que donne seul à l'âme
  Le regard de l'amour!

Jusqu'à ce qu'une larme aux bords de ta paupière,
De son nuage errant te cachant la lumière,
  Vienne baigner tes yeux,
Comme on voit, au réveil d'une charmante aurore,
Les larmes du matin, qu'elle attire et colore,
  L'ombrager dans les cieux.

Parle-moi, que ta voix me touche!
Chaque parole sur ta bouche
Est un écho mélodieux.
Quand ta voix meurt dans mon oreille,
Mon âme résonne et s'éveille,
Comme un temple à la voix des dieux.

Un souffle, un mot, puis un silence,
C'est assez : mon âme devance
Le sens interrompu des mots,
Et comprend ta voix fugitive,
Comme le gazon de la rive
Comprend le murmure des flots.

Un son qui sur ta bouche expire,
Une plainte, un demi-sourire,
Mon cœur entend tout sans effort :
Tel, en passant par une lyre,
Le souffle même du zéphire
Devient un ravissant accord.

Pourquoi sous tes cheveux me cacher ton visage?
Laisse mes doigts jaloux écarter ce nuage :
Rougis-tu d'être belle, ô charme de mes yeux?
L'aurore, ainsi que toi, de ses roses s'ombrage.
Pudeur, honte céleste, instinct mystérieux!
Ce qui brille le plus se voile davantage;
Comme si la beauté, cette divine image,
    N'était faite que pour les cieux!

Tes yeux sont deux sources vives
Où vient se peindre un ciel pur,
Quand les rameaux de leurs rives
Leur découvrent son azur.
Dans ce miroir retracées,
Chacune de tes pensées
Jette en passant son éclair,
Comme on voit sur l'eau limpide
Flotter l'image rapide
Des cygnes qui fendent l'air.

Ton front, que ton voile ombrage
Et découvre tour à tour,
Est une nuit sans nuage
Prête à recevoir le jour;
Ta bouche, qui va sourire,
Est l'onde qui se retire
Au souffle errant du zéphyr,
Et, sur ses bords qu'elle quitte,
Laisse au regard qu'elle invite
Compter les perles d'Ophir.

Ton cou, penché sur l'épaule,
Tombe sous son doux fardeau,
Comme les branches du saule
Sous le poids d'un passereau;
Ton sein, que l'œil voit à peine
Soulevant à chaque haleine
Le poids léger de ton cœur,
Est comme deux tourterelles
Qui font palpiter leurs ailes
Dans la main de l'oiseleur.

Tes deux mains sont deux corbeilles
Qui laissent passer le jour ;
Tes doigts de roses vermeilles
En couronnent le contour.
Sur le gazon qui l'embrasse
Ton pied se pose, et la grâce,
Comme un divin instrument,
Aux sons égaux d'une lyre
Semble accorder et conduire
Ton plus léger mouvement.

Pourquoi de tes regards percer ainsi mon âme?
Baisse, oh! baisse tes yeux pleins d'une chaste flamme,
    Baisse-les, ou je meurs.
Viens plutôt, lève-toi! Mets ta main dans la mienne,
Que mon bras arrondi t'entoure et te soutienne
    Sur ces tapis de fleurs.

Aux bords d'un lac d'azur il est une colline
Dont le front verdoyant légèrement s'incline
    Pour contempler les eaux ;
Le regard du soleil tout le jour la caresse,
Et l'haleine de l'onde y fait flotter sans cesse
    Les ombres des rameaux.

Entourant de ses plis deux chênes qu'elle embrasse,
Une vigne sauvage à leurs rameaux s'enlace,
    Et, couronnant leurs fronts,

De sa pâle verdure éclaircit leur feuillage,
Puis sur des champs coupés de lumière et d'ombrage
      Court en riants festons.

Là, dans les flancs creusés d'un rocher qui surplombe,
S'ouvre une grotte obscure, un nid où la colombe
      Aime à gémir d'amour ;
La vigne, le figuier, la voilent, la tapissent,
Et les rayons du ciel, qui lentement s'y glissent,
      Y mesurent le jour.

La nuit et la fraîcheur de ces ombres discrètes
Conservent plus longtemps aux pâles violettes
      Leurs timides couleurs ;
Une source plaintive en habite la voûte,
Et semble sur vos fronts distiller goutte à goutte
      Des accords et des pleurs.

Le regard, à travers ce rideau de verdure,
Ne voit rien que le ciel et l'onde qu'il azure ;
      Et sur le sein des eaux
Les voiles du pêcheur, qui, couvrant sa nacelle,
Fendent ce ciel liquide, et battent comme l'aile
      Des rapides oiseaux.

L'oreille n'entend rien qu'une vague plaintive
Qui, comme un long baiser, murmure sur sa rive,
      Ou la voix des zéphyrs,
Ou les sons cadencés que gémit Philomèle,
Ou l'écho du rocher, dont un soupir se mêle
      A nos propres soupirs.

Viens, cherchons cette ombre propice
Jusqu'à l'heure où de ce séjour
Les fleurs fermeront leur calice
Aux regards languissants du jour.
Voilà ton ciel, ô mon étoile!
Soulève, oh! soulève ce voile,
Éclaire la nuit de ces lieux;
Parle, chante, rêve, soupire,
Pourvu que mon regard attire
Un regard errant de tes yeux!

Laisse-moi parsemer de roses
La tendre mousse où tu t'assieds,
Et près du lit où tu reposes
Laisse-moi m'asseoir à tes pieds.
Heureux le gazon que tu foules,
Et le bouton dont tu déroules
Sous tes doigts les fraîches couleurs!
Heureuses ces coupes vermeilles
Que pressent tes lèvres, pareilles
A l'abeille, amante des fleurs!

Si l'onde, des lis que tu cueille,
Roule les calices flétris;
Des tiges que ta bouche effeuille
Si le vent m'apporte un débris;
Si la boucle qui se dénoue
Vient, en ondulant sur ma joue,
De ma lèvre effleurer le bord;
Si ton souffle léger résonne,
Je sens sur mon front qui frissonne
Passer les ailes de la mort.

Souviens-toi de l'heure bénie
Où les dieux, d'une tendre main,
Te répandirent sur ma vie
Comme l'ombre sur le chemin.
Depuis cette heure fortunée,
Ma vie à ta vie enchaînée,
Qui s'écoule comme un seul jour,
Est une coupe toujours pleine,
Où mes lèvres à longue haleine
Puisent l'innocence et l'amour.

Ah! lorsque mon front qui s'incline
Chargé d'une douce langueur
S'endort bercé sur ta poitrine
Par le mouvement de ton cœur,

. . . . . . . . . . . . .
. . . . . . . . . . . . .

Un jour, le temps jaloux, d'une haleine glacée,
Fanera tes couleurs comme une fleur passée
  Sur ces lits de gazon;
Et sa main flétrira sur tes charmantes lèvres
Ces rapides baisers, hélas! dont tu me sèvres
  Dans leur fraîche saison.

Mais quand tes yeux, voilés d'un nuage de larmes,
De ces jours écoulés qui t'ont ravi tes charmes
  Pleureront la rigueur;
Quand dans ton souvenir, dans l'onde du rivage,
Tu chercheras en vain ta ravissante image,
  Regarde dans mon cœur!

Là ta beauté fleurit pour des siècles sans nombre;
Là ton doux souvenir veille à jamais à l'ombre
   De ma fidélité,
Comme une lampe d'or dont une vierge sainte
Protège avec la main, en traversant l'enceinte,
   La tremblante clarté.

Ah! quand la mort viendra, d'un autre amour suivie,
Éteindre en souriant de notre double vie
   L'un et l'autre flambeau,
Qu'elle étende ma couche à côté de la tienne,
Et que ta main fidèle embrasse encor la mienne
   Dans le lit du tombeau!

Ou plutôt puissions-nous passer sur cette terre
Comme on voit en automne un couple solitaire
   De cygnes amoureux
Partir en s'embrassant du nid qui les rassemble,
Et vers les doux climats qu'ils vont chercher ensemble
   S'envoler deux à deux!

## COMMENTAIRE

*Cette méditation fut écrite encore dans l'été de 1820, à Ischia. C'est un Cantique des cantiques, mais avec des notes moins pénétrantes et des couleurs moins orientales que le chant nuptial de Salomon. C'est un défi à la poésie, qui n'a jamais su exprimer le bonheur comme elle exprime la douleur, sans doute parce que le bonheur est un secret que Dieu a réservé au ciel, et que l'homme, au contraire, connait la douleur dans toute son intensité.*

# XXV

### IMPROVISÉE
## A LA GRANDE-CHARTREUSE

Jéhovah de la terre a consacré les cimes,
Elles sont de ses pas le divin marchepied ;
C'est là qu'environné de ses foudres sublimes
    Il vole, il descend, il s'assied.

Sina, l'Olympe même, en conservent la trace ;
L'Horeb, en tressaillant, s'inclina sous ses pas ;
Thor entendit sa voix, Gelboé vit sa face ;
    Golgotha pleura son trépas.

Dieu que l'Hébron connait, Dieu que Cédar adore,
Ta gloire à ces rochers jadis se dévoila ;
Sur le sommet des monts nous te cherchons encore :
    Seigneur, réponds-nous ; es-tu là ?

Paisibles habitants de ces saintes retraites,
Comme au pied de ces monts où priait Israël,
Dans le calme des nuits, des hauteurs où vous êtes,
    N'entendez-vous donc rien du ciel ?

Ne voyez-vous jamais les divines phalanges
Sur vos dômes sacrés descendre et se pencher ?
N'entendez-vous jamais des doux concerts des anges
    Retentir l'écho du rocher ?

Quoi ! l'âme en vain regarde, aspire, implore, écoute :
Entre le ciel et nous est-il un mur d'airain ?
Vos yeux, toujours levés vers la céleste voûte,
    Vos yeux sont-ils levés en vain ?

Pour s'élancer, Seigneur, où ta voix les appelle,
Les astres de la nuit ont des chars de saphirs ;
Pour s'élever à toi l'aigle au moins a son aile :
    Nous n'avons rien que nos soupirs.

Que la voix de tes saints s'élève et te désarme !
La prière du juste est l'encens des mortels.
Et nous, pécheurs, passons : nous n'avons qu'une larme
    A répandre sur tes autels.

## COMMENTAIRE

*C'est une inspiration complète.*
*Une femme des plus ravissantes par la beauté et par*

le charme de l'âme, devenue depuis une des plus éminentes par la vertu active et par la prodigalité de sa vie à toutes les misères humaines, la marquise de B***, me rencontra en Savoie en allant à Turin, et me pria de l'accompagner à la Grande-Chartreuse. J'acceptai avec bonheur. Je l'admirais depuis longtemps, et mon attachement pour elle avait ce vague indéterminé entre le respect et l'attrait, qui fait qu'on ne se définit pas à soi-même ce qu'on éprouve, de peur de le faire évanouir en le regardant de trop près. Son imagination ardente, tendre et pieuse, était le cristal le plus limpide et le plus coloré à la fois à travers lequel l'œil et le cœur d'un poëte pussent contempler ces montagnes, monuments de la nature, et ce monastère, monument de l'homme. La saison était brûlante, et donnait plus d'attrait aux sens pour les ombrages, les murmures et les fraicheurs des bois, des neiges et des torrents.

Nous soupâmes dans le jardin ombragé de noyers et de pampres gigantesques d'une petite auberge de village, au pied de la montagne. Nous passâmes une partie de la nuit accoudés à la fenêtre de cette chaumière, écoutant les bruits d'eaux, de chutes de rochers, de roulement d'avalanches qui sortaient des gorges où nous devions entrer le lendemain ; respirant les brises nocturnes qui faisaient palpiter les feuilles de vigne sur les treilles et frissonner les cheveux sur nos tempes. Le lendemain, au lever du soleil, nous gravissions à cheval les pentes de la montagne. Il n'y a pas de coupures de rochers plus profondes, de détours de route plus inattendus, de ponts plus hardis et plus tremblants sur des abimes d'écume, de torrents plus verdâtres endormis au fond des puits de granit luisants que les tourbillons d'eau se creusent au bord de leur lit en hiver, d'écumes plus bouillonnantes et plus laiteuses pulvérisées par leur chute, et saupoudrant les branches étendues des hêtres et des sapins, dans toutes les Alpes ou dans tous les Apennins. Après trois heures d'extase, nous arrivâmes en vue du couvent. C'est un immense cloître assis sur les flancs inégaux de l'avant-dernière croupe de la montagne, au bord des neiges, et suivant, comme un manteau jeté sur le sol, les ondulations du terrain. J'entrai seul, pendant que M$^{me}$ de B***, reçue à l'hospice des étrangers, en dehors du couvent, se reposait de la lassitude de la matinée. Le couvent me fit peu d'impression. Je comprends l'ermite; je n'ai jamais compris ces solitudes peuplées d'hommes ou de femmes fuyant un monde pour en retrouver un autre. C'est rétrécir le monde, ce n'est pas l'éviter. Il est encore là avec toutes ses importunités, ses vices ou ses faiblesses : on n'a fait que changer ses ennuis.

Le soir, pendant que nous redescendions, un orage se forma sur les cimes des sapins; il éclata avec ses foudres, ses ruissellements de feu et d'eau, ses tonnerres d'en haut répercutés par ses tonnerres d'en bas, ses mugissements dans les sapins, ses arbres renversés sur les abîmes. Les guides avaient abrité M$^{me}$ de B*** sous la concavité d'une roche élevée de quelques pieds au-dessus de la route : on eût dit une de ces niches où la piété des paysans de Savoie et du Tyrol place la statue coloriée de la Vierge, pour protéger les passants dans les pas dangereux. J'étais descendu de cheval, et je m'étais laissé glisser jusqu'au fond du lit du torrent, où l'arche d'un pont de bois m'abritait de la pluie. L'orage à demi passé, et converti en pluie fine semblable à une vapeur d'écume que le vent sème autour d'une chute d'eau, un immense arc-en-ciel se dessina comme une arche céleste au-dessus de la roche concave où M$^{me}$ de B***, collée à la muraille de granit gris, déroulait ses cheveux au vent pour les sécher. Je n'ai jamais si bien compris l'auréole que la piété fait rayonner autour de la figure des vierges, des anges ou des saintes. Dieu lui-même avait dessiné et coloré celle-là.

Cette image m'inspira ces strophes et d'autres vers sur le même sujet, que j'écrivis sur mon genou.

## XXVI

## ADIEUX A LA POÉSIE.

Il est une heure de silence
Où la solitude est sans voix,
Où tout dort, même l'espérance,
Où nul zéphyr ne se balance
Sous l'ombre immobile des bois.

Il est un âge où de la lyre
L'âme aussi semble s'endormir,
Où du poétique délire
Le souffle harmonieux expire
Dans le sein qu'il faisait frémir.

L'oiseau qui charme le bocage,
Hélas! ne chante pas toujours:
A midi caché sous l'ombrage,
Il n'enchante de son ramage
Que l'aube et le déclin des jours.

Adieu donc, adieu, voici l'heure,
Lyre aux soupirs mélodieux !
En vain à la main qui t'effleure
Ta fibre encor répond et pleure :
Voici l'heure de nos adieux.

Reçois cette larme rebelle
Que mes yeux ne peuvent cacher.
Combien sur ta corde fidèle
Mon âme, hélas ! en versa-t-elle
Que tes soupirs n'ont pu sécher !

Sur cette terre infortunée,
Où tous les yeux versent des pleurs,
Toujours de cyprès couronnée,
La lyre ne nous fut donnée
Que pour endormir nos douleurs.

Tout ce qui chante ne répète
Que des regrets ou des désirs ;
Du bonheur la corde est muette ;
De Philomèle et du poëte
Les plus doux chants sont des soupirs.

Dans l'ombre, auprès d'un mausolée,
O lyre, tu suivis mes pas ;
Et, des doux festins exilée,
Jamais ta voix ne s'est mêlée
Aux chants des heureux d'ici-bas.

Pendue aux saules de la rive,
Libre comme l'oiseau des bois,
On n'a point vu ma main craintive
T'attacher comme une captive
Aux portes des palais des rois.

Des partis l'haleine glacée
Ne t'inspira pas tour à tour ;
Aussi chaste que la pensée,
Nul souffle ne t'a caressée,
Excepté celui de l'Amour.

En quelque lieu qu'un sort sévère
Fit plier mon front sous ses lois,
Grâce à toi, mon âme étrangère
A trouvé partout sur la terre
Un céleste écho de sa voix.

Aux monts d'où le jour semble éclore,
Quand je t'emportais avec moi
Pour louer Celui que j'adore,
Le premier rayon de l'aurore
Ne se réveillait qu'après toi.

Au bruit des flots et des cordages,
Aux feux livides des éclairs,
Tu jetais des accords sauvages,
Et, comme l'oiseau des orages,
Tu rasais l'écume des mers.

Celle dont le regard m'enchaîne
A tes soupirs mêlait sa voix,
Et souvent ses tresses d'ébène
Frissonnaient sous ma molle haleine,
Comme tes cordes sous mes doigts.

Peut-être à moi, lyre chérie,
Tu reviendras dans l'avenir,
Quand, de songes divins suivie,
La mort approche, et que la vie
S'éloigne comme un souvenir.

Dans cette seconde jeunesse
Qu'un doux oubli rend aux humains,
Souvent l'homme, dans sa tristesse,
Sur toi se penche et te caresse,
Et tu résonnes sous ses mains.

Ce vent qui sur nos âmes passe
Souffle à l'aurore, ou souffle tard ;
Il aime à jouer avec grâce
Dans les cheveux qu'un myrte enlace,
Ou dans la barbe du vieillard.

En vain une neige glacée
D'Homère ombrageait le menton ;
Et le rayon de la pensée
Rendait la lumière éclipsée
Aux yeux aveugles de Milton.

Autour d'eux voltigeaient encore
L'amour, l'illusion, l'espoir,
Comme l'insecte amant de Flore,
Dont les ailes semblent éclore
Aux tardives lueurs du soir.

Peut-être ainsi... Mais avant l'âge
Où tu reviens nous visiter,
Flottant de rivage en rivage,
J'aurai péri dans un naufrage,
Loin des cieux que je vais quitter.

Depuis longtemps ma voix plaintive
Sera couverte par les flots,
Et, comme l'algue fugitive,
Sur quelque sable de la rive
La vague aura roulé mes os.

Mais toi, lyre mélodieuse,
Surnageant sur les flots amers,
Des cygnes la troupe envieuse
Suivra ta trace harmonieuse
Sur l'abîme roulant des mers.

## COMMENTAIRE

*J'étais sincère quand j'écrivis ces adieux à la poésie en 1824, à Saint-Point, au moment de quitter ma patrie pour les résidences à l'étranger. Je n'avais jamais écrit de vers que dans mes heures perdues. J'étais et je suis resté toute ma vie amateur de poésie plus que poëte de métier. Je ne comptais plus rien écrire en vers, ou du moins plus rien imprimer. Les hasards de la pensée et du cœur, les sentiments, les circonstances, les bonheurs, les larmes de la vie, m'ont fait mentir souvent à ces adieux. Peut-être y mentirai-je encore à la dernière extrémité de mes jours; car je n'ai jamais compris la poésie qu'à deux époques de la vie humaine : jeune pour chanter, vieux pour prier. Une lyre dans la jeunesse, une harpe dans les jours avancés, voilà pour moi la poésie : chant d'ivresse au matin, hymne de piété le soir; l'amour partout.*

# TROISIÈMES
# MÉDITATIONS POÉTIQUES

*(Publiées en 1849)*

TROISIÈMES
# MÉDITATIONS POÉTIQUES

## I

## LA PERVENCHE

Pale fleur, timide pervenche,
Je sais la place où tu fleuris,
Le gazon où ton front se penche
Pour humecter tes yeux flétris!

C'est dans un sentier qui se cache
Sous ses deux bords de noisetiers,
Où pleut sur l'ombre qu'elle tache
La neige des blancs églantiers.

L'ombre t'y voile, l'herbe égoutte
Les perles de nos nuits d'été,
Le rayon les boit goutte à goutte
Sur ton calice velouté.

Une source tout près palpite,
Où s'abreuve le merle noir;
Il y chante, et moi j'y médite
Souvent de l'aube jusqu'au soir.

O fleur, que tu dirais de choses
A mon amour, si tu retiens
Ce que je dis à lèvres closes
Quand tes yeux me peignent les siens!

## II

## SUR L'INGRATITUDE
## DES PEUPLES

ODE

1827

Un jour qu'errant de ville en ville,
Et cachant sa lyre et son nom,
L'aveugle qui chantait Achille
Montait au temple d'Apollon,
Ses rivaux, que sa gloire outrage,
Le reconnaissent à l'image
Du dieu qu'on adore à Claros,
Et chassent du seuil du génie
Ce mendiant, dont l'Ionie
Un jour disputera les os !

A pas lents, la tête baissée,
Le vieillard reprend son chemin,
Seul, et roulant dans sa pensée
L'injustice du genre humain.
En marchant, sous son bras il presse
Sa lyre sainte et vengeresse,
Qui résonne comme un carquois ;
Et sur un écueil de la plage
Il va s'asseoir près du rivage,
Pleurant et chantant à la fois.


« Reptiles qui vivez de gloire,
Disait-il, déchirez mes jours !
Souillez d'avance ma mémoire
D'un poison qui ronge toujours !
Sifflez, vils serpents de l'envie !
De ma fortune et de ma vie
Arrachez le dernier lambeau,
Jusqu'à ce que les Euménides
Écrasent vos têtes livides
Sur la pierre de mon tombeau !


« Tel est donc le sort, ô nature,
Que tu garde à tes favoris !
De tout temps l'outrage et l'injure
Sont le pain dont tu les nourris.
Sitôt qu'un des fils de Mémoire
Élève ses mains vers la gloire,
Un cri s'élève : Il doit périr !
Semblable aux chiens de Laconie,
La haine dispute au génie
Un seuil qu'elle ne peut franchir.

« Cependant j'ai courbé ma tête
Au niveau de vos fronts jaloux;
J'ai fui de retraite en retraite,
De peur d'être plus grand que vous!
Ma voix, sans écho sur la terre,
Montait sur un bord solitaire;
Et quand je vous tendais la main
(Les siècles le pourront-ils croire?)
Je ne demandais pas de gloire,
Ingrats! je mendiais du pain!

« Mais le génie en vain dépouille
L'éclat dont il est revêtu :
Comme Ulysse qu'un haillon souille,
Il est trahi par sa vertu.
De quelque ombre qu'il se recèle,
Dès qu'un être divin se mêle
Aux enfants de ce vil séjour,
L'envie à sa trace s'enchaine,
Et le reconnaît à sa haine,
Comme la terre à son amour.

« Si du moins, ô langues impures,
Contentes de boire mes pleurs,
Vos traits restaient dans mes blessures!...
Mais non : vous vivez, et je meurs!
Mes yeux, à travers leur nuage,
Vous voient renaître d'âge en âge.
O temps, que me dévoiles-tu?
Toujours le génie est un crime.
Toujours, quoi! toujours un abîme
Entre la gloire et la vertu ?

« Race immortelle des Zoïle,
Non, vous ne vous éteindrez plus !
Bavius attend son Virgile,
Socrate meurt sous Anytus !
Le Dante est maudit de Florence ;
La mort dans sa dure indigence
Surprend l'aveugle d'Albion ;
Et l'Envie un jour se console
De marchander pour une obole
La gloire d'une nation *!

« Le chantre divin d'Herminie,
Rongeant son cœur dans sa prison,
Sous les assauts de l'insomnie
Sent fléchir jusqu'à sa raison.
D'une haine injuste et barbare
Les sombres cachots de Ferrare
Éteignent-ils l'affreux flambeau ?
Non : la haine qui lui pardonne
Lui laisse entrevoir sa couronne,
Mais c'est plus loin que son tombeau !

« Et toi, chantre d'un saint martyre,
Toi que Sion vit adorer,
Toi qu'en secret l'envie admire,
En s'indignant de t'admirer ;
En vain, en rampant sur ta trace,
La Haine avec sa langue efface
Ta route à l'immortalité :
Trop grand pour un siècle vulgaire,
Ta gloire tristement éclaire
Son envieuse obscurité !

* Le *Paradis perdu*, vendu pour dix guinées.

« En vain l'impure Calomnie
Lançant ses traits sur l'avenir,
Ne pouvant nier ton génie,
S'efforce au moins de le ternir :
Comme un vaisseau voguant sur l'onde
Traîne après soi la vase immonde
Qu'il a soulevée en son cours,
Ton nom, plus fort que l'injustice,
Traîne ton Zoïle au supplice
D'une honte qui vit toujours !

« Meute hideuse qu'un grand homme
Traîne sans cesse sur ses pas,
Toujours acharnés s'il vous nomme,
Honteux s'il ne vous nomme pas ;
Je pourrais... Mais que ce silence
Soit contre eux ma seule vengeance !
Les dieux nous vengent à ce prix.
Que l'oubli soit leur anathème ;
Que leurs noms n'héritent pas même
L'immortalité du mépris !

« Vils profanateurs que vous êtes,
Aux yeux des siècles indignés
Croyez-vous couronner vos têtes
Des rayons que vous éteignez ?
Non ! la gloire par vous ternie
Ne couvre que d'ignominie
Un front que l'ombre aurait caché ;
Et de ce front livide et blême
Le laurier tombe de lui-même,
Flétri dès qu'il vous a touché ! »

Il se tut : sa lyre plaintive
Suspendit ses rhythmes touchants,
Croyant que l'écho de la rive
Avait seul entendu ses chants.
Mais, par ses rivaux irritée,
Sur ses pas la foule ameutée
Suivait sa trace et l'entendit :
Leurs cœurs de venin se gonflèrent;
Au lieu d'applaudir ils sifflèrent;
Car ainsi l'envie applaudit.


Du sein de la foule offensée
De ces ennemis inhumains,
Soudain une pierre lancée
Va frapper sa lyre en ses mains.
L'aveugle en vain la presse encore,
Elle roule en débris sonore
Du sein qui veut la retenir;
Mais, en se brisant sous ce crime,
Elle jette un accord sublime
Qui retentit dans l'avenir!

# III

## L'IDÉAL

SUR UNE PAGE

REPRÉSENTANT DES GÉNIES ENFANTS

1827

Hôtes des jeunes cœurs, beaux enfants des Génies,
Allez jouer plus loin, allez sourire ailleurs!
Les cordes de ma voix n'ont plus pour harmonies
    Que des tristesses et des pleurs.

Chers anges du matin, éclos dans les rosées,
Nos lèvres d'homme, hélas! pour vous n'ont plus de miel;
Et vos ailes d'azur, de larmes arrosées,
    Ne nous porteraient plus au ciel.

Il faut aux cœurs saignants des anges plus austères,
Pâles, vêtus de deuil, voilés de demi-jour,
Et plongeant en silence au fond de nos mystères
    Un rayon doux comme l'amour.

Ces fantômes du cœur ont des accents de femme ;
Sous de longs cheveux noirs ils dérobent leurs traits ;
Ils vous disent tout bas, dans la langue de l'âme,
    De tristes et divins secrets.

Nul ne connaît leur nom, nul n'a vu leur visage ;
Ils s'attachent au cœur comme l'ombre à nos pas.
Est-ce un être réel ? est-ce un divin mirage
    Du bonheur qu'on pressent là-bas ?

Qu'importe ? Ciel ou terre, ange ou femme, ombre ou rêve,
Quelque nom qui te nomme, il est divin pour moi,
Que la terre l'ébauche et que le ciel l'achève,
    Le nom sublime qui dit : Toi !

## IV

## SULTAN, LE CHEVAL ARABE

A M. DE CHAMPEAUX

1838

Le soleil du désert ne luit plus sur ta lame,
O mon large yatagan plus poli qu'un miroir,
Où Kaïdha mirait son visage de femme,
Comme un rayon sortant des ombres d'un ciel noir!

Tu pends par la poignée au pilier d'une tente,
Avec mon narghilé, ma selle et mon fusil;
Et, semblable à mon cœur qui s'use dans l'attente,
La rouille et le repos te dévorent le fil!

Et toi, mon fier Sultan, à la crinière noire,
Coursier né des amours de la foudre et du vent,
Dont quelques poils de jais tigraient la blanche moire,
Dont le sabot mordait sur le sable mouvant,

Que fais-tu maintenant, cher berceur de mes rêves?
Mon oreille aimait tant ton pas mélodieux,
Quand la bruyante mer, dont nous suivions les grèves,
Nous jetait sa fraîcheur et son écume aux yeux!

Tu rengorgeais si beau ton cou marbré de veines,
Quand celle que ma main sur ta croupe élançait
T'appelait par ton nom, et, retirant tes rênes,
Marquetait de baisers ton poil qui frémissait!

Je la livrais sans peur à ton galop sauvage!
La vague de la mer, dans le golfe dormant,
Moins amoureusement berce près du rivage
La barque abandonnée à son balancement :

Car, au plus léger cri qui gonflait sa poitrine,
Tu t'arrêtais tournant ton bel œil vers tes flancs,
Et, retirant ton feu dans ta rose narine,
De l'écume du mors tu lavais ses pieds blancs.

Penses-tu quelquefois, le front bas vers la terre,
A ce maître venu dans ton désert natal,
Qui parlait sur ta croupe une langue étrangère,
Et qui t'avait payé d'un monceau de métal?

Penses-tu quelquefois à la jeune maîtresse
Qui pour parer ta bride, houri d'un autre ciel,
Détachait les rubis ou les fleurs de sa tresse,
Et dont la main t'offrait de blancs cristaux de miel?

Où sont-ils? que font-ils? quels climats les retiennent?
Les vaisseaux dont tu vois souvent blanchir les mâts,
Ces grands oiseaux des mers qui vont et qui reviennent,
Sur ton sable doré ne les déposent pas.

Ne les hennis-tu pas de ton naseau sonore?
Ton cœur dans ton poitrail ne bat-il pas d'amour,
Quand ton oreille entend dans les champs de l'aurore
Le nom, cher au Liban, de ce maître d'un jour?

Oh oui, car de ta selle en détachant mes armes,
Tu me jetas tout triste un regard presque humain,
Je vis ton œil bronzé se ternir, et deux larmes,
Le long de tes naseaux, glissèrent sur ma main!

## V

## A M. DE MUSSET

EN RÉPONSE A SES VERS

FRAGMENT DE MÉDITATION

1840

Maintenant qu'abrité des monts de mon enfance
Je n'entends plus Paris ni son murmure immense,
Qui, semblable à la mer contre un cap écumant,
Répand loin de ses murs son retentissement ;
Maintenant que mes jours et mes heures limpides
Résonnent sous la main comme des urnes vides,
Et que je puis en paix les combler à plaisir
De contemplations, de chants et de loisir,

Qu'entre le firmament et mon œil qui s'y lève
Aucun plafond jaloux n'intercepte mon rêve,
Et que j'y vois surgir ses feux sur les coteaux,
Comme de blanches nefs à l'horizon des eaux ;
Rassasié de paix, de silence et d'extase,
Le limon de mon cœur descend au fond du vase ;
J'entends chanter en moi les brises d'autrefois,
Et je me sens tenté d'essayer si mes doigts
Pourront, donnant au rhythme une âme cadencée,
Tendre cet arc sonore où vibrait ma pensée.
S'ils ne le peuvent plus, que ces vers oubliés
Aillent au moins frémir et tomber à tes pieds !


Enfant aux blonds cheveux, jeune homme au cœur de cire,
Dont la lèvre a le pli des larmes ou du rire,
Selon que la beauté qui règne sur tes yeux
Eut un regard hier sévère ou gracieux ;
Poétique jouet de molle poésie,
Qui prends pour passion ta vague fantaisie,
Bulle d'air coloré dans une bulle d'eau
Que l'enfant fait jaillir du bout d'un chalumeau,
Que la beauté rieuse avec sa folle haleine
Élève vers le ciel, y suspend, y promène,
Pour y voir un moment son image flotter,
Et qui, lorsqu'en vapeur elle vient d'éclater,
Ne sait pas si cette eau, dont elle est arrosée,
Est le sang de ton cœur ou l'eau de la rosée ;
Émule de Byron, au sourire moqueur,
D'où vient ce cri plaintif arraché de ton cœur ?
Quelle main, de ton luth en parcourant la gamme,
A changé tout à coup la clef de ta jeune âme,
Et fait rendre à l'esprit le son du cœur humain ?
Est-ce qu'un pli de rose aurait froissé ta main ?

Est-ce que ce poignard d'Alep ou de Grenade,
Poétique hochet des douleurs de parade,
Dont la lame au soleil ruisselle comme l'eau,
En effleurant ton sein aurait percé la peau,
Et, distillant ton sang de sa pointe rougie,
Mêlé la pourpre humaine au nectar de l'orgie?
Ou n'est-ce pas plutôt que cet ennui profond
Que contient chaque coupe et qu'on savoure au fond
Des ivresses du cœur, amère et fade lie,
Fit détourner ta lèvre avec mélancolie,
Et que le vase vide, et dont tes doigts sont las,
Tombe et sonne à tes pieds, et s'y brise en éclats?

Ah! c'est que vient le tour des heures sérieuses,
Où l'ironie en pleurs fuit les lèvres rieuses,
Qu'on s'aperçoit enfin qu'à se moquer du sort
Le cœur le plus cynique est dupe de l'effort;
Que rire de soi-même en secret autorise
Dieu même à mépriser l'homme qui se méprise;
Que ce rôle est grimace et profanation;
Que le rire et la mort sont contradiction;
Que du cortége humain, dans sa route éternelle,
La marche vers son but est grave et solennelle;
Et que celui qui rit de l'enfance au tombeau
De l'immortalité porte mal le flambeau,
Avilit sa nature et joue avec son âme,
Et de son propre souffle éteint sa sainte flamme.
Est-ce un titre à porter au seuil du jugement,
Pour tout œuvre ici-bas, qu'un long ricanement?

L'homme répondra-t-il, quand le souverain Maitre
Lui criera dans son cœur : « Pourquoi t'ai-je fait naitre ?
Qu'as-tu fait pour le temps, pour le ciel et pour moi ?
— J'ai ri de l'univers, de moi-même et de toi ! »

Honte à qui croit ainsi jouer avec sa lyre !
La vie est un mystère, et non pas un délire.

Après l'avoir nié, toi-même tu le sens.
Dans un des lourds réveils de l'ivresse des sens,
Sentant ton cœur désert, ton front brûlant et vide,
Tu tournes dans tes doigts le fer du suicide ;
Mais, avant de mourir, tu veux savoir de moi
Si j'ai souffert, aimé, déliré comme toi,
Et comment j'ai passé, par ces crises du drame,
Des tempêtes des sens aux grands calmes de l'âme,
Et comment sur les flots je me suis élevé,
Et quel phare divin mes doutes ont trouvé,
Et de quel nom je nomme et de quel sens j'adore
Ce Dieu que ma pensée en sa nuit vit éclore,
Ce Dieu dont la présence, aussitôt qu'il nous luit,
Comble tout précipice, éclaire toute nuit.

Triste serait l'accent, et cette longue histoire
Remuerait trop de cendre au fond de ma mémoire.
Il est sur son sentier si dur de revenir,
Quand chaque pied saignant se heurte au souvenir !
Mais écoute tomber seulement cette goutte
De l'eau trouble du cœur, et tu la sauras toute !

Je vivais comme toi, vieux et froid à vingt ans,
Laissant les guêpes mordre aux fleurs de mon printemps,
Laissant la lèvre pâle et fétide des vices
Effeuiller leur corolle et pomper leurs calices,
Méprisant mes amours et les montrant au doigt,
Comme un enfant grossier qui trouble l'eau qu'il boit.
Mon seul soleil était la clarté des bougies;
Je détestais l'aurore en sortant des orgies.

A mes lèvres, où Dieu sommeillait dans l'oubli,
Un sourire ironique avait donné son pli ;
Tous mes propos n'étaient qu'amère raillerie.
Je plaignais la pudeur comme une duperie ;
Et si quelque reproche ou de mère ou de sœur,
A mes premiers instincts parlant avec douceur,
Me rappelait les jours de ma naïve enfance,
Nos mains jointes, nos yeux levés, notre innocence ;
Si quelque tendre écho de ces soirs d'autrefois,
Dans mon esprit troublé s'éveillant à leur voix,
D'une aride rosée humectait ma paupière,
Mon front haut secouait ses cheveux en arrière ;

Pervers, je rougissais de mon bon sentiment;
Je refoulais en moi mon attendrissement,
Et j'allais tout honteux vers mes viles idoles,
Parmi de vils railleurs, bafouer ces paroles!!

Voilà quelle gangrène énervait mon esprit,
Quand l'amour, cet amour qui tue ou qui guérit,
Cette plante de vie au céleste dictame,
Distilla dans mon cœur des lèvres d'une femme.
Une femme? Est-ce un nom qui puisse te nommer,
Chaste apparition qui me forças d'aimer,
Forme dont la splendeur à l'aube eût fait envie,
Saint éblouissement d'une heure de ma vie;
Toi qui de ce limon m'enlevas d'un regard,
Comme un rayon d'en haut attire le brouillard,
Et, le transfigurant en brillant météore,
Le roule en dais de feu sous les pas de l'aurore?
Ses yeux, bleus comme l'eau, furent le pur miroir
Où mon âme se vit et rougit de se voir,
Où, pour que le mortel ne profanât pas l'ange,
De mes impuretés je dépouillai la fange.
Pour cueillir cet amour, fruit immatériel,
Chacun de mes soupirs m'enleva vers le ciel.
Quand elle disparut derrière le nuage,
Mon cœur purifié contenait une image,
Et je ne pouvais plus, de peur de la ternir,
Redescendre jamais d'un si haut souvenir!

Depuis ce jour lointain, des jours, des jours sans nombre
Ont jeté sur mon cœur leur soleil ou leur ombre ;
Comme un sol moissonné, mais qui germe toujours,
La vie a dans mon cœur porté d'autres amours ;
De l'heure matinale à cette heure avancée,
J'ai sous d'autres abris rafraîchi ma pensée,
D'autres yeux ont noyé leurs rayons dans les miens :
Mais du premier rayon toujours je me souviens,
Toujours j'en cherche ici la trace éblouissante,
Et mon âme a gardé la place à l'âme absente.
Voilà pourquoi souvent tu vois mon front baissé,
Comme quelqu'un qui cherche où son guide a passé.

# VI

## SUR UN DON

DE LA DUCHESSE D'ANGOULÊME\*

AUX INDIGENTS DE PARIS, EN 1841

Pour me précipiter de plus haut dans l'abîme,
Le sort mit mon berceau sur les genoux des rois.
La couronne à mon temps me marqua pour victime ;
L'orage, de mon front, la fit tomber deux fois.

Le bourreau me jeta le bandeau de ma mère ;
De mes ans dans l'exil je vécus la moitié ;
Mon diadème fut une ironie amère,
Reine ici, reine là, mais par droit de pitié.

\* Madame la duchesse d'Angoulême avait envoyé, de l'exil, un don pour les indigents, à madame Sophie Gay.

J'accepte ! Mais le ciel en prenant mon royaume,
Comme pour ajouter un contraste moqueur,
Me fit une fortune à l'image du chaume,
Et ne me laisse rien de royal que le cœur ;

Ce cœur qu'il fait aux rois dans sa magnificence,
Où s'élève exaucé le vœu du suppliant,
Qui croit, même impuissant, à sa toute-puissance,
Qui s'ouvre comme un temple au doigt d'un mendiant.

De si loin qu'un malheur me jette une parole,
J'étends comme autrefois mon bras vers mon trésor ;
J'ouvre ma main royale, il en tombe une obole !...
Mais on voit mon empreinte, et l'on dit : « C'est de l'or ! »

# VII

# SALUT A L'ILE D'ISCHIA

1842

Il est doux d'aspirer, en abordant la grève,
Le parfum que la brise apporte à l'étranger,
Et de sentir les fleurs que son haleine enlève
Pleuvoir sur votre front du haut de l'oranger.

Il est doux de poser sur le sable immobile
Un pied lourd et lassé du mouvement des flots;
De voir les blonds enfants et les femmes d'une ile
Vous tendre les fruits d'or sous leurs treilles éclos.

Il est doux de prêter une oreille ravie
A la langue du ciel, que rien ne peut ternir,
Qui vous reporte en rêve à l'aube de la vie,
Et dont chaque syllabe est un cher souvenir,

Il est doux, sur la plage où le monarque arrive,
D'entendre aux flancs des forts les salves du canon
De l'écho de ses pas faire éclater la rive,
Et rouler jusqu'au ciel les saluts à son nom.

Mais de tous ces accents dont le bord vous salue
Aucun n'est aussi doux sur la terre ou les mers
Que le son caressant d'une voix inconnue
Qui récite au poëte un refrain de ses vers*.

Cette voix va plus loin réveiller son délire
Que l'airain de la guerre ou l'orgue de l'autel.
Mais quand le cœur d'un siècle est devenu sa lyre,
L'écho s'appelle gloire et devient immortel.

* En arrivant au port d'Ischia, l'auteur entendit une jeune fille réciter une strophe de ses vers.

## VIII

## LA FENÊTRE

## DE LA MAISON PATERNELLE

Autour du toit qui nous vit naître
Un pampre étalait ses rameaux ;
Ses grains dorés vers la fenêtre
Attiraient les petits oiseaux.

Ma mère, étendant sa main blanche,
Rapprochait les grappes de miel,
Et ses enfants suçaient la branche
Qu'ils rendaient aux oiseaux du ciel.

L'oiseau n'est plus, la mère est morte,
Le vieux cep languit jaunissant,
L'herbe d'hiver croit sur la porte,
Et moi, je pleure en y pensant.

C'est pourquoi la vigne, enlacée
Aux mémoires de mon berceau,
Porte à mon âme une pensée,
Et doit ramper sur mon tombeau.

## IX.

## A LAURENCE

Es-tu d'Europe ? es-tu d'Asie ?
Es-tu songe ? es-tu poésie ?
Es-tu nature, ou fantaisie,
Ou fantôme, ou réalité ?
Dans tes yeux l'Inde se décèle,
Sur tes cheveux le Nord ruisselle ;
Tout climat a son étincelle
Dans le disque de ta beauté !

Sœur des Psychés, ou fille d'Ève !
Quand ma jeunesse avait sa sève,
C'était sous ces traits que le rêve
M'incarnait en un mille amours ;

Je leur disais : « Je vous adore!
Ne disparaissez pas encore!... »
Mais ils fuyaient avec l'aurore,
Et tu renais avec les jours!

Oh! pourquoi, divine inconnue,
Pourquoi si tard es-tu venue,
Du ciel, de l'air ou de la nue,
Passer et luire devant moi?
Du regard je t'aurais suivie!
O Dieu! qui me rendra ma vie?
Ma part de temps me fut ravie,
Puisque je vécus avant toi.

Jour à jour, d'ivresse en ivresse,
Tu m'aurais conduit comme en laisse,
Sans autre chaîne qu'une tresse,
Depuis l'aube jusqu'au trépas;
Sur tout l'univers dispersée
Et dans mille coupes versée,
Ma vie, immobile pensée,
N'eût été qu'un pas sur tes pas!

. . . . . . . . . .
. . . . . . . . . .

Retour perdu vers l'impossible!
Le Temps sous son aile inflexible
A passé ma vie à son crible,
Ainsi qu'un rude moissonneur;
Un peu de terre amoncelée
Dira bientôt dans la vallée :
« De ses jours la gerbe est foulée,
Et voilà la part du glaneur! »

Ces heures, en cercle enchaînées,
Qui dansaient au seuil des années,
Sortent du chœur découronnées,
Et leur aspect se rembrunit;
La dernière vers moi s'avance,
Et du doigt me montre en silence
La couche où le sommeil commence
Sur un oreiller de granit.

Est-ce l'heure d'ouvrir son âme
A ces songes aux traits de femme,
Qui brûlent d'un poison de flamme
Les yeux d'abord, le cœur après,
Quand des jours l'espace et le nombre
Se borne au petit cercle d'ombre
Que décrit sur un tertre sombre
La flèche d'un jeune cyprès?

Mais toi, si tu viens jeune encore,
Au bras de l'époux qui t'adore,
Voir une marguerite éclore
De ce gazon qui fleurit tard,
Dis, en marchant sur ma poussière :
« Celui qui dort sous cette pierre
Conserve au ciel, dans sa paupière,
Un rayon qui fut mon regard! »

## X

## PRIÈRE DE L'INDIGENT

### 1846

O toi dont l'oreille s'incline
Au nid du pauvre passereau,
Au brin d'herbe de la colline
Qui soupire après un peu d'eau ;

Providence qui les console,
Toi qui sais de quelle humble main
S'échappe la secrète obole
Dont le pauvre achète son pain ;

Toi qui tiens dans ta main diverse
L'abondance et la nudité,
Afin que de leur doux commerce
Naissent justice et charité ;

Charge-toi seule, ô Providence,
De connaître nos bienfaiteurs,
Et de puiser leur récompense
Dans les trésors de tes faveurs!

Notre cœur, qui pour eux t'implore,
A l'ignorance est condamné;
Car toujours leur main gauche ignore
Ce que leur main droite a donné.

## XI

## LE LÉZARD

#### SUR LES RUINES DE ROME

#### 1846

Un jour, seul dans le Colisée,
Ruine de l'orgueil romain,
Sur l'herbe de sang arrosée
Je m'assis, Tacite à la main.

Je lisais les crimes de Rome,
Et l'empire à l'encan vendu,
Et, pour élever un seul homme,
L'univers si bas descendu.

Je voyais la plèbe idolâtre,
Saluant les triomphateurs,
Baigner ses yeux sur le théâtre
Dans le sang des gladiateurs.

Sur la muraille qui l'incruste,
Je recomposais lentement
Les lettres du nom de l'Auguste
Qui dédia le monument.

J'en épelais le premier signe ;
Mais, déconcertant mes regards,
Un lézard dormait sur la ligne
Où brillait le nom des Césars.

Seul héritier des sept collines,
Seul habitant de ces débris,
Il remplaçait sous ces ruines
Le grand flot des peuples taris.

Sorti des fentes des murailles,
Il venait, de froid engourdi,
Réchauffer ses vertes écailles
Au contact du bronze attiédi.

Consul, César, maître du monde,
Pontife, Auguste, égal aux dieux,
L'ombre de ce reptile immonde
Éclipsait ta gloire à mes yeux !

La nature a son ironie :
Le livre échappa de ma main.
O Tacite, tout ton génie
Raille moins fort l'orgueil humain !

## XII

## LES FLEURS SUR L'AUTEL

*Ischia, 1846.*

Quand sous la majesté du Maître qu'elle adore
L'âme humaine a besoin de se fondre d'amour,
Comme une mer dont l'eau s'échauffe et s'évapore
Pour monter en nuage à la source du jour,

Elle cherche partout dans l'art, dans la nature,
Le vase le plus saint pour y brûler l'encens.
Mais pour l'Être innommé quelle coupe assez pure ?
Et quelle âme ici-bas n'a profané ses sens ?

Les vieillards ont éteint le feu des sacrifices ;
Les enfants laisseront vaciller son flambeau ;
Les vierges ont pleuré le froid de leurs cilices :
Comment parer l'autel de ces fleurs du tombeau ?

Voilà pourquoi les fleurs, ces prières écloses
Dont Dieu lui-même emplit les corolles de miel,
Pures comme ces lis, chastes comme ces roses,
Semblent prier pour nous dans ces maisons du ciel.

Quand l'homme a déposé sur les degrés du temple
Ce faisceau de parfum, ce symbole d'honneur,
Dans un muet espoir son regard le contemple ;
Il croit ce don du ciel acceptable au Seigneur.

Il regarde la fleur dans l'urne déposée
Exhaler lentement son âme au pied des dieux,
Et la brise qui boit ses gouttes de rosée
Lui paraît une main qui vient sécher ses yeux.

## XIII

## ADIEU A GRAZIELLA

Adieu! mot qu'une larme humecte sur la lèvre;
Mot qui finit la joie et qui tranche l'amour;
Mot par qui le départ de délices nous sèvre;
Mot que l'éternité doit effacer un jour!

Adieu!... Je t'ai souvent prononcé dans ma vie,
Sans comprendre, en quittant les êtres que j'aimais,
Ce que tu contenais de tristesse et de lie,
Quand l'homme dit : « Retour! » et que Dieu dit : « Jamais! »

Mais aujourd'hui je sens que ma bouche prononce
Le mot qui contient tout, puisqu'il est plein de toi,
Qui tombe dans l'abime, et qui n'a pour réponse
Que l'éternel silence entre une image et moi!...

Et cependant mon cœur redit à chaque haleine
Ce mot qu'un sourd sanglot entrecoupe au milieu,
Comme si tous les sons dont la nature est pleine
N'avaient pour sens unique, hélas ! qu'un grand adieu !

# XIV

## A UNE JEUNE FILLE

### QUI AVAIT RACONTÉ UN RÊVE

### 1847

Un baiser sur mon front! un baiser, même en rêve!
Mais de mon front pensif le frais baiser s'enfuit;
Mais de mes jours taris l'été n'a plus de séve;
Mais l'Aurore jamais n'embrassera la Nuit.

Elle rêvait sans doute aussi que son haleine
Me rendait les climats de mes jeunes saisons,
Que la neige fondait sur une tête humaine,
Et que la fleur de l'âme avait deux floraisons.

Elle rêvait sans doute aussi que sur ma joue
Mes cheveux par le vent écartés de mes yeux,
Pareils aux jais flottants que sa tête secoue,
Noyaient ses doigts distraits dans leurs flocons soyeux.

Elle rêvait sans doute aussi que l'innocence
Gardait contre un désir ses roses et ses lis;
Que j'étais *Jocelyn* et qu'elle était *Laurence*,
Que la vallée en fleurs nous cachait dans ses plis.

Elle rêvait sans doute aussi que mon délire
En vers mélodieux pleurait comme autrefois;
Que mon cœur, sous sa main, devenait une lyre
Qui dans un seul soupir accentuait deux voix.

Fatale vision! Tout mon être frissonne;
On dirait que mon sang veut remonter son cours.
Enfant, ne dites plus vos rêves à personne,
Et ne rêvez jamais, ou bien rêvez toujours!

## XV

## LES ESPRITS DES FLEURS

### 1847

Voyez-vous de l'or de ces urnes
S'échapper ces esprits des fleurs,
Tout trempés de parfums nocturnes,
Tout vêtus de fraîches couleurs?

Ce ne sont pas de vains fantômes
Créés par un art décevant,
Pour donner un corps aux aromes
Que nos gazons livrent au vent.

Non : chaque atome de matière
Par un esprit est habité ;
Tout sent, et la nature entière
N'est que douleur et volupté !

Chaque rayon d'humide flamme
Qui jaillit de vos yeux si doux ;
Chaque soupir qui de mon âme
S'élance et palpite vers vous ;

Chaque parole réprimée
Qui meurt sur mes lèvres de feu,
N'osant même à la fleur aimée
D'un nom chéri livrer l'aveu ;

Ces songes que la nuit fait naître
Comme pour nous venger du jour,
Tout prend un corps, une âme, un être,
Visibles, mais au seul amour !

Cet ange flottant des prairies,
Pâle et penché comme ses lis,
C'est une de mes rêveries
Restée aux fleurs que je cueillis.

Et sur ses ailes renversées
Celui qui jouit d'expirer,
Ce n'est qu'une de mes pensées
Que vos lèvres vont respirer.

## XVI

## SUR UNE PAGE

#### PEINTE D'INSECTES ET DE PLANTES

Insectes bourdonnants; papillons; fleurs ailées;
Aux touffes des rosiers lianes enroulées;
Convolvulus tressés aux fils des liserons;
Pervenches, beaux yeux bleus qui regardez dans l'ombre;
Nénufars endormis sur les eaux; fleurs sans nombre;
Calices qui noyez les trompes des cirons!

Fruits où mon Dieu parfume avec tant d'abondance
Le pain de ses saisons et de sa providence;
Figue où brille sur l'œil une larme de miel;
Pêches qui ressemblez aux pudeurs de la joue;
Oiseau qui fais reluire un écrin sur ta roue,
Et dont le cou de moire a fixé l'arc-en-ciel!

La main qui vous peignit en confuse guirlande,
Devant vos yeux, Seigneur, en étale l'offrande,
Comme on ouvre à vos pieds la gerbe de vos dons.
Vous avez tout produit, contemplez votre ouvrage !
Et nous, dont les besoins sont encore un hommage,
Rendons grâce toujours, et toujours demandons !

# LE DÉSERT

OU

## L'IMMATÉRIALITÉ DE DIEU

MÉDITATION POÉTIQUE

I

Il est nuit... Qui respire?... Ah! c'est la longue haleine,
La respiration nocturne de la plaine!
Elle semble, ô désert! craindre de t'éveiller.

Accoudé sur ce sable, immuable oreiller,
J'écoute, en retenant l'haleine intérieure,
La brise du dehors, qui passe, chante et pleure;

Langue sans mots de l'air, dont seul je sais le sens,
Dont aucun verbe humain n'explique les accents,
Mais que tant d'autres nuits sous l'étoile passées
M'ont appris, dès l'enfance, à traduire en pensées.
Oui, je comprends, ô vent! ta confidence aux nuits :
Tu n'as pas de secret pour mon âme, depuis
Tes hurlements d'hiver dans le mât qui se brise,
Jusqu'à la demi-voix de l'impalpable brise
Qui sème, en imitant des bruissements d'eau,
L'écume du granit en grains sur mon manteau.

. . . . . . . . . . . . . . .
. . . . . . . . . . . . . . .
. . . . . . . . . . . . . . .
. . . . . . . . . . . . . . .

Quel charme de sentir la voile palpitante
Incliner, redresser le piquet de ma tente,
En donnant aux sillons qui nous creusent nos lits
D'une mer aux longs flots l'insensible roulis!
Nulle autre voix que toi, voix d'en haut descendue,
Ne parle à ce désert muet sous l'étendue.
Qui donc en oserait troubler le grand repos?
Pour nos balbutiements aurait-il des échos?
Non; le tonnerre et toi, quand ton *simoun* y vole,
Vous avez seuls le droit d'y prendre la parole,
Et le lion, peut-être, aux narines de feu,
Et Job, lion humain, quand il rugit à Dieu!...

. . . . . . . . . . . . . . .
. . . . . . . . . . . . . . .
. . . . . . . . . . . . . . .
. . . . . . . . . . . . . . .

Comme on voit l'infini dans son miroir, l'espace!
A cette heure où, d'un ciel poli comme une glace,

Sur l'horizon doré la lune au plein contour
De son disque rougi réverbère un faux jour,
Je vois à sa lueur, d'assises en assises,
Monter du noir Liban les cimes indécises,
D'où l'étoile, émergeant des bords jusqu'au milieu,
Semble un cygne baigné dans les jardins de Dieu.

. . . . . . . . . . . . . .
. . . . . . . . . . . . . .

## II

Sur l'Océan de sable où navigue la lune,
Mon œil partout ailleurs flotte de dune en dune ;
Le sol, mal aplani sous ces vastes niveaux,
Imite les grands flux et les reflux des eaux.
A peine la poussière, en vague amoncelée,
Y trace-t-elle en creux le lit d'une vallée,
Où le soir, comme un sel que le bouc vient lécher,
La caravane boit la sueur du rocher.
L'œil, trompé par l'aspect au faux jour des étoiles,
Croit que, si le navire, ouvrant ici ses voiles,
Cinglait sur l'élément où la gazelle a fui,
Ces flots pétrifiés s'amolliraient sous lui,
Et donneraient aux mâts courbés sur leurs sillages
Des lames du désert les sublimes tangages!

. . . . . . . . . . . . . .
. . . . . . . . . . . . . .

Mais le chameau pensif, au roulis de son dos,
Navire intelligent, berce seul sur ces flots ;
Dieu le fit, ô désert! pour arpenter ta face,
Lent comme un jour qui vient après un jour qui passe,

Patient comme un but qui ne s'approche pas,
Long comme un infini traversé pas à pas,
Prudent comme la soif quarante jours trompée,
Qui mesure la goutte à sa langue trempée;
Nu comme l'indigent, sobre comme la faim,
Ensanglantant sa bouche aux ronces du chemin;
Sûr comme un serviteur, humble comme un esclave,
Déposant son fardeau pour chausser son entrave,
Trouvant le poids léger, l'homme bon, le frein doux,
Et pour grandir l'enfant pliant ses deux genoux !
. . . . . . . . . . . . . . . . .
. . . . . . . . . . . . . . . . .

### III

Les miens, couchés en file au fond de la ravine,
Ruminent sourdement l'herbe morte ou l'épine;
Leurs longs cous sur le sol rampent comme un serpent;
Aux flancs maigres de lait leur petit se suspend,
Et, s'épuisant d'amour, la plaintive chamelle
Les lèche en leur livrant le suc de sa mamelle.
Semblables à l'escadre à l'ancre dans un port,
Dont l'antenne pliée attend le vent qui dort,
Ils attendent soumis qu'au réveil de la plaine
Le chant du chamelier leur cadence leur peine,
Arrivant chaque soir pour repartir demain,
Et comme nous, mortels, mourant tous en chemin !
. . . . . . . . . . . . . . . . .
. . . . . . . . . . . . . . . . .

### IV

D'une bande de feu l'horizon se colore,
L'obscurité renvoie un reflet à l'aurore;

Sous cette pourpre d'air, qui pleut du firmament,
Le sable s'illumine en mer de diamant.

Hâtons-nous!... replions, après ce léger somme,
La tente d'une nuit, semblable aux jours de l'homme,
Et, sur cet océan qui recouvre les pas,
Recommençons la route où l'on n'arrive pas!

Eh! ne vaut-elle pas celles où l'on arrive?
Car, en quelque climat que l'homme marche ou vive,
Au but de ses désirs, pensé, voulu, rêvé,
Depuis qu'on est parti qui donc est arrivé?...
. . . . . . . . . . . . . .
. . . . . . . . . . . . . .

Sans doute le désert, comme toute la terre,
Est rude aux pieds meurtris du marcheur solitaire,
Qui plante au jour le jour la tente de Jacob,
Ou qui creuse en son cœur les abimes de Job!
Entre l'Arabe et nous le sort tient l'équilibre;
Nos malheurs sont égaux... mais son malheur est libre!
Des deux séjours humains, la tente ou la maison,
L'un est un pan du ciel, l'autre un pan de prison;
Aux pierres du foyer l'homme des murs s'enchaîne,
Il prend dans ses sillons racine comme un chêne:
L'homme dont le désert est la vaste cité
N'a d'ombre que la sienne en son immensité.
La tyrannie en vain se fatigue à l'y suivre.
Être seul, c'est régner; être libre, c'est vivre.
Par la faim et la soif il achète ses biens;
Il sait que nos trésors ne sont que des liens.
Sur les flancs calcinés de cette arène avare
Le pain est graveleux, l'eau tiède, l'ombre rare;

Mais, fier de s'y tracer un sentier non frayé,
Il regarde son ciel et dit : Je l'ai payé !...

Sous un soleil de plomb la terre ici fondue
Pour unique ornement n'a que son étendue ;
On n'y voit point bleuir, jusqu'au fond d'un ciel noir,
Ces neiges où nos yeux montent avec le soir ;
On n'y voit pas au loin serpenter dans les plaines
Ces artères des eaux d'où divergent les veines
Qui portent aux vallons par les moissons dorés
L'ondoiment des épis ou la graisse des prés ;
On n'y voit pas blanchir, couchés dans l'herbe molle,
Ces gras troupeaux que l'homme à ses festins immole ;
On n'y voit pas les mers dans leur bassin changeant
Franger les noirs écueils d'une écume d'argent,
Ni les sombres forêts à l'ondoyante robe
Vêtir de leur velours la nudité du globe,
Ni le pinceau divers que tient chaque saison
Des couleurs de l'année y peindre l'horizon ;
On n'y voit pas enfin, près du grand lit des fleuves,
Des vieux murs des cités sortir des cités neuves,
Dont la vaste ceinture éclate chaque nuit
Comme celle d'un sein qui porte un double fruit !
Mers humaines d'où monte avec des bruits de houles
L'innombrable rumeur du grand roulis des foules !
. . . . . . . . . . . . .
. . . . . . . . . . . . .
. . . . . . . . . . . . .

## V

Rien de ces vêtements, dont notre globe est vert,
N'y revêt sous ses pas la lèpre du désert ;

De ses flancs décharnés la nudité sans germe
Laisse les os du globe en percer l'épiderme ;
Et l'homme, sur ce sol d'où l'oiseau même a fui,
Y charge l'animal d'y mendier pour lui.
Plier avant le jour la tente solitaire,
Rassembler le troupeau qui lèche à nu la terre ;
Autour du puits creusé par l'errante tribu
Faire boire l'esclave où la jument a bu ;
Aux flancs de l'animal, qui s'agenouille et brame,
Suspendre à poids égaux les enfants et la femme ;
Voguer jusqu'à la nuit sur ces vagues sans bords,
En laissant le coursier brouter à jeun son mors ;
Boire à la fin du jour, pour toute nourriture,
Le lait que la chamelle à votre soif mesure,
Ou des fruits du dattier ronger les maigres os ;
Recommencer sans fin des haltes sans repos
Pour épargner la source où la lèvre s'étanche ;
Partir et repartir jusqu'à la barbe blanche...
Dans des milliers de jours à tous vos jours pareils
Ne mesurer le temps qu'au nombre des soleils ;
Puis de ses os blanchis, sur l'herbe des savanes,
Tracer après sa mort la route aux caravanes...
Voilà l'homme !... Et cet homme a ses félicités !
Ah ! c'est que le désert est vide des cités ;
C'est qu'en voguant au large, au gré des solitudes,
On y respire un air vierge des multitudes !
C'est que l'esprit y plane indépendant du lieu ;
C'est que l'homme est plus homme et Dieu même plus Dieu !


Moi-même, de mon âme y déposant la rouille,
Je sens que j'y grandis de ce que j'y dépouille,
Et que mon esprit, libre et clair comme les cieux,
Y prend la solitude et la grandeur des lieux !

## VI

Tel que le nageur nu, qui plonge dans les ondes,
Dépose au bord des mers ses vêtements immondes,
Et, changeant de nature en changeant d'élément,
Retrempe sa vigueur dans le flot écumant;
Il ne se souvient plus, sur ces lames énormes,
Des tissus dont la maille emprisonnait ses formes,
Des sandales de cuir, entraves de ses piés,
De la ceinture étroite où ses flancs sont liés,
Des uniformes plis, des couleurs convenues
Du manteau rejeté de ses épaules nues;
Il nage, et, jusqu'au ciel par la vague emporté,
Il jette à l'Océan son cri de liberté!...
Demandez-lui s'il pense, immergé dans l'eau vive,
Ce qu'il pensait naguère accroupi sur la rive!
Non, ce n'est plus en lui l'homme de ses habits,
C'est l'homme de l'air vierge et de tous les pays.
En quittant le rivage, il recouvre son âme :
Roi de sa volonté, libre comme la lame!...

. . . . . . . . . . . .
. . . . . . . . . . . .
. . . . . . . . . . . .
. . . . . . . . . . . .

## VII

Le désert donne à l'homme un affranchissement
Tout pareil à celui de ce fier élément;
A chaque pas qu'il fait sur sa route plus large,
D'un de ses poids d'esprit l'espace le décharge;

Il soulève en marchant, à chaque station,
Les serviles anneaux de l'imitation;
Il sème, en s'échappant de cette Égypte humaine,
Avec chaque habitude, un débris de sa chaine...
. . . . . . . . . . . . .
. . . . . . . . . . . . .

Ces murs de servitude, en marbre édifiés,
Ces balbeks tout remplis de dieux pétrifiés,
Pagodes, minarets, panthéons, acropoles,
N'y chargent pas le sol du poids de leurs coupoles;
La foi n'y parle pas les langues de Babel;
L'homme n'y porte pas, comme une autre Rachel,
Cachés sous son chameau, dans les plis de sa robe,
Les dieux de sa tribu que le voleur dérobe!
L'espace ouvre l'esprit à l'immatériel.
Quand Moïse au désert pensait pour Israël,
A ceux qui portaient Dieu, de Memphis en Judée,
L'arche ne pesait pas... car Dieu n'est qu'une idée!
. . . . . . . . . . . . .
. . . . . . . . . . . . .

## VIII

Et j'ai vogué déjà, depuis soixante jours,
Vers ce vague horizon qui recule toujours;
Et mon âme, oubliant ses pas dans sa carrière,
Sans espoir en avant, sans retour en arrière,
Respirant à plein souffle un air illimité,
De son isolement se fait sa volupté.
La liberté d'esprit, c'est ma terre promise!
Marcher seul affranchit, penser seul divinise...
. . . . . . . . . . . . .
. . . . . . . . . . . . .

La lune, cette nuit, visitait le désert ;
D'un brouillard sablonneux son disque recouvert
Par le vent du simoun, qui soulève sa brume,
De l'océan de sable en transperçant l'écume,
Rougissait comme un fer de la forge tiré ;
Le sol lui renvoyait ce feu réverbéré ;
D'une pourpre de sang l'atmosphère était teinte,
La poussière brûlait, cendre au pied mal éteinte ;
Ma tente, aux coups du vent, sur mon front s'écroula,
Ma bouche sans haleine au sable se colla ;
Je crus qu'un pas de Dieu faisait trembler la terre,
Et, pensant l'entrevoir à travers le mystère,
Je dis au tourbillon : — O Très-Haut ! si c'est toi,
Comme autrefois à Job, en chair apparais-moi !...

. . . . . . . . . . . . .
. . . . . . . . . . . . .

## IX

Mais son esprit en moi répondit : « Fils du doute,
Dis donc à l'Océan d'apparaître à la goutte !
Dis à l'éternité d'apparaître au moment !
Dis au soleil voilé par l'éblouissement
D'apparaître en clin d'œil à la pâle étincelle
Que le ver lumineux ou le caillou recèle !
Dis à l'immensité, qui ne me contient pas,
D'apparaître à l'espace inscrit dans tes deux pas !

« Et par quel mot pour toi veux-tu que je me nomme ?
Et par quel sens veux-tu que j'apparaisse à l'homme,
Est-ce l'œil, ou l'oreille, ou la bouche, ou la main ?
Qu'est-il en toi de Dieu ? Qu'est-il en moi d'humain ?
L'œil n'est qu'un faux cristal voilé d'une paupière,

Qu'un éclair éblouit, qu'aveugle une poussière;
L'oreille, qu'un tympan sur un nerf étendu,
Que frappe un son charnel par l'esprit entendu;
La bouche, qu'un conduit par où le ver de terre
De la terre et de l'eau vit ou se désaltère;
La main, qu'un muscle adroit, doué d'un tact subtil;
Mais quand il ne tient pas, ce muscle, que sait-il?...
Peux-tu voir l'invisible ou palper l'impalpable?
Fouler aux pieds l'esprit comme l'herbe ou le sable?
Saisir l'âme? embrasser l'idée avec les bras?
Ou respirer Celui qui ne s'aspire pas?...

« Suis-je opaque, ô mortels! pour vous donner une ombre?
Éternelle unité, suis-je un produit du nombre?
Suis-je un lieu pour paraître à l'œil étroit ou court?
Suis-je un son pour frapper sur l'oreille d'un sourd?
Quelle forme de toi n'avilit ma nature?
Qui ne devient petit quand c'est toi qui mesure?...

. . . . . . . . . . . . .

. . . . . . . . . . . . .

« Dans quel espace enfin des abîmes des cieux
Voudrais-tu que ma gloire apparût à tes yeux?
Est-ce sur cette terre où dans la nuit tu rampes?
Terre, dernier degré de ces milliers de rampes
Qui toujours finissant recommencent toujours,
Et dont le calcul même est trop long pour tes jours?
Petit charbon tombé d'un foyer de comète
Que sa rotation arrondit en planète,
Qui du choc imprimé continue à flotter,
Que mon œil oublirait aux confins de l'éther
Si, des sables de feu dont je sème ma nue,
Un seul grain de poussière échappait à ma vue?

« Est-ce dans mes soleils ? ou dans quelque autre feu
De ces foyers du ciel, dont le grand doigt de Dieu
Pourrait seul mesurer le diamètre immense ?
Mais, quelque grand qu'il soit, il finit, il commence.
On calculerait donc mon orbite inconnu ?
Celui qui contient tout serait donc contenu ?
Les pointes du compas, inscrites sur ma face,
Pourraient donc en s'ouvrant mesurer ma surface ?
Un espace des cieux, par d'autres limité,
Emprisonnerait donc ma propre immensité ?
L'astre où j'apparaîtrais, par un honteux contraste,
Serait plus Dieu que moi, car il serait plus vaste ?
Et le doigt insolent d'un vil calculateur
Comme un nombre oserait chiffrer son Créateur ?...

« Du jour où de l'Éden la clarté s'éteignit,
L'antiquité menteuse en songes me peignit ;
Chaque peuple à son tour, idolâtre d'emblème,
Me fit semblable à lui pour m'adorer lui-même.

« Le Gange, le premier, fleuve ivre de pavots,
Où les songes sacrés roulent avec les flots,
De mon être intangible en voulant palper l'ombre,
De ma sainte unité multiplia le nombre,
De ma métamorphose éblouit ses autels,
Fit diverger l'encens sur mille dieux mortels ;
De l'éléphant lui-même adorant les épaules,
Lui fit porter sur rien le monde et ses deux pôles,
Éleva ses tréteaux dans le temple indien,
Transforma l'Éternel en vil comédien,
Qui, changeant à sa voix de rôle et de figure,
Jouait le Créateur devant sa créature !
La Perse, rougissant de cet ignoble jeu,
Avec plus de respect m'incarna dans le feu ;

Pontife du soleil, le pieux Zoroastre
Pour me faire éclater me revêtit d'un astre.

« Chacun me confondit avec son élément :
La Chine astronomique avec le firmament ;
L'Égypte moissonneuse avec la terre immonde
Que le dieu-Nil arrose et le dieu-bœuf féconde ;
La Grèce maritime avec l'onde ou l'éther
Que gourmandait pour moi Neptune ou Jupiter,
Et, se forgeant un ciel aussi vain qu'elle-même,
Dans la Divinité ne vit qu'un grand poëme !

« Mais le temps soufflera sur ce qu'ils ont rêvé,
Et sur ces sombres nuits mon astre s'est levé.

. . . . . . . . . . . . . .
. . . . . . . . . . . . . .

## X

. . . . . . . . . . . . . .
. . . . . . . . . . . . . .

« Insectes bourdonnants, assembleurs de nuages,
Vous prendrez-vous toujours au piége des images ?
Me croyez-vous semblable aux dieux de vos tribus ?
J'apparais à l'esprit, mais par mes attributs !
C'est dans l'entendement que vous me verrez luire,
Tout œil me rétrécit qui croit me reproduire.
Ne mesurez jamais votre espace et le mien,
Si je n'étais pas tout je ne serais plus rien !

« Non, ce second chaos qu'un panthéiste adore,
Où dans l'immensité Dieu même s'évapore,

D'éléments confondus pêle-mêle brutal
Où le bien n'est plus bien, où le mal n'est plus mal ;
Mais ce tout, centre-Dieu de l'âme universelle,
Subsistant dans son œuvre et subsistant sans elle :
Beauté, puissance, amour, intelligence et loi,
Et n'enfantant de lui que pour jouir de soi...
Voilà la seule forme où je puis t'apparaître !
Je ne suis pas un être, ô mon fils ! Je suis l'Être !
Plonge dans ma hauteur et dans ma profondeur,
Et conclus ma sagesse en pensant ma grandeur !
Tu creuseras en vain le ciel, la mer, la terre,
Pour m'y trouver un nom ; je n'en ai qu'un... MYSTÈRE. »

. . . . . . . . . . . . . . . . .
. . . . . . . . . . . . . . . . .

— « O mystère ! lui dis-je, eh bien ! sois donc ma foi...
Mystère, ô saint rapport du Créateur à moi !
Plus tes gouffres sont noirs, moins ils me sont funèbres ;
J'en relève mon front ébloui de ténèbres !
Quand l'astre à l'horizon retire sa splendeur,
L'immensité de l'ombre atteste sa grandeur.
A cette obscurité notre foi se mesure,
Plus l'objet est divin, plus l'image est obscure.
Je renonce à chercher des yeux, des mains, des bras,
Et je dis : C'est bien toi, car je ne te vois pas ! »

. . . . . . . . . . . . . . . . .
. . . . . . . . . . . . . . . . .

## XI

Ainsi, dans son silence et dans sa solitude,
Le désert me parlait mieux que la multitude.

O désert! ô grand vide où l'écho vient du ciel!
Parle à l'esprit humain, cet immense Israël!
Et moi, puissé-je, au bout de l'uniforme plaine
Où j'ai suivi longtemps la caravane humaine,
Sans trouver dans le sable élevé sur ses pas
Celui qui l'enveloppe et qu'elle ne voit pas,
Puissé-je, avant le soir, las des Babels du doute,
Laisser mes compagnons serpenter dans leur route,
M'asseoir au puits de Job, le front dans mes deux mains,
Fermer enfin l'oreille à tous verbes humains,
Dans ce morne désert converser face à face
Avec l'éternité, la puissance et l'espace :
Trois prophètes muets, silences pleins de foi,
Qui ne sont pas tes noms, Seigneur! mais qui sont toi,
Évidences d'esprit qui parlent sans paroles,
Qui ne te taillent pas dans le bloc des idoles,
Mais qui font luire, au fond de nos obscurités,
Ta substance elle-même en trois vives clartés.
Père et mère à toi seul, et seul né sans ancêtre,
D'où sort sans t'épuiser la mer sans fond de l'Être,
Et dans qui rentre en toi jamais moins, toujours plus,
L'Être au flux éternel, à l'éternel reflux!
. . . . . . . . . . . . .
. . . . . . . . . . . . .

Et puissé-je, semblable à l'homme plein d'audace
Qui parla devant toi, mais à qui tu fis grâce,
De ton ombre couvert comme de mon linceul,
Mourir seul au désert dans la foi du GRAND SEUL!

1856

# CHANT DU SACRE

ou

LA VEILLE DES ARMES

L'AUTEUR, EN VOULANT PORTER AUX PIEDS DU ROI CE FAIBLE TRIBUT DE SES SENTIMENTS POUR UN PRINCE DONT LE RÈGNE EST L'AURORE DU BONHEUR DE LA FRANCE, N'A PAS CRU DEVOIR S'ASTREINDRE SCRUPULEUSEMENT AUX FORMES MODERNES DU SACRE; FORMES QUE L'ÉTAT PRÉSENT DE NOTRE MONARCHIE MODIFIERA PEUT-ÊTRE ENCORE; IL EN A EMPRUNTÉ LES PRINCIPAUX TRAITS AUX CÉRÉMONIES GUERRIÈRES QUI, DANS LES TEMPS CHEVALERESQUES, ACCOMPAGNAIENT CETTE AUGUSTE CONSÉCRATION.

# CHANT DU SACRE

> *Orietur in diebus*
> *ejus justitia et abundantia pacis.*
> PSALM.

La nuit couvre de Reims l'antique cathédrale ;
Mille flambeaux semant la voûte triomphale,
De colonne en colonne et d'arceaux en arceaux,
Étendent sous la nef leurs lumineux réseaux,
Et, se réfléchissant sur le bronze ou la pierre,
Font serpenter au loin des ruisseaux de lumière.
De soie et de velours les parvis sont tendus ;
Les écussons royaux aux piliers suspendus,

Flottant par intervalle au souffle de la brise,
Font de soixante rois ondoyer la devise.
L'autel est ombragé d'armes et d'étendards ;
Ceux que la Palestine a vus sur ses remparts,
Ceux qu'enleva Philippe aux plaines de Bouvines,
Et ceux qui d'Orléans sauvèrent les ruines,
Ce panache d'Ivry que fit flotter un roi,
Ceux que ravit Condé sous les feux de Rocroi,
Ceux enfin qui, guidant les fils de la victoire,
Du Tage au Borysthène ont porté notre gloire,
Et n'ont rien rapporté de Vienne et d'Austerlitz
Que cent noms immortels sur leurs lambeaux écrits,
Noirs, souillés, mutilés, teints de sang et de poudre,
Déchirés par le sabre ou percés par la foudre,
Pendent du haut des murs ; entre leurs plis mouvants
De ce dôme sonore emprisonnent les vents,
Et semblent murmurer, en roulant sur leur lance :
« Voilà l'ombre qui sied au front d'un roi de France ! »

Le temple est vide encore : aux marches de l'autel,
Un pontife vêtu de l'éphod solennel
Semble attendre le jour, l'heure, l'instant suprême,
Par la voix de l'airain, frappé dans le ciel même :
Cent lévites, couverts de vêtements sacrés,
Du brillant sanctuaire entourent les degrés ;
Le regard suit au loin leurs onduleuses files ;
Debout, l'œil attentif, en silence, immobiles,
Ils tiennent d'une main les encensoirs flottants,
L'autre, pressant la chaîne aux anneaux éclatants,
Semble prête à lancer vers la voûte enflammée
L'urne, où déjà l'encens monte en flots de fumée.

On n'entend aucun bruit sous les divins arceaux
Qu'un léger cliquetis du fer dans les faisceaux,
Ou le tintement sourd des gothiques armures
Qui jettent par moments d'aigres et longs murmures.
L'ombre déjà blanchit, tout est prêt, qu'attend-on ? —
Entendez-vous là-haut rouler ce vaste son,
Qui, comme un bruit des vents dans des forêts plaintives,
Gronde avec majesté d'ogives en ogives,
Par les sacrés échos répété douze fois,
Du dôme harmonieux fait vibrer les parois,
Et, tandis qu'à ses coups la voûte tremble encore,
Semble sortir du marbre et rendre l'air sonore ?
C'est l'airain de la tour qui murmure minuit :
Minuit ! l'heure sacrée ! Écoutez ! A ce bruit,
Les lourds battants d'airain, brisant leurs gonds antiques,
Ouvrent du temple saint les immenses portiques ;
On entend au dehors l'acier heurter l'acier,
Le marbre frissonner sous le fer du coursier,
Ou le pas des guerriers, dont le bruit monotone
Ébranle, à temps égaux, le caveau qui résonne.
Cent chevaliers couverts de l'éclatant cimier
Entrent. Quel est celui qui marche le premier ?


Son port majestueux sur la foule s'élève ;
L'or fait étinceler le pommeau de son glaive ;
Flottante à son côté, son écharpe à longs plis
Balaye en retombant les marches du parvis ;
De longs éperons d'or embrassent sa chaussure,
Et sur l'écu royal qui couvre son armure,
Du sanctuaire en feu tout l'éclat reflété
Jette au loin sur ses pas des gerbes de clarté.
De son casque superbe il lève la visière ;
Son panache éclatant flotte et penche en arrière,

Et laisse contempler au regard enchanté
D'un front mâle et serein la douce dignité.
Comme un sommet battu des coups de la tempête,
Dont les neiges d'automne ont parsemé le faîte,
Avant les jours d'hiver déjà ses cheveux blancs
Ont empreint sur ce front la sainteté des ans,
Et leur boucle d'argent, qui s'échappe avec grâce,
A son panache blanc se confond et s'enlace ;
Son œil superbe et doux brille d'un sombre azur ;
Son regard élevé, mais franc, sincère et pur,
Lançant sous sa visière un long rayon de flamme,
Semble à chaque coup d'œil communiquer son âme :
Dans ce regard sévère et clément à la fois,
La nature avant l'homme avait écrit ses droits ;
Il semble accoutumé, dès sa première aurore,
A regarder d'en haut un peuple qui l'implore ;
Sa bouche, que relève une mâle fierté,
Imprime à son visage un air de majesté ;
Mais sa lèvre entr'ouverte, où la grâce respire,
Tempère à chaque instant l'effroi par un sourire ;
Et cette main qu'il ouvre, et qu'il tend comme Henri,
Tout annonce le Roi !... La nef tremble à ce cri :
Mais d'un geste à la foule il impose silence,
Et d'un pas recueilli vers l'autel il s'avance.

L'ARCHEVÊQUE.

D'où viens-tu ?

LE ROI.

De l'exil.

L'ARCHEVÊQUE.

Qu'apportes-tu ?

LE ROI.

      Mon nom.

L'ARCHEVÊQUE.

Quel est ce nom sacré ?

LE ROI.

   CHARLES DIX, et BOURBON.

L'ARCHEVÊQUE.

Que viens-tu demander ?

LE ROI.

    Le sceptre et la couronne.

L'ARCHEVÊQUE.

Au nom de qui ?

LE ROI.

  Du Dieu qui les ôte et les donne !

L'ARCHEVÊQUE.

Pourquoi ?

LE ROI.

  Pour imposer à mon nom, à mes droits,
Le sceau majestueux du Dieu qui fait les rois !

L'ARCHEVÊQUE.

Connais-tu les devoirs que ce titre t'impose ?
Oses-tu les jurer ?

LE ROI.

Que Dieu m'aide, et je l'ose.

L'ARCHEVÊQUE.

Quels sont-ils?

LE ROI.

Proclamer et défendre la loi,
Récompenser, punir, vivre et mourir en roi!
Aimer et gouverner comme un pasteur fidèle
Ce saint troupeau que Dieu confie à ma tutelle,
Être de mes sujets le père et le vengeur!

L'ARCHEVÊQUE.

Où les as-tu trouvés, ces devoirs?

LE ROI.

Dans mon cœur!
Mon front connut le poids de ces grandeurs humaines,
Et c'est la royauté qui coule dans mes veines!

L'ARCHEVÊQUE.

Où sont les saints garants de tes serments?

LE ROI.

Aux cieux!
Les mânes couronnés de mes soixante aïeux:
Ce CHARLES qui fonda, des ruines de Rome,
Un empire trop grand pour l'âme d'un autre homme;
Ces princes tour à tour redoutés et chéris,
Ces LOUIS, ces FRANÇOIS, ces généreux HENRIS!
Et si de ces héros tu récuses la gloire,
J'en ai d'autres encore en qui le ciel peut croire!

L'ARCHEVÊQUE.

Où sont-ils, ces témoins des paroles des rois ?
Où sont tes douze pairs ?

LE ROI, *montrant les douze Pairs.*

Pontife, tu les vois !

L'ARCHEVÊQUE.

Nomme-les.

LE ROI.

Reggio ! Ce nom, à son aurore,
Du saint vernis des temps n'est pas couvert encore ;
Mais ses titres d'honneur sont partout déroulés.
Regarde avec respect ses membres mutilés !
Ce nom, comme les noms des Dunois, des Xaintrailles,
A germé tout à coup sur vingt champs de batailles :
J'aime mieux, pour orner le bandeau qui me ceint,
Un grand nom qui surgit qu'un vieux nom qui s'éteint.

L'ARCHEVÊQUE.

Quel est ce maréchal qui d'une main frappée
Cherche en vain à presser le pommeau d'une épée ?
L'étoile des héros étincelle sur lui,
Et son bâton d'azur semble être son appui.

LE ROI.

C'est le second Bayard ! c'est Victor ! c'est Bellune !
Plus brave que son nom, plus grand que sa fortune !
Partout où la patrie a des coups à pleurer,
Son corps, criblé de balle, est là pour les parer,

Et, fidèle au malheur encor plus qu'à la gloire,
Ses revers ont toujours l'éclat d'une victoire !

### L'ARCHEVÊQUE.

Et celui qui soutient de son bras triomphant
Les pas tremblants encor de ce royal enfant,
Et qui d'un œil de père, en regardant son maître,
Semble dire en son cœur : « C'est moi qui l'ai vu naître ! »
Quel est-il ?

### LE ROI.

    Un soldat : le nom d'Albuféra
Illustre encor celui que l'Espagne pleura
Quand, brisant dans Madrid le joug de la victoire,
Pour unique dépouille il rapporta sa gloire.
Sauveur du beau pays qu'il avait combattu,
Il a ravi son nom... mais c'est par sa vertu !

### L'ARCHEVÊQUE.

Mais quel est ce vieillard ? Sa blanche chevelure
Couvre à flocons d'argent l'acier de son armure ;
Par la trace des ans son front paraît terni...

### LE ROI.

C'est Moncey ! des combats le bruit l'a rajeuni.
Malgré ses traits flétris sous les glaces de l'âge,
Les camps l'ont reconnu... mais c'est à son courage !
Comme un soldat d'hier il marcha pour son roi ;
Il serait mort pour lui ! qu'il vieillisse pour moi !

### L'ARCHEVÊQUE.

Et celui qui brillant d'un long reflet de gloire ?...

LE ROI.

La Trémouille!

L'ARCHEVÊQUE.

    Il suffit : ce nom vaut une histoire!
Et celui qui, le front sur le marbre incliné,
Aux degrés de l'autel humblement prosterné,
Les mains jointes, les yeux fixes comme la pierre,
Semble exhaler pour toi sa fervente prière,
Quel est ce chevalier chrétien?

LE ROI.

    Montmorency!

L'ARCHEVÊQUE.

L'œil, s'il n'y brillait pas, le chercherait ici.

LE ROI.

Servant le même Dieu, fidèle au même maître,
Ses aïeux, à ces traits, pourraient le reconnaître.
Modèle du sujet, du héros, du chrétien,
Son nom, de siècle en siècle, est un écho du mien;
Et partout où la France a besoin de son glaive,
Ou le roi d'un ami, Montmorency se lève.

L'ARCHEVÊQUE.

Ce guerrier qui soutient l'étoile des guerriers,
Où l'image d'Henri brille entre des lauriers?

LE ROI.

Macdonald! des héros le juge et le modèle.
Sous un nom étranger il porte un cœur fidèle;

Dans nos sanglants revers, moderne Xénophon,
La France et l'avenir ont adopté son nom,
Et son bras, dans les champs d'Arcole et d'Ibérie,
En sauvant les Français a conquis sa patrie !

### L'ARCHEVÊQUE.

Ce sage revêtu de la toge à longs plis
Où l'on voit enlacés des cyprès et des lis,
Et qui tient dans ses mains ton glaive et ta balance ?

### LE ROI.

Arrête ! ce nom seul fait incliner la France !
C'est Desèze ! C'est lui dont l'éloquente voix
S'éleva pour sauver le pur sang de ses rois,
Quand au fer des bourreaux, impatients du crime,
Disputant sans espoir la royale victime,
Il fallait un martyr pour défendre un Bourbon !
Lui seul de ce grand meurtre a lavé son beau nom.
Louis à l'avenir a légué sa mémoire,
Et ces deux noms unis sont scellés dans l'histoire.

### L'ARCHEVÊQUE.

Et ce preux chevalier qui sur l'écu d'airain
Porte au milieu des lis la croix du pèlerin,
Et dont l'œil, rayonnant de gloire et de génie,
Contemple du passé la pompe rajeunie ?

### LE ROI.

Chateaubriand ! Ce nom à tous les temps répond ;
L'avenir au passé dans son cœur se confond ;
Et la France des preux et la France nouvelle
Unissent sur son front leur gloire fraternelle.

Soutien de la Couronne et de la Liberté,
Il lègue un double titre à la postérité;
Et, pour briser naguère une force usurpée,
La plume entre ses mains nous valut une épée.

### L'ARCHEVÊQUE.

Nomme encor ce vieillard qui, de pleurs inondé...

### LE ROI.

Ne m'interroge pas! c'est le dernier CONDÉ!!!
Il pleure un fils absent, ne troublons pas ses larmes!

### L'ARCHEVÊQUE.

Et ce prince appuyé sur ses brillantes armes,
Qui, les yeux attachés sur ce groupe d'enfants,
Contemple avec orgueil cet espoir?...

### LE ROI.

D'ORLÉANS.
Ce grand nom est couvert du pardon de mon frère:
Le fils a racheté les crimes de son père;
Et, comme les rejets d'un arbre encor fécond,
Sept rameaux ont caché les blessures du tronc!

### L'ARCHEVÊQUE.

Nomme enfin ce héros, dont la tête inclinée
Semble porter le poids de tant de destinée,
Et dont le front chargé de palmes...

### LE ROI.

- C'est mon fils.

L'ARCHEVÊQUE.

Qu'a-t-il fait pour ce nom?

LE ROI.

Demandez à Cadix!

L'ARCHEVÊQUE.

Il suffit : ces témoins répondent de ta vie.
Tout siècle les verrait avec un œil d'envie.
CHARLES! réjouis-toi! Lequel de tes aïeux
A pu citer jamais des noms plus glorieux?


Mais, silence! Le Roi, le front contre la pierre,
Murmure à demi-voix sa touchante prière,
Et ses vœux, en soupirs de son cœur échappés,
S'exhalent lentement à mots entrecoupés :

« Dieu des astres, Dieu des armées!
Dieu qui conduis de l'œil les sphères enflammées!
Dieu des empires, Roi des rois!
Au bruit d'un peuple entier qui pousse un cri de fête,
Du bronze et de l'airain qui grondent sur ma tête,
Voici l'heure! écoute ma voix!

« Errant, sans trône et sans patrie,
Triste objet de pitié comme autrefois d'envie,

J'ai mangé le pain de douleur;
Et, d'exil en exil trainant mon titre illustre,
Je n'avais à montrer, pour conserver son lustre,
Que la majesté du malheur!


« Adorant tes rigueurs divines,
Dans les murs d'Édimbourg j'habitai ces ruines
Pleines du destin des Stuarts:
Ces palais écroulés, ces tours d'herbes couvertes,
Et ces portes sans garde, et ces salles désertes,
Sympathisaient à mes regards.


« Là, victime du rang suprême,
Une reine voyait son sacré diadème
Jouet de l'amour et du sort,
Et, du haut de ces tours où triomphaient ses charmes,
En regardant la mer, implorait par ses larmes
L'obscurité de l'autre bord.


« Que de fois sous le dôme sombre
Où je cherchais sa trace, hélas! je vis cette ombre
Mêler ses soupirs à ma voix,
Et m'apprendre en pleurant sur quelle onde incertaine
Le vent capricieux de la fortune humaine
Fait flotter le destin des rois!


« Victime, pleurant des victimes,
Trop connu du malheur, de ces leçons sublimes,
Hélas! je n'avais pas besoin!
Quel siècle fut jamais plus fertile en ruines?
Mon Dieu! pour contempler tes justices divines,
Fallait-il regarder si loin?...

« N'ai-je pas vu ce diadème,
Par le glaive arraché de la tête suprême,
Rouler dans la poussière aux pieds des factions ?
De la poudre des camps relevé par la gloire,
Joué, gagné, perdu, ravi par la victoire,
  Passer avec les nations ?

« Hélas ! sur ce sable où nous sommes,
Quand tout mugit encor de ces tempêtes d'hommes,
Qui pourrait envier ce sceptre des humains ?
C'est la foudre du ciel que porte un bras timide !
Qui toucherait sans crainte à cette arme perfide
  Prête d'éclater dans nos mains ?

« Par un ciel d'exil profanées,
L'infortune a doublé le poids de mes journées,
  Je descends la pente des ans ;
A peine si mon front, que leur souffle moissonne,
Portera sans fléchir le poids de la couronne
  Qui va parer ces cheveux blancs !

« La tombe avertit ma paupière ;
L'espoir à son aspect retournant en arrière
  Ferme l'avenir devant moi ;
Je mourrai ; de la mort l'égalité fatale
Mêlera quelque jour à la cendre banale
  La poussière qui fut un roi !

« Mais ma faiblesse en vain murmure ;
Le cri d'un peuple entier, l'ordre de la nature,
  Du ciel sont l'arrêt souverain !
Hélas ! il faut régner ! Régner ? quel mot suprême !
Être ici-bas ton ombre ! ô mon Dieu ! viens toi-même
  Tenir le sceptre dans ma main !

« Que l'onction qu'on va répandre
Me donne la vertu de craindre et de défendre
　　Ce trône où je suis condamné !
Et que l'huile sacrée en coulant sur ma tête
Me prépare au combat que cette heure m'apprête,
　　Comme un athlète couronné !

« Que jamais mon œil ne sommeille !
Que tes anges, Seigneur, portent à mon oreille
　　Ces soupirs, les remords des rois !
Que mon nom luise égal sur mes vastes provinces !
Que le denier du pauvre et le trésor des princes
　　Y soient pesés du même poids !

« Que, s'élevant en ma présence,
Les cris de l'opprimé, les pleurs de l'innocence
M'apportent les besoins du dernier des mortels !
Que l'orphelin tremblant, que la veuve qui pleure,
Près de mon trône admis, l'embrassent à toute heure
　　Comme les marches des autels !

« Aux conquérants livre la gloire !
Qu'aux cœurs de mes sujets ma paisible mémoire
　　Ne soit qu'un tendre souvenir !
Que mes fastes heureux n'aient qu'une seule page !
Que la borne posée à mon noble héritage
　　Passe immobile à l'avenir !

« De ma race auguste patronne,
Toi qui, pour les Français effeuillant ta couronne,
　　A leurs drapeaux prêtas tes lis,
Étoile du bonheur, sois l'astre de la France,
Et conserve à jamais ta bénigne influence
　　Aux premiers soldats de ton fils ! »

La première lueur de la naissante aurore,
A travers les vitraux où le jour se colore,
Comme l'aube obscurcit les étoiles des nuits,
Fait pâlir de la nef les feux évanouis,
Et la double clarté qui se combat dans l'ombre
Se mêle, en avançant, sous la voûte moins sombre.
A ce jour progressif, de ces dômes sacrés
L'œil suit dans le lointain les contours éclairés,
Et, de la basilique embrassant l'étendue,
Découvre à ses arceaux la foule suspendue :
Les tribunes, longeant les courbes des piliers,
Croisent dans tous les sens leurs immenses sentiers ;
Sous leur poids orageux le cintre ébranlé gronde ;
Un long torrent de peuple à grands flots les inonde,
En déborde, et, couvrant les arcs, les monuments,
Des dômes découpés les hauts entablements,
Aux voûtes de la nef se suspend en arcades,
S'enlace comme un lierre aux fûts des colonnades,
Du parvis à la frise et d'arceaux en arceaux,
Se déroule en guirlande ou se groupe en faisceaux,
Et, du pilier gothique embrassant le feuillage,
Tremble comme l'acanthe au souffle de l'orage.
De ses noirs fondements jusqu'au sommet des tours,
Un peuple tout entier tapissant ses contours,
Pressé comme les flots de l'antique poussière,
Semble avoir du vieux temple animé chaque pierre.

L'airain guerrier résonne, et les enfants de Mars
Se rangent en silence autour des étendards :

# CHANT DU SACRE.

Là, ceux dont le regard, que le calcul éclaire
Dans les champs des combats, est l'aigle du tonnerre,
Et qui, d'une étincelle échappée à leurs mains,
Font voler à son but la foudre des humains;
Là, ces géants coiffés de sauvages crinières
Dont le poil fauve et noir tombe sur leurs paupières;
Ces centaures brillants, messagers des combats,
Qui traînent à grand bruit leurs sabres sur leurs pas;
Et ceux qui font rouler sur le fer d'une lance
Ces légers étendards où la mort se balance;
Et ceux dont au soleil les casques éclatants
Font ondoyer encor des panaches flottants;
Et ceux qui, revêtus de leurs brillantes mailles,
N'offrent qu'un mur d'airain sur leur front de batailles,
Et dont le pied, pressant les flancs d'un noir coursier,
Résonne sur le sol comme un faisceau d'acier!
DIGEON, VALIN, MAUBOURG, dirigent leurs courages.
Enfants des deux drapeaux, braves de tous les âges,
Ces preux autour du Roi n'ont qu'un cœur et qu'un rang;
L'Espagne a confondu les couleurs dans leur sang.

Là ce jeune guerrier, ce débris de deux guerres,
Dont le laurier s'unit au cyprès de deux frères;
Ce sang, dont la Vendée a vu couler les flots,
N'épuisa point en lui la source des héros*.

Mais, sur ce dais où l'or en longs plis se déroule,
Quel populaire instinct porte l'œil de la foule?

* La Rochejaquelein.

Ah! c'est le sang royal qui parle aux cœurs français!...
A l'ombre de ces lis entourés de cyprès,
Dont la tige sur elle avec amour s'incline,
Voilà l'ange exilé! la royale Orpheline!
Son front, que des bourreaux le fer a respecté,
Garde de la douleur la noble majesté.
On sent à son aspect que, digne de sa mère,
Le ciel lui fit une âme égale à sa misère.
A ces pompes du trône on la ramène en vain,
Son cœur désenchanté les goûte avec dédain ;
Et peut-être, au moment où son œil les contemple,
Son âme, s'envolant dans les cachots du Temple,
Rêve aux jours de l'enfance où, sous ces murs affreux
Que la main des bourreaux obscurcissait pour eux,
Un rayon du soleil à travers une grille
Était la seule pompe, hélas! de sa famille!...

La veuve de BERRI, des couleurs du cercueil,
Couvre son front mêlé d'espérance et de deuil;
Ses longs cheveux épars, se dénouant d'eux-mêmes,
Semblent en retombant pleurer un diadème;
Son regard, effleurant le faste de ces lieux,
N'y voit qu'un vide immense et se reporte aux cieux.
Hélas! le sort, voilant l'aube de sa jeunesse,
A brisé dans ses mains une coupe d'ivresse...
Le coup qu'elle a reçu répond à tous les cœurs ;
Ses yeux dans tous les yeux ont retrouvé ses pleurs.

Là, deux sœurs; un exil, un palais les rassemble* ;
Le malheur, la pitié, les invoquent ensemble;

* LL. AA. RR. madame la duchesse et mademoiselle d'Orléans.

Le siècle les admire et ne les connaît pas,
Le pauvre les regarde et les nomme tout bas.

Mais quel est cet enfant? — L'avenir de la France!!!
La promesse de Dieu qu'embellit l'espérance!
De ses seuls cheveux blonds son beau front couronné
Ignore encor le rang pour lequel il est né;
Libre encor des liens de sa haute origine,
Il sourit au fardeau que le temps lui destine;
Ses yeux bleus, où le ciel aime à se retracer,
Sur ces pompes du sort s'égarent sans penser;
Il ne voit que l'éclat dont le trône étincelle,
La vapeur de l'encens qui monte ou qui ruisselle,
Le reflet des flambeaux répété dans l'acier,
Ou l'aigrette flottant sur le front du guerrier;
Et, comme Astyanax dans les bras de sa mère,
Sa main touche en jouant aux armes de son père.

Le pontife est debout : le nard aux flots dorés
Semble prêt à couler de ses doigts consacrés;
CHARLE, à genoux, baissant son front sans diadème,
Offre ses blancs cheveux aux parfums du saint chrême;
Et le prêtre, élevant la couronne en ses mains,
Parle, au nom du seul maître, au maître des humains.

### L'ARCHEVÊQUE.

Si nous étions encore aux siècles des miracles,
La colombe, planant sur les saints tabernacles,

T'apporterait du ciel le chrême de Clovis,
Et les anges eux-même, aux accents d'un prophète,
   Poseraient sur ta tête
   La couronne de lis !

Mais les temps ne sont plus ! le passé les emporte ;
Le ciel parle à la terre une langue plus forte :
C'est la seule raison qui l'explique à la foi !
Les grands événements, voilà les grands prestiges !
   Tu cherches les prodiges :
   Le prodige, c'est toi !

C'est toi ! Roi sans sujets ! fugitif sans asile !
Proscrit du trône ingrat d'où l'Europe t'exile,
Tu vas traîner des rois l'indélébile affront,
Puis, au moment marqué par le maître suprême,
   Tu reviens : de lui-même
   Le bandeau ceint ton front !

Tu reviens sans trésors, sans alliés, sans armes,
Toucher du pied royal cette terre de larmes,
Cette terre de feu qui dévorait les rois !
Comme un homme trompé par un funeste rêve,
   On s'éveille, on se lève,
   On s'élance à ta voix.

« Le voilà ! » — Ce seul mot a reconquis la France ;
Tout un peuple enivré de zèle et d'espérance
Te porte dans ses bras au palais paternel.
Le soldat des Germains ne compte plus le nombre,
   Et se désarme à l'ombre
   De ton trône éternel !

Les villes à tes pieds portent leurs clefs fidèles ;
Les soldats étonnés, ouvrant leurs citadelles,

Comme un salut royal déchargent leur canon ;
Ces drapeaux que jamais, aux éclairs de la poudre,
   Ne fit baisser la foudre,
   S'abaissent à ton nom.

La Liberté superbe, à ta voix assouplie,
Sous un joug volontaire avec amour se plie ;
Tu souris au pardon, sur la force appuyé !
Trente ans comme un seul jour s'effacent : ta mémoire
   Se souvient de la gloire ;
   Le crime est oublié !

Il semble qu'un esprit de grâce et d'harmonie
Aux cœurs de tes sujets ait soufflé ton génie,
Que du royal martyr le vœu soit accompli,
Et que chaque Français, comme une sainte offrande,
   Devant tes pas répande
   L'espérance et l'oubli !

Viens donc ! élu du ciel que sa force accompagne,
Viens ! — Par la majesté du divin Charlemagne !
La valeur de Martel ou du soldat d'Ivri !
Par la vertu du roi qu'a couronné l'Église !
   Par la noble franchise
   Du quatrième Henri !

Par les brillants surnoms de cette race auguste :
Le Sage, le Vainqueur, le Bon, le Saint, le Juste ;
La grâce de Philippe ou de François premier !
Par l'éclat de ce roi dont l'ascendant suprême
   Imposa son nom même
   Au siècle tout entier !

Par ce martyr des rois qui mourut pour nos crimes !
Par le sang consacré de cent mille victimes !

Par ce pacte éternel qui rajeunit tes droits!
Par le nom de Celui dont tout sceptre relève!
      Par l'amour qui t'élève
      Sur ce nouveau pavois!

Au nom du seul puissant, du seul saint, du seul sage,
Dont l'espace et le temps sont le vaste héritage,
Dont le regard s'étend à tout siècle, à tout lieu,
Sois sacré! tu deviens par ce royal mystère
      Le maître de la terre,
      Le serviteur de Dieu!

Règne! juge! combats! venge! punis! pardonne!
Conduis! règle! soutiens! commande! impose! ordonne!
Par la vertu d'en haut sois couronné! sois Roi!
Ta main, dès cet instant, peut frapper, peut absoudre;
      Ton regard est la foudre,
      Ta parole est la loi!

Il dit : un seul cri part; l'air mugit, l'airain sonne;
Les drapeaux déroulés flottent; le canon tonne,
Et l'ardent TE DEUM, ce cantique des rois,
S'élance d'un seul cœur et de cent mille voix.

« Que la terre et les cieux et les mers te bénissent!
Qu'au chœur des chérubins les séraphins s'unissent
Pour célébrer le Dieu, le Dieu qui nous sauva!
Saint, Saint, Saint est son nom! Que la foudre le gronde,
Que le vent le murmure, et l'abîme réponde :
      Jéhovah! Jéhovah!

« Qu'il gouverne à jamais son antique héritage!
Sur les fils de nos fils qu'il règne d'âge en âge!
Nos cris l'ont invoqué, sa foudre a répondu!
De toute majesté c'est la source et le père!
Le peuple qui l'attend, le siècle qui l'espère
      N'est jamais confondu!

« Qu'il est rare, ô mon Dieu, que ta main nous accorde
Ces temps, ces temps de grâce et de miséricorde,
Où l'homme peut jeter ce long cri de bonheur,
Sans qu'un soupir, faussant le cantique d'ivresse,
Vienne en secret mêler aux concerts d'allégresse
      L'accent d'une douleur!

« Mais béni soit mon temps! le monde enfin respire;
De trente ans de combats le bruit lointain expire:
La terre enfante l'homme, et n'a plus soif de sang;
Sur deux mondes unis qui marchent en silence
On n'entend que la voix de la reconnaissance
      Qui monte et redescend.

« Les rois ont recouvré leur divin héritage;
Les peuples, leur rendant un légitime hommage,
Ont placé dans leurs mains le sceptre de la loi;
Elle brille à leurs yeux comme un céleste phare,
Et dans le temple en deuil leur piété répare
      Les débris de la foi.

« L'homme voit sur les mers ses flottes mutuelles
A tous les vents du ciel ouvrir leurs libres ailes;
La sueur de son front ne germe que pour lui;
Et partout dans la loi, sourde comme la pierre,
Le crime a son vengeur, la force sa barrière,
      Le faible son appui.

« En génie, en vertu, la terre encor féconde
Ouvre un champ sans limite à l'avenir du monde ;
Chaque jour à son siècle apporte son trésor ;
Les éléments soumis ont reconnu leur maître,
Et l'univers vieilli rêve qu'il voit renaître
      Un dernier âge d'or !... »

Et toi qui, relevant les débris des couronnes,
Viens du trône des rois embrasser les colonnes,
Rêve des nations, qu'ont vu passer nos yeux,
Que le Christ après lui fit descendre des cieux,
LIBERTÉ ! dont la Grèce a salué l'aurore,
Que d'un berceau de feu ce siècle vit éclore,
Viens, le front incliné sous le sceptre des rois,
Poser le sceau du peuple au livre de nos lois !
Trop longtemps l'univers, lassé de tes orages,
Aux mains des factions vit flotter tes images ;
Trop longtemps l'imposture, usurpant ton beau nom,
De ses honteux excès fit rougir la raison :
L'univers cependant, effrayé de lui-même,
T'invoque et te maudit, t'adore et te blasphème,
Et, comme un nouveau culte aux humains inspiré,
Ne peut fixer encor ton symbole sacré.
Je ne sais quel instinct, plus sûr que l'espérance,
Présage aux nations ton règne qui s'avance !
L'opprimé, l'oppresseur, te rêvent à la fois ;
Un peuple enseveli ressuscite à ta voix ;
Le voile qui des lois couvrait le sanctuaire
Se déchire, et le jour de tes yeux les éclaire.

Les partis triomphants, si prompts à t'oublier,
Se couvrent de ton nom comme d'un bouclier ;
Chaque peuple à son tour te possède ou t'espère,
Et ton œil cherche en vain un tyran sur la terre !

Viens donc ! viens, il est temps, tardive LIBERTÉ !
Que ton nom incertain, par le ciel adopté,
Avec la vérité, la force et la justice,
Du palais de nos rois orne le frontispice !
Que ton nom soit scellé dans les vieux fondements
De ce temple où la foi veille sur leurs serments ;
Et que l'huile, en coulant sur leur saint diadème,
Retombe sur ton front et te sacre toi-même !
Règne ! mais souviens-toi que l'illustre exilé
Par qui dans ces climats ton deuil fut consolé,
Précurseur couronné que salua la France,
T'annonça dans nos maux comme une autre espérance,
Et, t'arrachant lui seul aux mains des factions,
Fit de tes fers brisés l'ancre des nations ;
Que ton ombre, régnant sur un peuple en délire,
Et victime bientôt des fureurs qu'elle inspire,
Fit au monde étonné regretter les tyrans ;
Que tu fus enchaînée au char des conquérants ;
Que ton pied traîne encor les fers de la victoire
A ces anneaux dorés qu'avait rivés la gloire,
Et que, pour affermir et consacrer tes droits,
Ton temple le plus sûr est le cœur des bons rois !

# LE DERNIER CHANT

DU

# PÈLERINAGE D'HAROLD

# ÉPIGRAPHE

### de la première édition (1825)

Si tu regrettes ta jeunesse, pourquoi vivre ? Tu es sur une terre où tu peux chercher une mort glorieuse : cours aux armes, et sacrifie tes jours ! Ne réveille point la Grèce, elle est réveillée ; mais réveille-toi toi-même !

LORD BYRON, *Ode sur le 36ᵉ anniversaire de sa naissance.*

# AVERTISSEMENT

Childe Harold *est un poëme de lord Byron. Le noble barde, dont l'Europe pleure aujourd'hui la mort glorieuse et prématurée, en donna successivement, et pendant un intervalle de dix années, quatre chants au public. Harold est un enfant de l'imagination, un nom plutôt qu'un héros ; lord Byron ne s'en est servi que comme d'un fil qui pût guider le lecteur et le poëte lui-même dans les sites variés que le pèlerin est censé parcourir; comme d'un type auquel il pût attribuer les sentiments et les pensées qu'il tirait de son propre fonds : Harold, en un mot, est le prête-nom de lord Byron. Le poëte, qui avait d'abord nié avec affectation cette identité avec son héros, en convient à la fin de la préface de son quatrième chant.*

« *Quant à ce qui regarde, dit-il, la conduite de ce quatrième chant, le pèlerin Harold paraîtra encore moins souvent sur la scène que dans les précédents, et il sera presque entièrement fondu avec l'auteur parlant en son propre nom. Le fait est que je me lassais de tirer, entre Harold et moi, une ligne de séparation que chacun semblait décidé à ne pas apercevoir : c'est ainsi que personne ne voulait croire le Chinois de Goldsmith un Chinois véritable. C'était vainement que je m'imaginais avoir établi une distinction entre le poëte et le pèlerin : le soin même que je prenais de conserver cette distinction, et mon désappointement de la trouver inutile, nuisaient tellement à mon inspiration, que je résolus de l'abandonner, et c'est ce que j'ai fait ici ; les opinions qui se sont formées et qui se formeront encore à ce sujet sont aujourd'hui devenues tout à fait indifférentes. Qu'on juge l'ouvrage et non l'écrivain ! L'auteur qui n'a dans son esprit d'autres ressources que la réputation éphémère ou permanente due à ses premiers succès, mérite le sort des auteurs.* »

*Cette inutile distinction, rejetée par l'auteur anglais, est encore plus complètement effacée dans ce dernier chant du Pèlerinage d'Harold, par M. de Lamartine. Le nom d'Harold est évidemment et toujours employé ici pour celui de lord Byron. Mais parcourons les premiers chants de ce singulier poëme, afin que le lecteur en comprenne mieux la suite.*

*Harold est un jeune voyageur qui, lassé de bonne heure des voluptés et de la vie, quitte sa terre natale, l'Angleterre, et parcourt le monde en chantant ce qu'il voit, ce qu'il sent ou ce qu'il pense : c'est une Odyssée pittoresque et morale, une divagation poétique, qui n'a* d'autre centre d'intérêt et d'unité que la fiction légère du personnage d'Harold. Au premier chant, il est en Portugal et en Espagne ; il en décrit les sites, les mœurs, et quelques-unes des grandes et terribles scènes qu'offrait cette terre héroïque, à l'époque de la première invasion des Français.

Le second chant est une peinture de la Grèce et de l'Asie Mineure, où lord Byron avait fait un premier voyage en 1808. Il salue tour à tour leurs mers, leurs montagnes, leurs tombeaux, leurs ruines, et chaque lieu lui inspire des impressions et des vers dignes de ses immortels souvenirs.

Le troisième chant commence par une invocation touchante à Adda, fille unique du poète, loin de laquelle les orages de sa vie l'emportent encore. On sait qu'à cette époque une séparation légale, dont les véritables motifs sont restés un mystère, venait d'être prononcée entre le noble lord et lady Byron. Il dit un éternel adieu au rivage de l'Angleterre, et, parcourant le champ de bataille de Waterloo, il décrit cette dernière lutte entre l'Europe et l'homme du destin. De là, longeant les bords du Rhin, il traverse rapidement les Alpes, célèbre l'Helvétie et les bords enchantés du lac Léman.

Le quatrième chant, et peut-être le plus magnifique, trouve le poète à Venise. Il décrit les rives mélancoliques de la Brenta ; va pleurer Pétrarque sur sa tombe d'Arqua ; déplore le sort de l'Italie, tour à tour envahie par tous les barbares ; jette un regard sur Florence, et, se reposant à Rome, laisse sa muse s'abandonner à loisir à toutes les inspirations qui s'exhalent de ses monuments et de ses débris. Jamais peut-être la poésie moderne n'a revêtu de plus sublimes expressions, des images plus fortes et des sentiments plus intimes. Ici le poëte, abandonnant tout à coup son héros, adresse un salut sublime à la mer qu'il aperçoit des hauteurs d'Albano, sur la route de Naples, et disant adieu au lecteur, lui souhaite un bonheur qu'il n'a pas trouvé lui-même.

Ce poëme, dont rien dans les littératures classiques ne peut nous donner une idée, était l'œuvre de prédilection de lord Byron. Voici en quels termes il en parle dans une dédicace à M. Hobhouse, son ami et son compagnon de voyage :

« Je passe ici de la fiction à la vérité : ce poëme est le plus long et le plus fortement pensé de mes ouvrages. Nous avons parcouru ensemble, à diverses époques, les contrées que la chevalerie, l'histoire ou la fable ont rendues célèbres : l'Espagne, la Grèce, l'Asie Mineure et l'Italie. Ce qu'Athènes et Constantinople étaient pour nous il y a quelques années, Venise et Rome l'ont été plus récemment : mon poëme aussi, ou mon pèlerin, ou l'un et l'autre si l'on veut, m'ont accompagné partout. Peut-être trouvera-t-on excusable la vanité qui me fait revenir avec tant de complaisance à mes vers. Pourrais-je ne pas tenir à un poëme qui me lie en quelque sorte aux lieux qui l'ont inspiré et aux objets que j'ai essayé de décrire ? La composition de Childe Harold a été pour moi une source de jouissances. Je ne m'en sépare qu'avec une sorte de regret, dont, grâce à ce que j'ai éprouvé, j'étais loin de me croire susceptible pour des objets imaginaires, etc., etc. »

Le lecteur partagera sans doute cette légitime prédilection du poëte. C'est dans Childe Harold qu'on peut trouver lord Byron tout entier ; car il y a répandu avec profusion, avec amour, comme disent les Italiens, les inépuisables richesses de sa palette ; soit qu'il peigne la nature morte, que son génie vivifie toujours, soit qu'il s'élève aux plus hautes régions de la pensée et de la philosophie, soit qu'il s'abandonne, comme au hasard, au *cours capricieux de ses rêveries, et fasse vibrer, jusqu'à les rompre, toutes les cordes sensibles de son âme et de la nôtre. Il reprend à chaque instant le dernier mot de sa strophe, à l'imitation de nos anciennes ballades; et, comme si ce seul mot suffisait pour éveiller cette puissante imagination, il en fait le thème d'une autre série de strophes, et s'élance, sans autre transition, dans une sphère nouvelle d'idées ou de sentiments. Il faudrait tout citer si l'on citait quelque chose d'une aussi étrange conception. Nous aimons mieux renvoyer le lecteur à l'ouvrage même.*

*On a beaucoup reproché à lord Byron l'immoralité de quelques-uns de ses ouvrages, ses principes désorganisateurs de tout ordre social, et ses sentiments antireligieux; mais ces reproches, trop souvent fondés ailleurs, ne nous paraissent pas à beaucoup près aussi applicables à* Childe Harold *qu'à quelques-uns de ses derniers poëmes: on y sent davantage la fraîcheur de la vie et de la jeunesse. On voudrait, il est vrai, en effacer quelques nuages; mais ces nuages n'empêchent cependant pas le lecteur de reconnaître et d'admirer, dans cette œuvre d'un beau génie, l'expression d'une belle âme. Et d'où viendrait ce génie qui nous émeut et nous charme, si ce n'était d'une âme grande et féconde? Il n'a jamais eu d'autre source. Malheureusement aussi il n'a jamais préservé les hommes qui l'ont possédé des erreurs les plus funestes de l'esprit et des passions les plus orageuses du cœur! Lord Byron en est un nouvel exemple: plusieurs de ses ouvrages sont un scandale pour ses admirateurs même; il en a empoisonné les plus brillantes pages d'un scepticisme de parade, aussi funeste à la génération qui l'admire qu'à son propre talent. Nous ne prétendons point l'excuser; peut-être lui-même, s'il eût vécu... Mais il n'est plus. Tout en voulant prémunir la jeunesse* contre les principes déplorables de ses derniers ouvrages, il faut jeter un voile sur les taches de ce grand génie : ce génie doit faire augurer de son âme, et sa mort peut servir d'excuse à sa vie. Il a sacrifié ses jours, en Grèce, à la cause de la religion, de la liberté et de l'enthousiasme. Ses actions réfutent ses paroles.

M. de Lamartine, voulant conduire le poëme de Childe Harold jusqu'à son véritable terme, la mort du héros, le reprend où lord Byron l'avait laissé, et, sous la fiction transparente du nom d'Harold, chante les dernières actions ou les dernières pensées de lord Byron lui-même, son passage en Grèce et sa mort. Il a pensé sans doute que le mode le plus convenable de chanter l'homme qu'il admire était celui qu'il avait adopté lui-même ; et la forme de Childe Harold lui était trop évidemment indiquée pour qu'il lui fût possible d'en adopter une autre. Peut-être cette forme même donnera-t-elle lieu à quelques critiques. Peut-être lui reprochera-t-on comme un excès d'audace, comme une profanation, ce qui n'a été chez lui qu'un juste sentiment de modestie et de déférence pour un génie supérieur. Il n'a pris le genre du poëme et le nom du héros de lord Byron que par respect pour lord Byron, qui se peignait lui-même sous cette forme emblématique. Toute autre forme, tout autre nom, eussent été moins périlleux pour lui : ils eussent rappelé moins immédiatement un talent qui écraserait tout ce qui tenterait de l'égaler ; mais une imitation n'est point une lutte, c'est un hommage. A Dieu ne plaise que ce nom de Childe Harold puisse donner une autre idée ! Quel poëte oserait faire parler lord Byron ? on s'apercevrait trop vite que ce n'est que son ombre. Cependant ce mot d'imitation, que nous venons de prononcer, ne rend pas exactement notre pensée : la forme et le genre sont seuls imités ; les idées, les sentiments, les images ne le sont pas. Il nous a semblé, au contraire, que l'auteur français avait pris le plus grand soin d'éviter toute imitation de ce genre, et qu'on ne retrouve pas, dans ce cinquième chant, une seule des pensées ou des comparaisons que le poète anglais a prodiguées dans les quatre premiers chants de son poëme. On peut être soi sous le nom d'un autre.

Ce genre de poëme n'a pas encore de nom générique dans la littérature moderne. Ce n'est pas le poëme didactique, car il n'enseigne rien; ce n'est pas le poëme descriptif, car il raconte aussi; ce n'est pas le poëme épique, il n'en a ni les héros, ni le caractère, ni l'importance, ni la majesté: il tient de ces trois genres à la fois; il raconte, il décrit, il médite, il enseigne; le héros est le poète lui-même ou le cœur de l'homme en général, avec ses impressions les plus variées et les plus profondes; c'est le poëme d'une civilisation avancée, où l'homme sent encore la nature avec cette force d'enthousiasme qu'il ne perdra jamais, mais où il se plaît à analyser ses propres sentiments, à se rendre compte de ce qu'il éprouve, à savourer à loisir ses impressions fugitives, et où son propre cœur est devenu pour lui un thème plus intéressant que les aventures un peu usées des héros imaginaires, fabuleux ou historiques. L'intérêt est tout dans le style; et la forme, à peine esquissée, n'est qu'un fil imperceptible pour lier d'un lien commun les idées et les sentiments qui se succèdent.

Le poëme anglais de Childe Harold est écrit en stances d'un nombre égal de vers, indiquées par un chiffre romain. C'est la stance de Spencer, forme que lord Byron avait adoptée et rajeunie, comme plus propre à ce genre de composition, où l'imagination, se livrant à tous ses caprices, ne suit plus pas à pas l'ordre méthodique de la prose, mais s'élance, sans transition prononcée, *d'une idée à l'autre. Cette forme devait être conservée dans ce cinquième chant par M. de Lamartine ; mais la poésie française ne possède aucun rythme analogue à la stance de Spencer, ou aux couplets du Tasse dans sa Jérusalem. Pour y suppléer, il a donc été obligé de composer ce dernier chant en stances irrégulières, d'un nombre de vers indéterminé. Ici, c'est le sens et non le nombre de vers qui indique la suspension et le repos ; nous les indiquons, comme dans le poëme original, par un chiffre romain. Quelques personnes ont déjà reproché à M. de Lamartine d'avoir adopté cette forme pour quelques-unes de ses poésies ; nous n'avons rien à leur répondre, si ce n'est qu'elles peuvent facilement la faire disparaître en ne s'arrêtant pas aux suspensions qu'elle indique. Quant à nous, nous pensons toujours que, dans des compositions de longue haleine, des repos ménagés avec art sont nécessaires à la pensée comme aux forces du lecteur, et que ces repos ne peuvent être plus convenablement indiqués que par le poëte lui-même.*

*Il nous aurait paru aussi inconvenant qu'inutile de parler des opinions politiques ou religieuses de l'auteur français dans l'avertissement d'un ouvrage de littérature légère, si nous n'avions été récemment encore mis en garde contre l'injustice des interprétations les plus forcées, par des articles de journaux où l'on discutait les opinions de l'homme au lieu des vers du poëte. Un de ces journaux, dont nous respectons du reste l'impartialité et les doctrines (littéraires), a été jusqu'à dire que les poésies de M. de Lamartine étaient* l'hymne du découragement et du scepticisme. *L'office du poëte n'est point sans doute de prêcher des dogmes en vers ; mais nous en appelons à la conscience de tous les lecteurs pour réfuter une assertion de cette nature... Si les* Méditations poétiques *ont eu un si honorable succès, elles l'ont dû* surtout à ce sentiment religieux qui respire dans toutes leurs pages. Tout le monde l'a senti, tout le monde l'a dit; et c'est sans doute le genre d'éloge auquel l'auteur a été le plus sensible. Quelques vers pris isolément, ou détachés de l'ensemble qui les explique, peuvent donner lieu sans doute à des interprétations du genre de celles que nous combattons ici; mais un vers, une stance, ne forment pas plus le sens d'un morceau de poésie, qu'un son isolé ne forme un concert : c'est l'accord qu'il faut juger.

Quoi qu'il en soit, et pour ôter tout prétexte à de semblables méprises, nous croyons devoir prévenir ici le lecteur, au nom de M. de Lamartine, que la liberté, qu'invoque dans ce nouvel ouvrage la muse de Childe-Harold, n'est point celle dont le nom profané a retenti, depuis trente ans, dans les luttes des factions, mais cette indépendance naturelle et légale, cette liberté, fille de Dieu, qui fait qu'un peuple est un peuple et qu'un homme est un homme; droit sacré et imprescriptible dont aucun abus criminel ne peut usurper ou flétrir le beau nom. Quant au ton plus réel de scepticisme qui se retrouve dans quelques morceaux de ce dernier chant de Childe-Harold, il est inutile de faire remarquer qu'il se trouve uniquement dans la bouche du héros, que, d'après ses opinions trop connues, l'auteur français ne pouvait faire parler contre la vraisemblance de son caractère. Satan, dans Milton, ne parle point comme les anges. L'auteur et le héros ont deux langages fort opposés; et M. de Lamartine serait très affligé qu'on pût l'accuser, même injustement, d'avoir fait naître le plus léger doute sur ses intentions, ou d'avoir répandu l'ombre d'un nuage sur des convictions religieuses qui sont les siennes, et qu'il regarde avec raison comme la seule lumière de la vie et le plus précieux trésor de l'homme.

# DÉDICACE

A M. A. E.

Te souviens-tu du jour où, gravissant la cime
    Du Salève aux flancs azurés,
Dans un étroit sentier qui pend sur un abîme
Nous posions en tremblant nos pas mal assurés?
Tu marchais devant moi. Balancés par l'orage,
Les rameaux ondoyants du mélèze et du pin,
S'écartant à regret pour t'ouvrir un passage,
Secouaient sur ton front les larmes du matin;
Un torrent sous tes pieds, s'écroulant en poussière,
Traçait sur les rochers de verdâtres sillons,
Et, de sa blanche écume où jouait la lumière,
Élevait jusqu'à nous les flottants tourbillons.

    Un nuage grondait encore
Sur les confins des airs, à l'occident obscur,

Tandis qu'à l'orient le souffle de l'aurore
Découvrait la moitié d'un ciel limpide et pur,
Et dorait de ses feux la voile qui colore
Des vagues du Léman l'éblouissant azur.
Tout à coup, sur un roc, dont tu foulais la cime,
Tu t'arrêtas : tes yeux s'abaissèrent sur moi ;
Tu me montrais du doigt les flots, les monts, l'abîme,
La nature et le ciel... et je ne vis que toi !...

Ton pied léger semblait s'élancer de sa base ;
Ton œil planait d'en haut sur ces sublimes bords ;
   Ton sein, oppressé par l'extase,
   Se soulevait sous ses transports,
Comme le flot captif qui, bouillant dans le vase,
S'enfle, frémit, s'élève et surmonte ses bords.

Sur l'angle d'un rocher ta main était posée ;
Par l'haleine des vents goutte à goutte essuyés,
   Tes cheveux trempés de rosée
Distillaient lentement ses perles à tes pieds.

   Des cascades l'écume errante
Faisait autour de toi, sur un tapis de fleurs,
De son prisme liquide ondoyer les couleurs,
   Et d'une robe transparente
Semblait t'envelopper dans ses plis de vapeurs.
Tu ressemblais... Mais non, toute image est glacée.
Rien d'humain ne saurait te retracer aux yeux ;
   Rien... qu'une céleste pensée,
   Qui, durant un songe pieux,
Sur ses ailes de feu dans les airs balancée,
Et du sein d'un cœur pur vers Dieu même élancée,
   S'élève et plane dans les cieux !

Je te vis; je jurai de consacrer la trace
    De ce trop rapide moment,
Et de graver ici ton nom... Ta main l'efface
    De ce fragile monument.


    Un jour, quand je te verrai lire
Ces vers dont un regard est le seul avenir,
Si tes yeux attendris ne peuvent retenir
    Une larme aux sons de ma lyre,
    Ah! qu'au moins tu puisses te dire:
« Ces chants qui m'ont ému, c'est moi qui les inspire,
    Et sa muse est mon souvenir! »

# LE DERNIER CHANT

DU

# PÈLERINAGE D'HAROLD

## I

Muse des derniers temps, divinité sublime,
Qui des monts fabuleux n'habites plus la cime;
Toi qui n'as pour séjour, pour temples, pour autels,
Que le sein frémissant des généreux mortels;
Toi dont la main se plaît à couronner ta lyre
Des lauriers du combat, des palmes du martyre,

Et qui fais retentir l'Hémus ressuscité
Des noms vengeurs du Christ et de la liberté ;
Sentiment plus qu'humain que l'homme déifie,
Viens seul ! c'est à toi seul que mon cœur sacrifie !
Les siècles de l'erreur sont passés, l'homme est vieux ;
Ce monde en grandissant a détrôné ses dieux,
Comme l'homme qui touche à son adolescence
Brise les vains hochets de sa crédule enfance.
L'Olympe n'entend plus, sur ses sommets sacrés,
Hennir du dieu du jour les coursiers altérés ;
Jupiter voit sa foudre, entre ses mains brisée,
Des fils grossiers d'Omar provoquer la risée ;
Le Nil souille au désert, de son impur limon,
Les débris mutilés de l'antique Memnon ;
Délos n'a plus d'autels, Delphes n'a plus d'oracles :
Le Temps a balayé le temple et les miracles.
Hors le culte éternel, vingt cultes différents,
Du stupide univers bienfaiteurs ou tyrans,
Ont passé : cherchez-les dans la cendre de Rome !...
Mais il reste à jamais au fond du cœur de l'homme
Deux sentiments divins, plus forts que le trépas :
L'amour, la liberté, dieux qui ne mourront pas !

## II

L'amour ! je l'ai chanté, quand, plein de son délire,
Ce nom seul murmuré faisait vibrer ma lyre,
Et que mon cœur cédait au pouvoir d'un coup d'œil,
Comme la voile au vent qui la pousse à l'écueil.
J'aimai, je fus aimé ; c'est assez pour ma tombe ;
Qu'on y grave ces mots, et qu'une larme y tombe !
Remplis seul aujourd'hui ma pensée et mes vers,
Toi qui naquis le jour où naquit l'univers,

Liberté ! premier don qu'un dieu fit à la terre,
Qui marquas l'homme enfant d'un divin caractère,
Et qui fis reculer, à son premier aspect,
Les animaux tremblants d'un sublime respect ;
Don plus doux que le jour, plus brillant que la flamme,
Air pur, air éternel qui fais respirer l'âme !
Trop souvent les mortels, du ciel même jaloux,
Se ravissent entre eux ce bien commun à tous ;
Plus durs que le destin, dans d'indignes entraves,
De ce que Dieu fit libre ils ont fait des esclaves !
Ils ont de ses saints droits dégradé la raison :
Qu'ai-je dit ? ils ont fait un crime de ton nom !
Mais, semblable à ce feu que le caillou recèle,
Dont l'acier fait jaillir la brûlante étincelle,
Dans les cœurs asservis tu dors ; tu ne meurs pas.
Et, quand mille tyrans enchaîneraient tes bras,
Sous le choc de ces fers dont leurs mains t'ont chargée
Tu jaillis tout à coup, et la terre est vengée !

## III

Ces temps sont arrivés. Aux rivages d'Argos[1]
N'entends-tu pas ce cri qui monte sur les flots ?
C'est ton nom ! il franchit les écueils des Dactyles ;
Il éveille en sursaut l'écho des Thermopyles ;
Du Pinde et de l'Ithôme il s'élance à la fois ;
La voix d'un peuple entier n'est qu'une seule voix :
Elle gronde, elle court, elle roule, elle tonne ;
Le sol sacré tressaille à ce bruit qui l'étonne,
Et, rouvrant ses tombeaux, enfante des soldats
Des os de Miltiade et de Léonidas !
N'entends-tu pas siffler sur les flots du Bosphore
Tous ces brûlots armés du feu qui les dévore ;

Qui, sillonnant la nuit l'archipel enflammé,
A travers les écueils dont Mégare est semé,
Comme un serpent de feu glissent dans les ténèbres,
Illuminent ces mers de cent phares funèbres,
Surprennent sur les flots leurs tyrans endormis,
Se cramponnent aux flancs des vaisseaux ennemis,
Et, leur dardant un feu que la vengeance allume,
Bénissent leur trépas, pourvu qu'il les consume?...

Ce sont là les flambeaux dignes de tes autels!
Viens donc, dernier vengeur du destin des mortels,
Toi que la tyrannie osait nommer un rêve!
La croix dans une main et dans l'autre le glaive,
Viens voir, à la clarté de ces bûchers errants,
Ressusciter un peuple et périr des tyrans!

## IV

Mais où donc est Harold, ce pèlerin du monde,
Dont j'ai suivi longtemps la course vagabonde?
A-t-il donc jeté l'ancre au midi de ses jours?
Ou s'est-il endormi dans d'ignobles amours?
Ai-je perdu ce fil de mes sombres pensées,
Qui, marquant de mes pas les traces effacées,
M'aidait à retrouver moi-même dans autrui?
Mystérieux héros! c'était moi, j'étais lui;
Et, sans briser jamais le nœud qui les rassemble,
Nos deux cœurs, nos deux voix, sentaient, chantaient ensemble.
Mais, depuis qu'en partant, la ville des Césars
Le vit se retourner vers ses sacrés remparts,
Que Tibur, encor plein du chantre de Blanduse,
Tressaillit de plaisir sous les pas de sa muse,

Et que de son sommet éclatant, d'où les yeux
Plongent sur une mer qui va s'unir aux cieux,
Albano l'entendit, en découvrant l'abîme,
Saluer l'Océan d'un adieu si sublime²,
On n'a plus reconnu sa voix; et l'univers,
Encor retentissant de ses derniers concerts,
Comme un temple muet, semble attendre en silence
Que l'hymne interrompu tout à coup recommence.
Que fait-il? Sur quels bords ses astres inconstants
Ont-ils poussé ses mâts brisés avant le temps?
Quels flots furent témoins de son dernier naufrage?
Quel sol consolateur lui prêta son rivage?
O muse, qui donnais ta lyre à ses douleurs,
Viens donc; suivons ses pas aux traces de ses pleurs!

## V

Il est nuit; mais la nuit sous ce ciel n'a point d'ombre:
Son astre, suspendu dans un dôme moins sombre,
Blanchit de ses lueurs des bords silencieux
Où la vague se teint du bleu pâle des cieux;
Où la côte des mers, de cent golfes coupée,
Tantôt humble et rampante et tantôt escarpée,
Sur un sable argenté vient mourir mollement,
Ou gronde sous le choc de son flot écumant.
De leurs vastes remparts les Alpes l'environnent;
Leurs sommets colorés que les neiges couronnent,
De colline en colline abaissés par degrés,
Montrent, près de l'hiver, des climats tempérés
Où l'aquilon, fuyant de son âpre royaume,
De leurs tièdes parfums s'attiédit et s'embaume.

A travers des cyprès dont l'immobilité,
Symbole de tristesse et d'immortalité,
Projette sur les murs ses ombres sépulcrales
Que les reflets du ciel percent par intervalles,
S'étend sur la colline un champêtre séjour.
Un long buisson de myrte en trace le contour ;
Sur des gazons naissants, de flexibles allées,
D'un rideau de verdure à peine encor voilées,
Égarant au hasard leur cours capricieux,
Conduisent, en tournant, ou les pas ou les yeux,
Jusqu'au seuil où, formant de vertes colonnades,
La clématite en fleur se suspend aux arcades.
Sur les toits aplatis, des jardins d'oranger
Ornent de leurs fruits d'or leur feuillage étranger ;
L'eau fuit dans les bassins, et, quand le jour expire,
Imite en murmurant les frissons du zéphire.
De là, l'œil enchanté voit au pied des coteaux
Gênes, fille des mers, sortir du sein des eaux ;
Les dômes élancés de ses saintes demeures,
D'où l'airain frémissant fait résonner les heures,
Et les mâts des vaisseaux qui, dormant dans ses ports,
S'élèvent au niveau des palais de ses bords,
Et, quand le flot captif les presse et les soulève,
D'un lourd gémissement font retentir la grève.
Quel silence !... Avançons... Tout dort-il en ces lieux ?
L'éclat d'aucun flambeau n'y vient frapper mes yeux ;
Nul pas n'y retentit, nulle voix n'y murmure ;
Seulement, au détour de cette route obscure,
Un page et deux coursiers attendent ; et plus bas,
Dans cette anse où les flots expirent sans fracas,
Un brick aux flancs étroits, que l'on charge en silence,
Tend sa voile, et déjà sous son poids se balance.
Ces armes, ces coursiers, ce vaisseau loin du port,
Tout révèle un départ ; et cependant tout dort...

## VI

Mais non, tout ne dort pas; de fenêtre en fenêtre,
Voyez ce seul flambeau briller et disparaître;
Il avance, il recule, il revient tour à tour.
Éclaire-t-il les pas du crime ou de l'amour?
Aux douteuses clartés qu'il jette sur le sable,
On croit le voir trembler dans une main coupable.
Il descend, il s'arrête à l'angle du palais;
Et l'œil, à la faveur de ses brillants reflets,
S'insinue et parcourt un réduit solitaire
Dont les rideaux légers trahissent le mystère.
Sur le pavé, couvert des plus riches tapis,
Du pied le plus léger les pas sont assoupis;
Les murs en sont ornés d'opulentes tentures;
Sous les lambris dorés, d'élégantes peintures,
De tout voile jaloux dépouillant la beauté,
Enchaînent le regard ivre de volupté;
Et sur trois pieds d'albâtre une lampe nocturne
Y répand un jour doux, du sein voilé d'une urne.
Là, sous l'alcôve sombre où le pâle flambeau,
Semblable au feu mourant qui luit sur un tombeau,
Mêle d'ombre et de jour une teinte incertaine,
Une jeune beauté dort sur un lit d'ébène:
Son front est découvert; le sommeil, en ses jeux,
Semble avoir dispersé l'or de ses blonds cheveux,
Qui, flottant sur son sein que leur voile caresse,
Jusqu'au pied de son lit roulent en longue tresse.
Près d'elle on voit encor, confusément jetés,
Les ornements d'hier qu'à peine elle a quittés;
Ses anneaux, ses colliers, ses parures chéries,
Mêlés avec les fleurs que la veille a flétries,

Jonchent le seuil du lit d'ambre, de perle et d'or,
Qu'un de ses bras pendants semble y chercher encor !

## VII

La porte s'ouvre ; un homme, à pas comptés, s'avance.
Une lampe à la main, il s'arrête en silence :
Est-ce Harold ?... C'est bien lui ! Que le temps l'a changé !
Que son front, jeune encor, de jours semble chargé !
L'éclat dont son génie éclairait son visage
Luit toujours, mais, hélas ! c'est l'éclair dans l'orage ;
Et, plus que ce flambeau qui tremble dans sa main,
On croit voir vaciller son âme dans son sein.
Dans l'amère douceur d'un sourire farouche,
L'amour et le mépris se mêlent sur sa bouche ;
L'œil n'y peut du remords discerner la douleur ;
Mais on dirait, à voir sa mortelle pâleur,
Qu'une apparition vengeresse, éternelle,
Le glace à chaque instant d'une terreur nouvelle.
Immobile, il contemple, au chevet de ce lit,
Cette femme qui dort et qu'un songe embellit.
Encore dans la fleur de son adolescence,
Ses traits ont tout d'un ange... excepté l'innocence ;
Ses yeux sont ombragés du voile de ses cils ;
Mais un pli qui se cache entre ses deux sourcils,
Trace que le sommeil n'a pas même effacée,
Montre que sur ce front quelque peine est passée.
Sa lèvre, où le sourire erre encore au hasard,
Glace le sentiment en charmant le regard ;
Plus encor que l'amour la volupté s'y joue ;
La peine en fait fléchir l'arc mobile, et sa joue
Ressemble au lis penché vers le midi du jour,
Qu'ont déjà respiré le zéphire ou l'amour.

## VIII

« Dors! murmurait Harold d'une voix comprimée,
Toi que je vais quitter, toi que j'ai tant aimée!
Toi qui m'aimas peut-être, ou dont l'art séducteur
Par l'ombre de l'amour trompa du moins mon cœur!
Qu'importe que le tien ne fût qu'un doux mensonge!
Je fus heureux par toi; tout bonheur est un songe!
Et je pars avant l'heure où le triste réveil
Eût dissipé pour nous cet enfant du sommeil.
Heureux qui, s'éloignant pendant que l'erreur dure,
Emporte dans son cœur une image encor pure;
Qui peut, dans les horreurs de son triste avenir,
Nourrir, comme un flambeau, quelque cher souvenir,
Et ne voit pas du moins, en perdant ce qu'il aime,
Cette idole qui tombe, ou qu'il brisa lui-même,
D'un bonheur qui n'est plus étaler les débris
Où l'éternel remords rampe auprès du mépris!...
Gravez-vous dans mes yeux, voluptueuse image!
Front serein dont mon souffle écartait tout nuage!
Beaux yeux dont le regard me cherchera demain!
Lèvres dont les accents m'enivraient! tendre main
Qui, s'ouvrant vainement pour s'unir à la mienne,
Ne rencontrera plus d'appui qui la soutienne!
Bouche que le sommeil n'a pu même assoupir!
Je voudrais emporter... tout! jusqu'à ce soupir
Qui, soulevant ce sein plus mobile que l'onde,
Semble espérer en vain qu'un soupir lui réponde!

« Voilà donc ce qui fit mon bonheur un instant!
Mon bonheur!... Non, de toi je n'attendais pas tant:

Pourvu que le plaisir, les voluptés légères
Couronnassent de fleurs nos chaînes passagères ;
Que, dans ce doux climat par tes pas embelli,
Je pusse respirer ses parfums... et l'oubli ;
Que le remords, fuyant aux accents de ta bouche,
Laissât le doux sommeil s'approcher de ma couche ;
Léna ! c'était assez pour un cœur profané !
C'était mon seul bonheur, et tu me l'as donné !
Mais, de quelque nectar qu'elle ait été remplie,
La coupe où nous buvons a toujours une lie ;
N'épuisons donc jamais sa liqueur qu'à demi,
Et, consacrant le reste au destin ennemi,
Faisons-lui prudemment, quelque effort qu'il en coûte,
Une libation de la dernière goutte !
Je t'aime encor ; je pars... Adieu !... Trompeur sommeil,
Retarde un désespoir qui l'attend au réveil ! »

## IX

Harold s'est élancé sur son léger navire ;
Dans les câbles tendus la nuit déjà soupire ;
La voile, qui s'entr'ouvre au vent qui l'arrondit,
Monte de vergue en vergue, et s'enfle, et s'agrandit,
Et, couvrant ses flancs noirs de l'ombre de son aile,
Fait pencher sur les flots le vaisseau qui chancelle.
On lève l'ancre, il fuit ; le flot qu'il a fendu
Sur sa trace un moment demeure suspendu,
Et, retombant bientôt en vapeur qui surnage,
De blancs flocons d'écume inonde au loin la plage.
Voilà tout ce qu'Harold a laissé dans ces lieux !...
Et la vague a repris son bord silencieux.
Mais, sur le pont tremblant du vaisseau qui dérive,
Un bruit sourd et confus monte et frappe la rive ;

La voix des vents s'y mêle aux cris des matelots ;
On y voit confondus, rouler au gré des flots,
Des faisceaux éclatants de harnais et d'armures,
Qui rendent en tombant de sinistres murmures ;
Des sabres, des mousquets brillants d'argent et d'or,
Que la poudre et le sang n'ont pas ternis encor ;
Des lances, des drapeaux où, parmi le tonnerre,
Brille un signe inconnu sur les champs de la guerre.
On voit, autour des mâts, des coursiers enchaînés
Battre le pont tremblant sous leurs pieds étonnés,
Et, secouant leurs crins qu'un flot d'écume inonde,
Hennir à chaque vent qui les berce sur l'onde.
Mais Harold, que fait-il ? Seul, au bout du vaisseau,
Enveloppé des plis de son large manteau,
Sombre comme la nuit dont son cœur est l'image,
D'un œil insouciant il voit fuir le rivage.

## X

Où va-t-il ?... Il gouverne au berceau du soleil.
Mais pourquoi sur son bord ce terrible appareil ?
Va-t-il, le cœur brûlant d'une foi magnanime,
Conquérir une tombe au désert de Solyme ;
Ou, pèlerin armé, son bourdon à la main,
Laver ses pieds souillés dans les flots du Jourdain ?
Non : du sceptique Harold le doute est la doctrine ;
Le croissant ni la croix ne couvrent sa poitrine ;
Jupiter, Mahomet, héros, grands hommes, dieux,
(O Christ, pardonne-lui !) ne sont rien à ses yeux
Qu'un fantôme impuissant que l'erreur fait éclore,
Rêves plus ou moins purs qu'un vain délire adore,
Et dont, par ses clartés, la superbe raison,
Siècle après siècle, enfin délivre l'horizon.

Jamais d'aucun autel ne baisant la poussière,
Sa bouche ne murmure une courte prière ;
Jamais, touchant du pied le parvis d'un saint lieu,
Sous aucun nom mortel il n'invoqua son Dieu !
Le Dieu qu'adore Harold est cet agent suprême,
Ce Pan mystérieux, insoluble problème,
Grand, borné, bon, mauvais, que ce vaste univers
Révèle à ses regards sous mille aspects divers ;
Être sans attributs, force sans providence,
Exerçant au hasard une aveugle puissance ;
Vrai Saturne, enfantant, dévorant tour à tour ;
Faisant le mal sans haine et le bien sans amour ;
N'ayant pour tout dessein qu'un éternel caprice ;
Ne commandant ni foi, ni loi, ni sacrifice ;
Livrant le faible au fort et le juste au trépas,
Et dont la raison dit : « Est-il? ou n'est-il pas? »

## XI

Ses compagnons épars, groupés sur le navire,
Ne parlent point entre eux de foi ni de martyre,
Ni des prodiges saints par la croix opérés,
Ni de péchés remis dans les lieux consacrés ;
D'un plus fier évangile apôtres plus farouches,
Des mots retentissants résonnent sur leurs bouches :
Gloire, honneur, liberté, grandeur, droit des humains,
Mort aux tyrans sacrés égorgés par leurs mains,
Mépris des préjugés sous qui rampe la terre,
Secours aux opprimés, vengeance, et surtout guerre !
Ils vont, suivant partout l'errante Liberté,
Répondre en Orient au cri qu'elle a jeté,
Briser les fers usés que la Grèce assoupie
Agite, en s'éveillant, sur une race impie,

Et voir dans ses sillons, inondés de leur sang,
Sortir d'un peuple mort un peuple renaissant.

## XII

Déjà, dorant les mâts, le rayon de l'aurore
Se joue avec les flots que sa pourpre colore ;
La vague, qui s'éveille au souffle frais du jour,
En sillons écumeux se creuse tour à tour ;
Et le vaisseau, serrant la voile mieux remplie,
Vole, et rase de près la côte d'Italie.
Harold s'éveille ; il voit grandir dans le lointain
Les contours azurés de l'horizon romain ;
Il voit sortir grondant, du lit fangeux du Tibre,
Un flot qui semble enfin bouillonner d'être libre,
Et Soracte, dressant son sommet dans les airs,
Seul se montrer debout où tomba l'univers.
Plus loin, sur les confins de cette antique Europe,
Dans cet Éden du monde où languit Parthénope,
Comme un phare éternel sur les mers allumé,
Son regard voit fumer le Vésuve enflammé [4] :
Semblable au feu lointain d'un mourant incendie,
Sa flamme, dans le jour un moment assoupie,
Lance, au retour des nuits, des gerbes de clartés ;
La mer rougit des feux dans son sein reflétés,
Et les vents, agitant ce panache sublime,
Comme un pilier en feu d'un temple qui s'abîme,
Font pencher sur Pæstum, jusqu'à l'aube des jours,
La colonne de feu qui s'écroule toujours.
A la sombre lueur de cet immense phare,
Harold longe les bords où frémit le Ténare ;
Où l'Élysée antique, en un désert changé,
Étalant les débris de son sol ravagé,

Du céleste séjour dont il offrait l'image
Semble avoir conservé les astres sans nuage.
Mais là, près de la tombe où le grand cygne dort,
Le vaisseau tout à coup tourne sa poupe au bord.
Fuyant de vague en vague, Harold avec tristesse
Voit sous les flots brillants la rive qui s'abaisse ;
Bientôt son œil confond l'Océan et les cieux ;
Et ces bords immortels, disparus à ses yeux,
Semblent s'évanouir en de vagues nuages,
Comme un nom qui se perd dans le lointain des âges.

### XIII

« Italie ! Italie ! adieu, bords que j'aimais !
Mes yeux désenchantés te perdent pour jamais !
O terre du passé, que faire en tes collines ?
Quand on a mesuré tes arcs et tes ruines,
Et fouillé quelques noms dans l'urne de la mort,
On se retourne en vain vers les vivants : tout dort,
Tout, jusqu'aux souvenirs de ton antique histoire,
Qui te feraient du moins rougir devant ta gloire !
Tout dort ! et cependant l'univers est debout !
Par le siècle emporté tout marche, ailleurs, partout !
Le Scythe et le Breton, de leurs climats sauvages
Par le bruit de ton nom guidés vers tes rivages,
Jetant sur tes cités un regard de mépris,
Ne t'aperçoivent plus dans tes propres débris,
Et, mesurant de l'œil tes arches colossales,
Tes temples, tes palais, tes portes triomphales,
Avec un rire amer demandent vainement
Pour qui l'immensité d'un pareil monument ;
Si l'on attend qu'ici quelque autre César passe,
Ou si l'ombre d'un peuple occupe tant d'espace ?...

Et tu souffres sans honte un affront si sanglant !
Que dis-je ? tu souris au barbare insolent ;
Tu lui vends les rayons de ton astre qu'il aime ;
Avec un lâche orgueil, tu lui montres toi-même
Ton sol partout empreint des pas de tes héros,
Ces vieux murs où leurs noms roulent en vains échos,
Ces marbres mutilés par le fer du barbare,
Ces bustes avec qui son orgueil te compare,
Et de ces champs féconds les trésors superflus,
Et ce ciel qui t'éclaire et ne te connait plus !
Rougis !... Mais non : briguant une gloire frivole,
Triomphe ! On chante encore au pied du Capitole !
A la place du fer, ce sceptre des Romains,
La lyre et le pinceau chargent tes faibles mains ;
Tu sais assaisonner des voluptés perfides,
Donner des chants plus doux aux voix de tes Armides,
Animer les couleurs sous un pinceau vivant,
Ou, sous l'adroit burin de ton ciseau savant,
Prêter avec mollesse au marbre de Blanduse
Les traits de ces héros dont l'image t'accuse.
Ta langue, modulant des sons mélodieux,
A perdu l'âpreté de tes rudes aïeux ;
Douce comme un flatteur, fausse comme un esclave,
Tes fers en ont usé l'accent nerveux et grave ;
Et semblable au serpent, dont les nœuds assouplis
Du sol fangeux qu'il couvre imitent tous les plis,
Façonnée à ramper par un long esclavage,
Elle se prostitue au plus servile usage,
Et, s'exhalant sans force en stériles accents,
Ne fait qu'amollir l'âme et caresser les sens !

« Monument écroulé, que l'écho seul habite ;
Poussière du passé, qu'un vent stérile agite ;

Terre, où les fils n'ont plus le sang de leurs aïeux,
Où sur un sol vieilli les hommes naissent vieux,
Où le fer avili ne frappe que dans l'ombre,
Où sur les fronts voilés plane un nuage sombre,
Où l'amour n'est qu'un piége et la pudeur qu'un fard,
Où la ruse a faussé le rayon du regard,
Où les mots énervés ne sont qu'un bruit sonore,
Un nuage éclaté qui retentit encore :
Adieu ! Pleure ta chute en vantant tes héros !
Sur des bords où la gloire a ranimé leurs os,
Je vais chercher ailleurs (pardonne, ombre romaine !)
Des hommes, et non pas de la poussière humaine !...

## XIV

« Mais, malgré tes malheurs, pays choisi des dieux,
Le ciel avec amour tourne sur toi les yeux ;
Quelque chose de saint sur tes tombeaux respire :
La Foi sur tes débris a fondé son empire !
La Nature, immuable en sa fécondité,
T'a laissé deux présents : ton soleil, ta beauté ;
Et, noble dans son deuil, sous tes pleurs rajeunie,
Comme un fruit du climat enfante le génie.
Ton nom *résonne* encore à l'homme qui l'entend,
Comme un glaive tombé des mains du combattant :
A ce bruit impuissant la terre tremble encore,
Et tout cœur généreux te regrette et t'adore !

« Et toi qui m'as vu naître, Albion, cher pays
Qui ne recueilleras que les os de ton fils,
Adieu ! Tu m'as proscrit de ton libre rivage ;
Mais dans mon cœur brisé j'emporte ton image,

Et, fier du noble sang qui parle encore en moi,
De tes propres vertus t'honorant malgré toi,
Comme ce fils de Sparte allant à la victoire,
Je consacre à ton nom ou ma mort ou ma gloire.
Adieu donc! Je t'oublie, et tu peux m'oublier :
Tu ne me reverras que sur mon bouclier!...

## XV

« Que ce vent dans ma voile avec grâce soupire !
On dirait que le flot reconnaît mon navire,
Comme le fier coursier, par son maître flatté,
Hennit en revoyant celui qu'il a porté.
Oui, vous m'avez déjà bercé sur vos rivages,
O vagues, de mon cœur orageuses images,
Plaintives, sans repos, terribles comme lui !
Vous savez qui j'étais ! Mais qui suis-je aujourd'hui ?
Ce que j'étais alors : un mystère, un problème ;
Un orage éternel qui roule sur lui-même ;
Un rêve douloureux qui change sans finir ;
Un débris du passé qui souille l'avenir ;
Un flot, comme ces flots, errant à l'aventure,
Portant de plage en plage une écume, un murmure,
Et qui, semblable en tout au mobile élément,
Sans avancer jamais, flotte éternellement.
Qu'ai-je fait de mes jours? où sont-ils? quel usage,
Aux autres, à moi-même, atteste leur passage ?
Quelle borne éternelle a marqué mon chemin ?
Quel fruit ai-je cueilli qui n'ait trompé ma main ?
Tentant mille sentiers sans savoir lequel suivre,
Où n'ai-je pas erré?... Mais errer, est-ce vivre?...
N'est-il pas dans le ciel, en nous-même, ici-bas,
Quelque but éclatant pour diriger nos pas,

Et vers qui l'Espérance, en marchant, puisse dire :
S'il m'échappe, du moins je sais à quoi j'aspire ?

« L'hirondelle, en suivant les saisons dans les airs,
Voit, des bords qu'elle fuit, l'autre rive des mers ;
Le pilote, que l'ombre entoure de ses voiles,
Suit un phare immobile au milieu des étoiles ;
L'aigle vole au soleil, la colombe à son nid ;
Sur l'abîme orageux que sa proue aplanit,
Sous des cieux inconnus guidé par sa boussole,
A travers l'horizon le vaisseau voit le pôle :
L'homme seul ne voit rien, pour marquer son chemin,
Qu'hier et qu'aujourd'hui, semblables à demain ;
Et, changeant à toute heure et de but et de route,
Marche, recule, avance, et se perd dans son doute !

## XVI

« Mon but ! trop près de moi mes mains l'avaient placé.
J'ai fait deux pas à peine, et je l'ai dépassé !
J'ai chanté ; l'univers, charmé de mon délire,
D'une gloire précoce a couronné ma lyre.
C'est assez ; je suis las de ce stérile bruit,
Par l'écho monotone en tout lieu reproduit.
Un nom ! toujours un nom ! Qu'est-ce qu'un nom m'importe,
Hélas ! et qu'apprend-il à celui qui le porte ?
Que dans l'urne sans fond un mot de plus jeté
Tombe en retentissant dans la postérité.
Qu'est-ce que cette gloire incertaine, éphémère,
Qui s'écrit sur la feuille en léger caractère,
Dont sous l'aile du Temps un seul mot effacé
Emporte pour jamais le souvenir glacé ?

Simulacre de gloire, ombre de renommée,
Qui s'engloutit dans l'onde, ou se perd en fumée !
Fantôme dont mon cœur fut un jour ébloui,
Et que j'ai méprisé dès que j'en ai joui !

« Il me faut cette gloire impérissable, immense,
Qui, payant d'autres cœurs d'une autre récompense,
Aux derniers coups du bronze encor retentissant,
Sur la terre ou les flots s'écrit avec du sang,
Et, couvrant d'un trophée un champ de funérailles,
Grave à jamais nos noms sur l'airain des batailles,
Ou sur les fondements du temple ensanglanté
Que la Victoire enfin fonde à la Liberté !

## XVII

« Souvent, le bras posé sur l'urne d'un grand homme,
Soit aux bords dépeuplés des longs chemins de Rome,
Soit sous la voûte auguste où, de ses noirs arceaux,
L'ombre de Westminster consacre ses tombeaux,
En contemplant ces arcs, ces bronzes, ces statues,
Du long respect des temps par l'âge revêtues,
En voyant l'étranger, d'un pied silencieux,
Ne toucher qu'en tremblant le pavé de ces lieux,
Et des inscriptions sous la poudre tracées
Chercher pieusement les lettres effacées,
J'ai senti qu'à l'abri d'un pareil monument
Leur grande ombre devait dormir plus mollement ;
Que le bruit de ces pas, ce culte, ces images,
Ces regrets renaissants et ces larmes des âges,
Flattaient sans doute encore, au fond de leur cercueil,
De ces morts immortels l'impérissable orgueil ;

Qu'un cercueil, dernier terme où tend la gloire humaine,
De tant de vanités est encor la moins vaine;
Et que pour un mortel peut-être il était beau
De conquérir du moins ici-bas un tombeau!...

« Je l'aurai!... Cependant mon cœur souhaite encore
Quelque chose de plus; mais quoi donc? il l'ignore.
Quelque chose au delà du tombeau! Que veux-tu?
Et que te reste-t-il à tenter? La vertu!
Eh bien! pressons ce mot jusqu'à ce qu'il se brise!
S'immoler sans espoir pour l'homme qu'on méprise;
Sacrifier son or, ses voluptés, ses jours,
A ce rêve trompeur... mais qui trompe toujours,
A cette liberté que l'homme qui l'adore
Ne rachète un moment que pour la vendre encore;
Venger le nom chrétien du long oubli des rois;
Mourir en combattant pour l'ombre d'une croix,
Et n'attendre pour prix, pour couronne et pour gloire,
Qu'un regard de ce Juge en qui l'on voudrait croire...
Est-ce assez de vertu pour mériter ce nom?
Eh bien! sachons enfin si c'est un rêve ou non! »

## XVIII

Silence!... Est-ce un nuage? ou l'ombre d'une voile
Qui du soir tout à coup vient dérober l'étoile?
L'ombre approche, s'étend. « Aux armes! un vaisseau! »
Comme un noir ouragan, son poids fait plier l'eau;
Ses trois ponts élevés d'étages en étages,
Ses antennes, ses mâts, ses voiles, ses cordages,
Cachant l'azur du ciel aux yeux des matelots,
D'une nuit menaçante obscurcissent les flots.
Tel un vautour des mers, fondant sur l'hirondelle,

Couvre déjà l'oiseau de l'ombre de son aile.
Quel est ce pavillon ? C'est l'odieux croissant.
Qu'entend-on sur son bord ? Un soupir gémissant,
Les sanglots des enfants et des vierges plaintives
Qui pleurent de Chio les paternelles rives,
Et qu'un vainqueur cruel traine en captivité
Pour présenter leur tête ou vendre leur beauté.
« Délivrons, dit Harold, ou vengeons ces victimes!
Que l'amour ne soit pas le prix sanglant des crimes!
Feu!... » L'éclair est moins prompt : le tonnerre ennemi
Éveille coup sur coup l'Ottoman endormi ;
Chaque boulet, fidèle au regard qui le guide,
Semble emprunter de l'homme un instinct homicide,
Trace un sillon sanglant dans les rangs qu'il abat,
Fait écrouler le pont sous les débris du mât,
Ou brise le timon dans les mains du pilote.
Déjà, comme un corps mort, la masse immense flotte.
En vain, pour éloigner le plomb qui fond sur eux,
Ses trois ponts à la fois vomissent tous leurs feux :
Comme un adroit lutteur, le brick léger s'efface ;
Les coups mal dirigés se perdent dans l'espace ;
Cent boulets sur les flots vont jaillir en sifflant ;
Puis, d'un coup de timon rapporté sur son flanc,
Dans ses agrès brisés son mât penché s'engage.
Harold, le sabre en main, s'élance à l'abordage,
Et, faisant tournoyer son glaive autour de lui,
Trace un cercle sanglant : tout tombe, ou tout a fui.
C'en est fait! ses guerriers, élancés sur sa trace,
Du pont jonché de morts ont balayé l'espace.

## XIX

« Rendez-vous ! » Mais quel cri de surprise et d'horreur
Dans son sanglant triomphe arrête le vainqueur?

L'Ottoman veut-il donc périr avec sa proie?
Voyez... déjà la flamme en torrents se déploie;
Du pied fumant des mâts monte un long cri de mort.
Harold épouvanté s'élance sur son bord,
Et, du navire en feu détachant son navire,
Hors du vent enflammé lentement se retire.
Pleurant sur son triomphe, il contemple de loin
Ce funèbre bûcher dont l'abîme est témoin.
Excité par les vents, le rapide incendie
De sabords en sabords court, monte, se replie,
Remonte, redescend, rase les flots fumants,
Entoure le vaisseau de ses feux écumants,
Et, sous les coups du vent éparpillant ses flammes,
Revient, et l'engloutit sous ses brûlantes lames;
Lançant ses dards de feu, glissant comme un serpent,
Le long des mâts noircis il s'élève en rampant;
La vergue tombe en feu sur le pont qu'elle écrase;
La voile en frémissant se déroule et s'embrase;
Emportés dans les airs, ses lambeaux enflammés
Vont tomber sur les flots à demi consumés,
Et la mer, les portant sur ses vagues profondes,
Semble rouler au loin des flammes au lieu d'ondes.
Mais le salpêtre en feu lance un dernier éclair;
L'air frémit, le coup part, le vaisseau vole en l'air:
Ses éclats, retombant de distance en distance,
Sèment d'un son lugubre un lugubre silence;
L'onde éteint les débris, l'air emporte le bruit,
Et l'Océan n'est plus que silence et que nuit.

## XX

Mais, sur les flots obscurs, quel son renaît, expire,
Et comme un cri plaintif roule autour du navire?

Serait-ce...? Harold, rebelle aux cris des matelots,
Reconnaît une voix... s'élance au sein des flots,
Nage au bruit, voit flotter sur la nuit de l'abime
Un débris qu'embrassait une jeune victime,
L'arrache aux flots jaloux, l'emporte triomphant,
Et revient sur le pont déposer... une enfant.
Essuyant ses beaux yeux du flot qui les inonde,
De ses cheveux trempés il fait ruisseler l'onde,
La réchauffe aux rayons d'un foyer rallumé,
Et, sous son vêtement à demi consumé,
Aux anneaux d'un collier qui pend sur sa poitrine,
Il découvre un portrait!... Il le prend, il s'incline;
Aux lueurs de la flamme il contemple... Grands dieux!
Ces traits!... sont ceux d'Harold!!! Il n'en croit pas ses yeux :
« Quel est ton nom? — Adda. — Ton pays? — Épidaure.
— Ta mère? — Éloydné. — Ton père? — Je l'ignore :
Ma mère, en expirant sous le glaive assassin,
Cacha, sans le nommer, son image en mon sein.
On dit qu'un étranger... Mais qui sait ce mystère?
— C'est assez, dit Harold : va, je serai ton père! »
Et, pressant sur son cœur l'enfant abandonné,
Il murmurait tout bas le nom d'Éloydné,
Soit qu'il sût le secret de sa triste naissance,
Soit qu'il fût attendri des grâces de l'enfance,
Et voulût opposer à son cœur attristé
Cette image du ciel : innocence et beauté!

## XXI

Mais déjà le navire, aux lueurs de l'aurore,
Du sein brillant des mers voit une terre éclore;
Terre dont l'Océan, avec un triste orgueil,
Semble encor murmurer le nom sur chaque écueil,

Et dont le souvenir, planant sur ses rivages,
Se répand sur les flots comme un parfum des âges.
C'est la Grèce ! A ce nom, à cet auguste aspect,
L'esprit anéanti de pitié, de respect,
Contemplant du destin le déclin et la cime,
De la gloire au néant a mesuré l'abime.
Par les pas des tyrans ses bords sont profanés,
Ses temples sont détruits, ses peuples enchaînés,
Et sur l'autel du Christ, brisé par la conquête,
L'Ottoman fait baiser le turban du Prophète.
Mais, à travers ce deuil, le regard enchanté
Reconnaît en pleurant son antique beauté,
Et la nature au moins, par le temps rajeunie,
Y triomphe de l'homme et de la tyrannie.
C'est toujours le pays du soleil et des dieux !
Ses monts dressent encor leurs sommets dans les cieux,
Et, noyant les contours de leur cime azurée,
Semblent encor nager dans une onde éthérée.
Ses coteaux, abaissant leurs cintres inclinés,
Par l'arbre de Minerve à demi couronnés,
Expirent par degrés sur la plage sonore
Où Syrinx sous les flots semble gémir encore,
Et, présentant aux yeux leurs penchants escarpés,
Du soleil tour à tour selon l'heure frappés,
Au mouvement du jour qui chasse l'ombre obscure,
Paraissent ondoyer en vagues de verdure.
Là, l'histoire ou la fable ont semé leurs grands noms
Sur des débris sacrés, sur les mers, sur les monts.
Ce sommet, c'est le Pinde ! et ce fleuve est Alphée !
Chaque pierre a son nom, chaque écueil son trophée ;
Chaque flot a sa voix, chaque site a son dieu ;
Une ombre du passé plane sur chaque lieu.
Ces marais sont le Styx, ce gouffre est la Chimère !
Et, touchés par les pieds de la muse d'Homère,

Ces bords où sont écrits vingt siècles éclatants,
Retentissant encor des pas lointains du temps,
D'un poëme scellé par la gloire et les âges,
Semblent, à chaque pas, dérouler d'autres pages.
Le regard, que l'esprit ne peut plus rappeler,
Avec ses souvenirs cherche à les repeupler,
Et, frappé tour à tour de son deuil, de ses charmes,
Brille de leur éclat ou pleure de leurs larmes.
Tel, si, pendant le cours d'un songe dont l'erreur
Lui rappelle des traits consacrés dans son cœur,
Un fils, le sein gonflé d'une tendresse amère,
Dans un brillant lointain voit l'ombre de sa mère,
Dévorant du regard ce fantôme chéri,
Il contemple en pleurant ce sein qui l'a nourri,
Ces bras qui l'ont porté, ces yeux dont la lumière
Fut le premier flambeau qui guida sa paupière,
Ces lèvres dont l'accent, si doux à répéter,
Dicta les premiers sons qu'il tenta d'imiter,
Ce front qu'à ses baisers dérobe un voile sombre :
Et, lui tendant les bras, il n'embrasse qu'une ombre.

## XXII

Homère ! A ce grand nom, du Pinde à l'Hellespont,
Les airs, les cieux, les flots, la terre, tout répond.
Monument d'un autre âge et d'une autre nature,
Homme ! l'homme n'a plus de mot qui te mesure !
Son incrédule orgueil s'est lassé d'admirer,
Et, dans son impuissance à te rien comparer,
Il te confond de loin avec ces fables même,
Nuages du passé qui couvrent ton poëme.
Cependant tu fus homme, on le sent à tes pleurs !
Un dieu n'eût pas si bien fait gémir nos douleurs !

Il faut que l'immortel qui touche ainsi notre âme
Ait sucé la pitié dans le lait d'une femme.
Mais dans ces premiers jours, où, d'un limon moins vieux,
La nature enfantait des monstres ou des dieux,
Le ciel t'avait créé, dans sa magnificence,
Comme un autre Océan, profond, sans rive, immense ;
Sympathique miroir qui, dans son sein flottant,
Sans altérer l'azur de son flot inconstant,
Réfléchit tour à tour les grâces de ses rives,
Les bergers poursuivant les nymphes fugitives,
L'astre qui dort au ciel, le mât brisé qui fuit,
Le vol de la tempête aux ailes de la nuit,
Ou les traits serpentants de la foudre qui gronde,
Rasant sa verte écume et s'éteignant dans l'onde !

Cependant l'univers, de tes traces rempli,
T'accueillit, comme un dieu... par l'insulte et l'oubli !
On dit que, sur ces bords où règne ta mémoire,
Une lyre à la main tu mendiais ta gloire !...
Ta gloire ! Ah ! qu'ai-je dit ? Ce céleste flambeau
Ne fut aussi pour toi que l'astre du tombeau !
Tes rivaux, triomphant des malheurs de ta vie,
Plaçant entre elle et toi les ombres de l'envie,
Disputèrent encore à ton dernier regard
L'éclat de ce soleil qui se lève si tard.
La pierre du cercueil ne sut pas t'en défendre ;
Et, de ces vils serpents qui rongèrent ta cendre,
Sont nés, pour dévorer les restes d'un grand nom,
Pour souiller la vertu d'un éternel poison,
Ces insectes impurs, ces ténébreux reptiles,
Héritiers de la honte et du nom des Zoïles,
Qui, pareils à ces vers par la tombe nourris,
S'acharnent sur la gloire et vivent de mépris !

C'est la loi du destin, c'est le sort de tout âge :
Tant qu'il brille ici-bas, tout astre a son nuage.
Le bruit d'un nom fameux, de trop près entendu,
Ressemble aux sons heurtés de l'airain suspendu
Qui, répandant sa voix dans les airs qu'il éveille,
Ébranle tout le temple et tourmente l'oreille;
Mais qui, vibrant de loin, et d'échos en échos,
Roulant ses sons éteints dans les bois, sur les flots,
Comme un céleste accent, dans le vague soupire,
Dans l'oreille attentive avec mollesse expire,
Attendrit la pensée, élève l'âme aux cieux,
De ses accords sacrés charme l'homme pieux,
Et, tandis que le son lentement s'évapore,
Au bruit qu'il n'entend plus le fait rêver encore.

## XXIII

Mais quel est ce rocher qui, creusé par les mers,
Résonne nuit et jour du choc des flots amers,
Incline sur les eaux son sommet chauve et sombre,
Et couvre de si loin le vaisseau de son ombre ?
Attestant sur ces bords les âges révolus,
Noble et dernier débris d'un temple qui n'est plus,
Une seule colonne y brave la tempête,
Et, du sein des écueils dressant encor sa tête,
Semble rester debout sur ces bords éclatants,
Comme entre un siècle et l'autre une borne des temps.
Des injures du ciel le pécheur la préserve;
Et ce dernier soutien du temple de Minerve
Sert à guider de loin les yeux des matelots,
Ou l'esquif du pêcheur égaré sur les flots.
Elle a donné son nom au cap qu'elle couronnes...
Harold, qui voit blanchir l'éternelle colonne,

Reconnaît Sunium... Sunium! A ce nom,
Il croit revoir flotter la robe de Platon,
Quand ce sage, fuyant une foule insensée,
Venait dans le désert consulter... sa pensée,
Et qu'assis en silence au bord des flots amers,
Son œil divin plongé dans le ciel ou les mers,
Écoutant en soi-même un vague et doux murmure,
Il croyait distinguer la voix de la nature,
Ou des sphères du ciel le bruit harmonieux,
Ou ces songes divins qui lui parlaient des dieux!
Voix céleste, qui parle au bord des mers profondes,
Dans les soupirs des bois, dans les accords des ondes,
Partout où l'homme enfin n'a point gravé ses pas,
Harold aussi t'entend... mais ne te comprend pas!

## XXIV

Son vaisseau lentement flotte en longeant la plage.
Mais quel chant solennel s'élève du rivage?
Quel immense cortége, en blancs habits de deuil[6],
De colline en colline, et d'écueil en écueil,
Comme un troupeau lointain que le berger ramène,
Par ses prêtres conduit, serpente dans la plaine?
Quel deuil semble peser sur leurs fronts affligés?
De quels pieux fardeaux leurs bras sont-ils chargés?
Avec quel saint respect sur l'herbe ils les déposent,
Et, fléchissant leurs fronts, de larmes les arrosent!
Approchons!... De plus près le vent, soufflant du bord,
Aux oreilles d'Harold porte un hymne de mort;
Il frémit, mais son cœur dédaigne un vain présage,
Et bientôt son esquif l'a jeté sur la plage:
A la foule attentive il se mêle au hasard.
Quel spectacle, grands dieux! vient frapper son regard!

Auprès d'un simple autel, formé d'un cippe antique
Qui du temple écroulé jonchait le vieux portique,
Trois fois douze cercueils, avec ordre rangés,
De palmes, de cyprès, de narcisse ombragés,
Formaient autour du prêtre une funèbre enceinte,
Où les diacres chantaient en répandant l'eau sainte.
Harold, en contemplant ces pompes du trépas,
Croit compter des guerriers tombés dans les combats,
Et, promenant sur eux ses yeux voilés de larmes,
Cherche autour des tombeaux ces fiers coursiers, ces armes,
Ces bronzes, ces tambours, qui, pleurant les héros,
D'un dernier bruit de gloire accompagnent leurs os.
Il ne voit que des fleurs et des voiles pudiques,
Des emblèmes touchants des vertus domestiques,
Les couronnes d'hymen, l'aiguille, les fuseaux,
Que les femmes d'Hellé portaient jusqu'aux tombeaux;
Des vierges qui, vidant des corbeilles d'acanthe,
Effeuillaient sous leurs doigts les lis de l'Érymanthe;
Des enfants éplorés, en habits d'orphelin,
Tenant les coins flottants des longs linceuls de lin;
Et plus loin, des guerriers qui, la tête inclinée,
Plaignant avant le temps la beauté moissonnée,
Pressaient en frémissant leur glaive dans leur main,
Et, poussant des sanglots qu'ils retiennent en vain,
A l'horreur de ce deuil semblaient livrer leurs âmes,
Et pleuraient sans rougir... comme on pleure des femmes.
A cet étrange aspect, saisi d'étonnement,
Harold n'ose troubler leur saint recueillement;
Mais, au moment fatal du divin sacrifice[7],
Quand le prêtre, en ses mains élevant le calice,
Boit le sang adoré du Martyr immortel,
Une vierge s'élance aux marches de l'autel,
Et, victime échappée au sort qu'elle raconte,
Le front ceint de lauriers, mais rougissant de honte.

Ses longs cheveux épars, emblème de son deuil,
Chante l'hymne de mort à ses sœurs du cercueil.

## XXV

« Sur les sommets glacés du sauvage Érymanthe,
Des bords délicieux où le Lâos serpente,
Fuyant les fers sanglants d'un vainqueur inhumain,
De rochers en rochers nous gravissons en vain ;
Le féroce Delhys, que son vizir excite,
Nous suivant jusqu'aux lieux que le tonnerre habite,
Comme un troupeau de daims forcé par les chasseurs,
Fait tomber sous ses coups nos derniers défenseurs.
Déjà, du haut des monts sur nos camps descendue,
Notre dernière nuit nous dérobe à sa vue :
Nuit courte ! nuit suprême, hélas ! dont le matin
Doit éclairer l'horreur de notre affreux destin !
Le sommeil ne vint pas effleurer nos paupières ;
Les prêtres, vers le ciel élevant nos prières,
En mots mystérieux, que nous n'entendions pas,
Bénissaient sous nos pieds la terre du trépas ;
Sur le granit tranchant des roches escarpées
Les guerriers aiguisaient le fil de leurs épées,
Et, les voyant briller, les pressaient sur leur cœur,
Comme un frère mourant embrasse son vengeur !
Assises à leurs pieds, les mères, les épouses,
De ces heures de mort, hélas ! encor jalouses,
D'une invincible étreinte enlaçaient leurs époux,
Ou, posant tristement leurs fils sur leurs genoux,
Dans un amer baiser qu'interrompaient leurs larmes,
Pour la dernière fois s'enivraient de leurs charmes,
Et leur faisaient couler, avant que de périr,
Les gouttes de ce lait que la mort va tarir !...

« Mais à peine, dorant les sommets du Ménale,
L'aurore suit au ciel l'étoile matinale,
La terre retentit du cri d'Allah ! Des pas
Dans l'ombre des vallons roulent avec fracas ;
De menaçantes voix s'appellent, se répondent ;
Sur nos fronts, sous nos pieds le fer luit, les feux grondent,
Et du rapide obus les livides clartés
Nous montrent nos bourreaux fondant de tous côtés.
Déjà, sous le tranchant du sanglant cimeterre,
Nos premiers rangs atteints roulent, jonchent la terre ;
Par un étroit sentier, de noirs rochers couvert,
Un seul passage encore à la fuite est ouvert :
Les vierges, les vieillards, à la hâte s'y glissent ;
Leurs enfants dans les bras, les mères y gravissent ;
Et, tandis que nos fils, nos frères, nos époux,
En disputent l'entrée en périssant pour nous,
D'un sommet escarpé qui pend sur un abime,
Pour attendre la mort, nous atteignons la cime.

## XXVI

« C'était un tertre vert sur un pic suspendu :
L'Érymanthe à nos pieds, par un torrent fendu,
Découvrait tout à coup un gouffre vaste et sombre,
Dont l'œil épouvanté n'osait mesurer l'ombre.
Des rochers s'y dressaient, sur leur base tremblants ;
Des troncs déracinés en hérissaient les flancs ;
Des vautours tournoyants, plongeant dans ses ténèbres,
En frappaient les parois de leurs ailes funèbres,
Et, dans le fond voilé du gouffre sans repos,
On entendait, sans voir, mugir, hurler des flots,
Dont les vents engouffrés dans l'abime qui fume
Sur ses bords déchirés roulaient, brisaient l'écume,

Et, du noir précipice épaississant la nuit,
D'une foudre éternelle y redoublaient le bruit.
De ce sublime écueil environné d'orage,
Nos yeux plongeaient aussi sur le lieu du carnage.
Ils voyaient, sous le fer des cruels Musulmans,
Tomber l'un après l'autre amis, frères, amants,
Et par leur nombre, hélas! que le glaive dévore,
Comptaient combien d'instants il nous restait encore!
Déjà, sur les débris d'un peuple tout entier,
Le féroce Ottoman s'ouvre un sanglant sentier.
Une femme, une mère, ô désespoir sublime!
« Il ne nous reste plus qu'un vengeur... c'est l'abime! »
Dit-elle; et vers le bord précipitant ses pas,
Elle montre l'enfant qui sourit dans ses bras,
De sa bouche entr'ouverte arrache la mamelle,
L'élève dans ses mains, tremble, hésite, chancelle,
Et, s'animant aux cris d'un vainqueur furieux,
Le lance dans l'abîme en détournant les yeux...
Le gouffre retentit en dévorant sa proie.
Elle sourit au bruit que l'écho lui renvoie,
Et se tournant vers nous : « Vous frémissez! pourquoi?
« Il est libre, dit-elle. Et vous, imitez-moi,
« Mères, qui, nourrissant vos fils du lait des braves,
« N'avez pas dans vos flancs porté de vils esclaves! »
Chaque mère, à ces mots, dans l'abime sans fond
Jette un poids à son tour, et l'abime répond;
Puis, formant tout à coup une funèbre danse,
Entrelaçant nos mains et tournant en cadence,
Aux accents de ce chœur qu'aux rives de l'Ismen
Les vierges vont chanter aux fêtes de l'hymen,
Notre foule en s'ouvrant forme une ronde immense;
Et, chaque fois que l'air finit et recommence,
Celle que son destin ramène sur le bord,
Comme un anneau brisé d'une chaîne de mort,

S'en détache, et d'un saut s'élance dans l'abîme :
Le bruit sourd de son corps, roulant de cime en cime,
Du gouffre insatiable ébranlant les échos,
Accompagnait le chœur qui chantait en ces mots :
Contraste déchirant, air gracieux et tendre,
Qu'en des jours plus heureux nos voix faisaient entendre,
Et dont le doux refrain et l'amoureux accord
Doublaient en cet instant les horreurs de la mort !

## XXVII

Semez, semez de narcisse et de rose,
Semez la couche où la beauté repose !

Pourquoi pleurer ? C'est ton jour le plus beau !
Vierge aux yeux noirs, pourquoi pencher ta tête,
Comme un beau lis courbé par la tempête,
Que son doux poids fait incliner sur l'eau ?

Semez, semez de narcisse et de rose,
Semez la couche où la beauté repose !

C'est ton amant ! Il vient ; j'entends ses pas ;
Que cet anneau soit le sceau de sa flamme !
Si ton amour est entré dans son âme,
Sans la briser il n'en sortira pas !

Semez, semez de narcisse et de rose,
Semez la couche où la beauté repose !

Entre tes mains prends ce sacré flambeau ;
Vois comme il jette une flamme embaumée !
Que d'un feu pur votre âme consumée
Parfume ainsi la route du tombeau !

Semez, semez de narcisse et de rose,
Semez la couche où la beauté repose!

Vois-tu jouer ces chevreaux couronnés,
Que sur ton seuil ont laissés tes compagnes?
Ainsi bientôt l'émail de nos campagnes
Verra bondir tes heureux nouveau-nés!

Semez, semez de narcisse et de rose,
Semez la couche où la beauté repose!

Vole au vallon, courbe un myrte en cerceau,
Pour ombrager ton enfant qui sommeille;
Le moissonneur prépare sa corbeille,
La jeune mère arrondit son berceau!

Semez, semez de narcisse et de rose,
Semez la couche où la beauté repose!

Sais-tu les airs qu'il faut pour assoupir
Le jeune enfant qui pend à la mamelle?
Entends, entends gémir la tourterelle;
D'une eau qui coule imite le soupir!

Semez, semez de narcisse et de rose,
Semez la couche où la beauté repose!

## XXVIII

« Ainsi, guidant nos pas aux accents du plaisir,
Ces chants faits pour l'amour nous servaient à mourir!
Telle aux champs des combats la musique guerrière,
Ouvrant aux combattants la sanglante carrière,
Jusqu'aux bouches du bronze accompagne leurs pas,
Et mêle un air de fête aux horreurs du trépas!

Mais d'instants en instants, hélas! tournant plus vite,
Le chœur se rétrécit, le chant se précipite,
Et le bruit de nos voix, que retranche le sort,
Décroît avec le nombre et meurt avec la mort!...
A coups plus répétés déjà l'abime gronde,
Le cœur bat, le sol fuit, nos pas pressent la ronde;
Chaque tour emportait une femme, une voix...
Et le cercle fatal tourna soixante fois!
Moi-même... Mais sans doute, en cet instant terrible,
Un ange me soutint sur son aile invisible,
Pour raconter au monde un sublime trépas
Qu'a vu ce siècle impie... et qu'il ne croira pas! »

## XXIX

Elle ne parle plus, la foule écoute encore.
Un nuage d'encens s'enflamme et s'évapore,
Et sur chaque cercueil, qu'il transforme en autels,
Fume comme le sang des martyrs immortels;
Le bronze des combats retentit sur leur cendre;
Mais déjà l'étranger est trop loin pour l'entendre:
Évoquant de ces bords le génie exilé [8],
Il s'élance, il franchit les hauteurs de Phylé;
Phylé, champs immortels, où le vengeur d'Athène,
Brisant les trente anneaux d'une sanglante chaine,
Sur l'autel de Minerve, à côté de Solon,
De sa fumante épée osa graver un nom!
Harold s'est arrêté sur ton roc qui domine
Les remparts de Cécrops, les flots de Salamine,
Et d'où le ciel sans borne ouvre de tout côté
L'horizon de la gloire et de la liberté!

## XXX

Le soleil, se plongeant sous les monts de l'Attique,
Prolonge sur Phylé l'ombre du Penthélique.
Appuyé sur le tronc de l'arbre de Daphné,
De chefs et de soldats Harold environné,
Comme un fils revenu des rives étrangères,
Qui partage au retour ses présents à ses frères,
Leur montre de la main, sur la poussière épars,
Ces faisceaux éclatants de lances, de poignards,
Ces monceaux de boulets qui sillonnent la terre,
Ces chars retentissants qui roulent le tonnerre,
L'or qui paye le sang, le fer qui ravit l'or.
Les chefs à leurs soldats partagent ce trésor ;
Le féroce Albanais, l'Épirote au front chauve [9],
L'Étolien couvert d'une saie au poil fauve,
Les dauphins de Parga, ces hardis matelots [10]
Qui jamais de leur sang ne teignent que les flots,
Le laboureur armé des vallons de Phocide,
Le nomade pasteur des fiers coursiers d'Élide,
Aux sons de la trompette, aux accents du tambour,
Sous leurs drapeaux bénits défilent tour à tour,
Déroulent les faisceaux, et, parés de leurs armes,
Leur promettent du sang en les baignant de larmes.

## XXXI

Leur cœur voit dans Harold un être plus qu'humain,
Qui, le soc, le trident, ou l'olive à la main,
Venait, comme les dieux, entouré de mystère,
Porter un nouveau culte ou des lois à la terre.
Mais Harold, imposant silence à leurs transports :

« Je ne suis qu'un barbare, étranger sur vos bords,
Fils d'un soleil moins pur et de moins nobles pères,
Indigne, ô fils d'Hellé, de vous nommer mes frères,
Vous dont le monde entier, en comptant les aïeux,
Ne nomme que des rois, des héros ou des dieux !
Mais, partout où le temps fait luire leur mémoire,
Où le cœur d'un mortel palpite au nom de gloire,
Où la sainte pitié penche pour le malheur,
La Grèce compte un fils, et ses fils un vengeur !...
Je ne viens point ici, par de vaines images,
Dans vos seins frémissants réveiller vos courages :
Un seul cri vous restait, et vous l'avez jeté !
Votre langue n'a plus qu'un seul mot... Liberté !
Eh ! que dire aux enfants ou de Sparte ou d'Athènes ?
Ce ciel, ces monts, ces flots, voilà vos Démosthènes !
Partout où l'œil se porte, où s'impriment les pas,
Le sol sacré raconte un triomphe, un trépas ;
De Leuctre à Marathon, tout répond, tout vous crie[11] :
« Vengeance ! liberté ! gloire ! vertu ! patrie ! »
Ces voix, que les tyrans ne peuvent étouffer,
Ne vous demandent pas des discours, mais du fer !
Le voilà : prenez donc ! armez-vous ! Que la terre
Du sang de ses bourreaux enfin se désaltère !
Si le glaive jamais tremblait dans votre main,
Souvenez-vous d'hier, et songez à demain !
Pour confondre le lâche et raffermir les braves,
Le seul bruit de leurs fers suffit à des esclaves !

Moi, pour prix du trésor que je viens vous offrir,
Je ne demande rien, que le droit de mourir,
De verser avec vous sur les champs du carnage
Un sang bouillant de gloire et digne d'un autre âge,
Et de voir, en mourant, mon génie adopté
Par les fils de la Grèce et de la Liberté !

Oui, pourvu qu'en tombant pour votre sainte cause
Je réponde à l'exil par une apothéose,
Que sur les fondements d'un nouveau Parthénon
La gloire d'une larme arrose un jour mon nom,
Et que de l'Occident ma grande ombre exilée
S'élève dans vos cœurs un brillant mausolée,
C'est assez ! Le martyre est le sort le plus beau,
Quand la liberté plane au-dessus du tombeau. »

## XXXII

Le canon gronde au loin dans les vallons d'Alphée,
Sur les flots de Lépante et les flancs du Riphée :
Au signal des combats qu'il entend retentir,
Tout Hellène est soldat, tout soldat est martyr.
Harold vole à ce bruit, comme l'aigle à la foudre.
Le voyez-vous, perçant ces nuages de poudre,
Abandonner le mors à son fougueux coursier,
Dans des sillons de feu, sous des voûtes d'acier,
S'élancer, des héros étonner le courage,
S'enivrer de la mort et sourire au carnage,
Tandis qu'autour de lui, par la foudre emportés,
Des membres palpitants pleuvent de tous côtés ?
Au sifflement du plomb, au fracas de la bombe
Qui creuse un sol fumant, rebondit et retombe,
Il s'arrête... il écoute... il semble avec transport
Exposer comme un but sa poitrine à la mort,
Et, l'œil en feu, semblable à l'ange de la guerre,
Jouer avec le glaive et braver le tonnerre.

## XXXIII

Oui, le dieu des mortels est le dieu des combats !
Le carnage est divin, la mort a des appas !

Et celui qui, des mers élevant les nuages,
Déchaîna l'aquilon pour rouler les orages,
Et fit sortir du choc de la foudre en fureur
Ces bruits majestueux qui charment la terreur,
Par un secret dessein de sa vaste sagesse,
A caché pour le brave une sanglante ivresse,
Un goût voluptueux, un attrait renaissant,
Dans ce jeu redoutable où le prix est du sang,
Où le sort tient les dés, où la mort incertaine
Plane comme un vautour sur une proie humaine,
Et, de la gloire enfin découvrant le flambeau,
Proclame... Quoi?... Le nom de ce vaste tombeau!

## XXXIV

Qu'un autre aux tons d'Homère ose monter sa lyre,
Chante d'un peuple entier le généreux martyre,
Martyre triomphant, qui d'un sang glorieux
Délivre la patrie et rachète les cieux !
Un jour, quand du lointain les sublimes nuages
Couvriront ces exploits du mystère des âges,
Les noms d'Odysséus, de Marc, de Kanaris[12],
Auprès du nom des dieux sur les autels inscrits,
Régneront : maintenant il suffit qu'on les nomme.
Pour son siècle incrédule un héros n'est qu'un homme!
Mais la croix triomphante a vu fuir le croissant;
La Grèce s'est lavée avec son propre sang,
Et les fiers Osmanlis, les Delhys et les Slaves,
Vils esclaves dressés à chasser aux esclaves,
Vont, au lieu de trophée, en dignes fils d'Othman,
Porter leur propre tête aux portes du sultan.

## XXXV

Le Panthéon s'éveille aux accents des prophètes :
Mais Harold triomphant se dérobe à ses fêtes,
Et, laissant retomber le glaive de sa main,
De ses déserts chéris il reprend le chemin.

Il est des cœurs fermés aux bruits légers du monde,
Où le bonheur n'a plus d'écho qui lui réponde,
Mais où la pitié seule élève encor sa voix,
Comme une eau murmurante au fond caché des bois.
Êtres mystérieux, inconnus, solitaires,
Fuyant l'éclat, la foule et les routes vulgaires ;
Le courant de la vie est trop lent à leur gré ;
Seule, il faut que leur âme ait un lit séparé,
Ou, roulant à grands flots et de cimes en cimes,
Tantôt sur les sommets, tantôt dans les abimes,
Elle gronde, elle écume, elle emporte ses bords ;
Ou, calmant tout à coup ses orageux transports,
Sans désir, sans penchant, comme oubliant sa pente,
Dans un repos rêveur elle dorme et serpente,
Et réfléchisse en paix, dans son flottant miroir,
La nature, et le ciel, et le calme du soir :
Cœurs pétris de contraste, étrangers où nous sommes,
Hommes, mais tour à tour plus ou moins que des hommes.
Tel est Harold : cherchant le désert qu'il a fui ;
Le repos dans la foule est un enfer pour lui.

Sur les flancs ombragés du sublime Aracynthe,
Lieux où la mer, formant une orageuse enceinte,
Vit aux jours d'Actium le sceptre des humains,
Comme un glaive brisé, rouler de mains en mains ;

Près d'un vallon couvert d'ifs à la feuille obscure,
Où dans son large lit l'Achéloüs murmure,
Et, dans le sein des mers prêt à perdre ses flots,
Répand dans les forêts de funèbres sanglots;
Sous les troncs ténébreux des cyprès, des platanes,
Qui cachent comme un voile au regard des profanes,
Sur la terre d'Islam, un temple du vrai dieu,
Harold s'arrête, et frappe aux portes d'un saint lieu,
Où la plaintive voix d'un pieux solitaire
Réveillait seule, hélas! l'écho du monastère.
Seul et dernier gardien de ces divins autels,
Le vieillard n'avait plus de nom chez les mortels.
Cyrille était son nom parmi les saints; son âge
N'avait point vers la terre incliné son visage;
La prière, en fixant son âme sur les cieux,
Vers la voûte céleste avait tourné ses yeux,
Et son front, couronné de ses boucles fanées,
Portait légèrement le fardeau des années;
Ses lèvres respiraient les grâces de son cœur;
Il tenait dans ses mains ce sceptre du pasteur,
Ce bâton pastoral que ses mains paternelles
Étendaient autrefois sur des brebis fidèles;
Mais la houlette, hélas! veuve de son troupeau,
Ne servait qu'à guider le pasteur au tombeau.
Sa barbe à blancs flocons roulait sur sa poitrine.
Harold, en le voyant, se recueille et s'incline,
Et, frappé de silence à cet auguste aspect,
Aborde le vieillard avec un saint respect.
Il croit sentir, il sent, tandis qu'il le contemple,
Ce qu'éprouve un impie en entrant dans un temple.
Ces autels dont les fronts ont creusé les parois,
Ces murs que la prière a percés tant de fois,
L'ombre enfin du Très-Haut sur ces lieux répandue,
Tout étonne, attendrit son âme confondue:

Il se trouble, et bientôt, ralentissant ses pas,
Semble adorer le Dieu!... le Dieu qu'il ne croit pas!
Le vieillard, de ses pieds essuyant la poussière,
Ouvre au fier pèlerin sa porte hospitalière,
Et lui montre du doigt, sur la muraille écrit:
Béni soit l'étranger qui vient au nom du Christ!

## XXXVI

Ces murs abandonnés pour Harold ont des charmes:
Dans la salle sonore il dépose ses armes;
Ses pages sont assis à l'ombre au pied des tours;
Ses fiers coursiers, paissant l'herbe des vastes cours,
Errent en liberté sur les funèbres pierres
Qui des sacrés martyrs indiquent les poussières,
Et, les frappant du pied, de longs hennissements
Font résonner l'écho de ces vieux monuments.
Mais Harold n'entend plus leur voix qui le rappelle;
De caveaux en caveaux, de chapelle en chapelle,
Égarant, nuit et jour, ses pas silencieux,
Il murmure, il soupire, il lève au ciel ses yeux;
Et son âme, oubliant des scènes effacées,
Reprend à son insu le cours de ses pensées.
Mais à quoi pense-t-il?... Il est de courts instants
Où notre âme, échappant à la matière, au temps,
Comme l'aigle qui plonge au-dessus des nuages,
Se perd dans un chaos de sentiments, d'images,
Fantômes de l'esprit, pressentiments confus,
Que nul mot ne peut peindre et qu'aucun œil n'a vus;
Ténébreux océan où, d'abime en abime,
L'esprit roule, englouti dans une nuit sublime,
Et du ciel à la terre, et de la terre aux cieux,
Jusqu'à ce qu'un éclair, éblouissant nos yeux,

Comme le dernier coup de foudre après l'orage,
Vienne d'un trait de feu déchirer ce nuage,
Et, répandant sur l'âme une affreuse clarté,
La replonge soudain dans son obscurité.
Ainsi roulait d'Harold l'orageuse pensée,
Et, semblable à la flèche avec force lancée,
Qui revient briser l'arc d'où le trait est parti,
Revenait déchirer son sein anéanti.
Oui, la pensée humaine est une double épée,
Une arme à deux tranchants, au feu du ciel trempée,
Don propice ou fatal que nous ont fait les dieux,
Pour nous frapper nous-même, ou conquérir les cieux !

## XXXVII

Qu'un bizarre destin préside à notre vie !
La gloire lui refuse un trépas qu'il envie ;
Et ses jours dans l'oubli, de moments en moments,
S'éteignent comme un feu qui manque d'aliments.
Voyez pâlir son front ! voyez sa main tremblante,
Pour affermir en vain sa marche chancelante,
Chercher à chaque pas un repos, un appui !
On dirait que le sol se dérobe sous lui,
Que la nuit l'environne, ou qu'il voit, comme Oreste,
Deux soleils s'agiter dans la voûte céleste !

Comme un génie enfant qui veille sur ses jours,
Adda, sa chère Adda, l'accompagne toujours.
C'est elle dont la voix, plus douce à son oreille,
De sombres visions quelquefois le réveille :
Ses yeux avec douceur semblent la contempler ;
Du doux nom de sa fille il aime à l'appeler ;

Sa fille aura bientôt ces grâces et cet âge...
Ce n'est pas elle, hélas! au moins c'est son image!
Et son cœur, un moment par le bonheur trompé,
Oublie à son aspect le coup qui l'a frappé!...

A peine dix saisons, brillant sur son visage,
De printemps en printemps ont amené son âge
A ce terme incertain de la vie, où le cœur,
Comme un fruit sur sa tige où tient encor la fleur,
Au jour de la raison par degrés semble éclore,
Et par son ignorance au berceau touche encore.
Age pur, âge heureux des anges dans le ciel,
Qui formes pour leur âme un printemps éternel,
Tu ne brilles qu'un jour pour les fils de la terre,
Alors que l'amour même, avec un œil de frère,
Peut fixer sans rougir son regard enchanté
Sur le front virginal de la jeune beauté,
Et demander sans crainte aux lèvres de l'enfance
Un sourire, un baiser, purs comme l'innocence!

Ses blonds cheveux, livrés aux vents capricieux,
Couvrent à chaque instant son visage et ses yeux;
Mais sa main enfantine à chaque instant les chasse,
Et, sur son col charmant les roulant avec grâce,
Sur lui de ses beaux yeux laisse planer l'azur.
Tels deux astres jumeaux veillent dans un ciel pur.

## XXXVIII

Minuit couvre les murs du sombre monastère :
Adda repose en paix dans sa tour solitaire.
Harold seul, du sommeil oubliant les pavots,
Ne peut plus assoupir son âme sans repos,

Et, frappant les parvis de son pas monotone,
S'égare, et, se guidant de colonne en colonne,
Aux mourantes clartés de la lampe des morts,
Dans le temple désert se traine avec efforts.

De l'astre de la nuit un rayon solitaire,
A travers les vitraux du sombre sanctuaire,
Glissait, comme l'espoir à travers le malheur,
Ou dans la nuit de l'âme un regard du Seigneur.
A sa lueur pieuse, Harold ému contemple
Les noms des morts brisés sur les pavés du temple,
Des martyrs et des saints les bustes insultés,
D'une trace récente encore ensanglantés ;
Et l'autel, dépouillé d'une pompe inutile,
A peine relevé par les mains de Cyrille,
Mais, dans sa solitude et dans sa nudité,
Couvert de ces terreurs, de cette majesté,
Qu'en dépit de la foi, du doute, ou du blasphème,
Le seul nom du Très-Haut imprime au marbre même.

Harold, ralentissant ses pas silencieux,
S'assied sur un tombeau. « Quelle paix en ces lieux !
Dit-il; et que ces morts dont je foule la pierre
Dorment profondément dans leur lit de poussière !
L'espace qu'en ces lieux je couvre de mon pied
A suffi pour ces saints : c'est là qu'ils ont prié ;
C'est là qu'ils ont trouvé ce sommeil que j'envie !
Naître, prier, mourir, ce fut toute leur vie.
L'univers fut pour eux l'ombre de cet autel,
Et, des songes divers qui bercent un mortel,
Science, ambition, gloire, amour, vertu, crime,
Ils n'en ont eu qu'un seul... mais il était sublime !
Quoi ! ce songe immortel, en est-il un ? Ce Dieu
Qu'ils priaient à toute heure et voyaient en tout lieu,

Et dont jusqu'au tombeau leur âme possédée
Fit son seul aliment, n'est-ce rien qu'une idée?
Une idée éternelle... un espoir, un appui
Que l'homme apporte au monde et remporte avec lui ;
Qui suffit à l'emploi de cette âme infinie ;
Qui, voilée un instant, jamais évanouie,
Plane de siècle en siècle et règne ici, partout!...
N'est-ce rien? Oserai-je?... Ah! peut-être est-ce tout!
Peut-être que, seul but de tout ce qui respire,
Tout ce qui n'est pas lui n'est rien, rien qu'un délire!
De hochets ici-bas nous changeons tour à tour :
L'amour n'a qu'une fleur, le plaisir n'a qu'un jour ;
La coupe du savoir sous nos lèvres s'épuise ;
L'ambitieux conquiert un sceptre, et puis le brise ;
La gloire est un flambeau sur un cercueil jeté,
Et qui brûle toujours la main qui l'a porté.
Mais celui qui, brûlant pour la beauté suprême,
De ses désirs sacrés se consume lui-même,
Ne sent jamais tarir ses songes dans son sein ;
Ce qu'il rêvait hier, il le rêve demain,
Et l'espoir qu'il emporte au moment qu'il succombe,
Comme le fer du brave est scellé dans sa tombe!...

« Vains mortels! qui de nous ou de lui s'est lassé?
Lequel fut, répondez, le sage ou l'insensé?
Hélas! la mort le sait, le tombeau peut le dire ;
Mais, erreur pour erreur, délire pour délire,
Le plus long à mes yeux, et le plus regretté,
C'est ce rêve doré de l'immortalité!

### XXXIX

« J'ai toujours dans mon sein roulé cette pensée ;
J'ai toujours cherché Dieu! mais mon âme lassée

N'a jamais pu donner de forme à ses désirs,
Et ne l'a proclamé que par ses seuls soupirs.
Dans les dieux d'ici-bas ne voyant qu'un emblème,
J'ai voulu, vain orgueil! m'en créer un moi-même.
Ah! j'aurais dû peut-être, humblement prosterné,
Le recevoir d'en haut, tel qu'il nous fut donné,
Et, courbant sous sa foi ma raison qui l'ignore,
L'adorer dans la langue où l'univers l'adore!...

« Toi, dont le nom sublime a changé tant de fois,
Dieu, Jéhovah, Sauveur, Destin, qui que tu sois!
Toi qu'on ne vit jamais qu'à travers un mystère,
Énigme dont le mot ferait trembler la terre,
Écoute! S'il est vrai qu'interrompant ses lois
La nature jadis entendit notre voix;
Que, cédant au pouvoir d'un nom que tout redoute,
Les astres enchantés suspendirent leur route,
Et qu'au charme vainqueur de mots mystérieux
La lune en chancelant se détacha des cieux :
Dût ce ciel m'écraser, dût, à ce mot suprême,
La terre, en s'entr'ouvrant, m'anéantir moi-même;
Par le seul charme vrai, puissant, universel,
Un désir dévorant dans le sein d'un mortel,
Je t'évoque! Réponds, fût-ce aux coups de la foudre,
Et qu'un mot vienne enfin me confondre ou m'absoudre!

« Et vous, dont le tombeau retentit sous mes pas,
Mânes ensevelis dans un sanglant trépas,
Dans l'éternel bonheur si la pitié vous reste,
Au nom, au nom du Dieu que le martyre atteste,
Éveillez-vous! parlez!... Du fond du monument
Que j'entende un seul mot!... un soupir seulement!
Un soupir suffirait pour éclaircir mon doute!... »
Et, collant son oreille à la funèbre voûte,

Il semblait écouter un murmure lointain :
Et quand le saint vieillard, au retour du matin,
Vint rallumer la lampe éteinte avec l'aurore,
Le front dans la poussière il écoutait encore !

## XL

Mais son regard en vain se soulève au soleil ;
Le jour vient sans chaleur, la nuit vient sans sommeil,
Son front tombe accablé sous le poids des journées,
Et chaque heure en fuyant emporte des années.
Il ne sent point son mal ; mais son mal, c'est la mort.
Voyez-vous dans son lit s'écouler à plein bord
Ce fleuve du désert, ce Nil sacré, dont l'onde
D'un bruit majestueux bat sa rive féconde ?
Comme l'éternité son flot renaît toujours ;
Nul obstacle nouveau ne s'oppose à son cours ;
De la mer qui l'attend son urne est loin encore...
Cependant tout à coup le sable le dévore,
Et, dans son propre lit soudain évanoui,
L'œil en vain le demande, il n'est plus, il a fui !
Ainsi les jours d'Harold fuyaient, et de sa vie
Dans son sein jeune encor la source s'est tarie ;
Mais il rêve toujours les mers, les cieux, les bois.
« Adda, soutiens mes pas pour la dernière fois ;
Avant que ce beau jour cède à la nuit obscure,
Laisse-moi dans sa gloire adorer la nature ! »

## XLI

L'astre du jour, qui touche à la cime des monts,
Semble du haut des cieux retirer ses rayons,

Comme un pêcheur, le soir, assis sur sa nacelle,
Retire ses filets, d'où l'eau brille et ruisselle.
Le ciel moins éclatant laisse l'œil, en son cours,
De l'horizon limpide embrasser les contours,
Et, d'un vol plus léger faisant glisser les ombres
De ses reflets fondus dans des teintes plus sombres,
Comme un prisme agitant ses diverses couleurs,
Varie, en s'éteignant, ses mourantes lueurs.
Par un accord secret, s'éteignant à mesure,
Les flots, les vents, les sons, les voix de la nature,
Sous les ailes du soir tout paraît s'assoupir;
Le ciel n'a qu'un rayon... le jour n'a qu'un soupir!...

Harold, assis au pied de l'arbre au noir feuillage,
Contemple tour à tour les flots, les cieux, la plage,
Et, recueillant le bruit des bois et de la mer,
Semble s'entretenir avec l'Esprit de l'air;
Tandis qu'à ses côtés, folâtrant sur la rive,
Adda, tournant vers lui sa paupière attentive,
Brise les fleurs des champs écloses sous sa main,
En sème ses cheveux, en parfume son sein,
Et, nouant en bouquets leurs tiges qu'elle cueille,
Sur les genoux d'Harold en jouant les effeuille.

Du Pinde et de l'Œta les sommets escarpés,
Des derniers traits du jour à cette heure frappés,
Élevaient derrière eux leurs vastes pyramides,
D'où le soleil, brillant sur des neiges limpides,
Faisait jaillir au loin ses reflets colorés,
Et, creusant en sillons des nuages dorés,
Comme un navire en feu voguant dans les orages,
Semblait près d'échouer sur ces sublimes plages.
S'abaissant par degrés de coteaux en coteaux,
Les racines des monts se perdaient sous les eaux :

Là, comme un second ciel la mer semblait s'étendre,
Et reposait les yeux dans un azur plus tendre;
L'Aracynthe y jetait son ombre loin du bord,
Et, se perdant au loin dans son golfe qui dort,
Ses neiges, ses forêts et ses côtes profondes
Flottaient au gré du vent dans le miroir des ondes.
La mer des alcyons, si douce aux matelots,
En sillons écumeux ne roulait point ses flots;
Une brise embaumée en ridait la surface;
La vague, sous la vague expirant avec grâce,
N'élevait sur ses bords ni murmure ni voix:
Seulement, sur son sein bondissant quelquefois,
Un flot, qui retombait en brillante poussière,
Semait sur l'océan un flocon de lumière.
Fuyant avec le jour sur les déserts de l'eau,
Le vent arrondissait le dôme d'un vaisseau,
Ou faisait frissonner, sous le mât qu'il incline,
Le triangle flottant d'une voile latine
Que le soleil dorait de son dernier rayon,
Comme un léger nuage au bord de l'horizon.
Aucun bruit sous le ciel, que la flûte des pâtres,
Ou le vol cadencé des colombes bleuâtres,
Dont les essaims, rasant le flot sans le toucher,
Revenaient tapisser les mousses du rocher,
Et mêler aux accords des vagues sur les rives
Le doux gémissement de leurs couples plaintives!
Enfin, dans les aspects, les bruits, les éléments,
Tout était harmonie, accord, enchantements;
Et l'âme et le regard, errant à l'aventure,
S'élevaient par degrés au ton de la nature,
Comme aux tons successifs d'un concert enchanteur
Une musique élève et fait vibrer le cœur!

## XLII

« Triomphe, disait-il, immortelle Nature,
Tandis que devant toi ta frêle créature,
Élevant ses regards de ta beauté ravis,
Va passer et mourir ! Triomphe ! tu survis !
Qu'importe ? Dans ton sein, que tant de vie inonde,
L'être succède à l'être, et la mort est féconde !
Le temps s'épuise en vain à te compter des jours ;
Le siècle meurt et meurt, et tu renais toujours !
Un astre dans le ciel s'éteint ; tu le rallumes !
Un volcan dans ton sein frémit ; tu le consumes !
L'Océan de ses flots t'inonde ; tu les bois !
Un peuple entier périt dans les luttes des rois ;
La terre, de leurs os engraissant ses entrailles,
Sème l'or des moissons sur le champ des batailles !
Le brin d'herbe foulé se flétrit sous mes pas,
Le gland meurt, l'homme tombe, et tu ne les vois pas !
Plus riante et plus jeune au moment qu'il expire,
Hélas ! comme à présent tu sembles lui sourire,
Et, t'épanouissant dans toute ta beauté,
Opposer à sa mort ton immortalité !

« Quoi donc ! n'aimes-tu pas au moins celui qui t'aime ?
N'as-tu point de pitié pour notre heure suprême ?
Ne peux-tu, dans l'instant de nos derniers adieux,
D'un nuage de deuil te voiler à mes yeux ?
Mes yeux moins tristement verraient ma dernière heure,
Si je pensais qu'en toi quelque chose me pleure,
Que demain la clarté du céleste rayon
Viendra d'un jour plus pâle éclairer mon gazon,

Et que les flots, le vent et la feuille qui tombe,
Diront : « Il n'est plus là ; taisons-nous sur sa tombe. »
Mais non ; tu brilleras demain comme aujourd'hui !
Ah ! si tu peux pleurer, Nature, c'est pour lui !
Jamais être formé de poussière et de flamme
A tes purs éléments ne mêla mieux son âme ;
Jamais esprit mortel ne comprit mieux ta voix,
Soit qu'allant respirer la sainte horreur des bois,
Mon pas mélancolique, ébranlant leurs ténèbres,
Troublât seul les échos de leurs dômes funèbres ;
Soit qu'au sommet des monts, écueils brillants de l'air,
J'entendisse rouler la foudre, et que l'éclair,
S'échappant coup sur coup dans le choc des nuages,
Brillât d'un feu sanglant comme l'œil des orages ;
Soit que, livrant ma voile aux haleines des vents,
Sillonnant de la mer les abîmes mouvants,
J'aimasse à contempler une vague écumante
Crouler sur mon esquif en ruine fumante,
Et m'emporter au loin sur son dos triomphant,
Comme un lion qui joue avec un faible enfant.
Plus je fus malheureux, plus tu me fus sacrée !
Plus l'homme s'éloigna de mon âme ulcérée,
Plus, dans la solitude, asile du malheur,
Ta voix consolatrice enchanta ma douleur ;
Et maintenant encore... à cette heure dernière...
Tout ce que je regrette en fermant ma paupière,
C'est le rayon brillant du soleil du midi
Qui se réfléchira sur mon marbre attiédi !

## XLIII

« Oui, seul, déshérité des biens que l'âme espère,
Tu me ferais encore un Éden de la terre,

Et je pourrais, heureux de ta seule beauté,
Me créer dans ton sein ma propre éternité !
Pourvu que, dans les yeux d'un autre être, mon âme
Réfléchit seulement son extase et sa flamme,
Comme toi-même ici tu réfléchis ton Dieu,
Je pourrais... Mais j'expire... Arrête... Encore adieu !
Adieu, soleils flottants dans l'azur de l'espace !
Jours rayonnants de feux, nuits touchantes de grâce !
Du soir et du matin ondoyantes lueurs !
Forêts où de l'aurore étincellent les pleurs !
Sommets brillants des monts où la nuit s'évapore !
Nuages expirants qu'un dernier rayon dore !
Arbres qui balancez d'harmonieux rameaux !
Bruits enchantés des airs, soupirs, plaintes des eaux !
Ondes de l'Océan, sans repos, sans rivages,
Vomissant, dévorant l'écume de vos plages !
Voiles, grâces des eaux qui fuyez sur la mer !
Tempête où le jour brille et meurt avec l'éclair !
Vagues qui, vous gonflant comme un sein qui respire,
Embrassez mollement le sable ou le navire !
Harmonieux concerts de tous les éléments !
Bruit ! silence ! repos ! parfums ! ravissements !
Nature enfin, adieu !... Ma voix en vain t'implore,
Et tu t'évanouis au regard qui t'adore.
Mais la mort de plus près va réunir à toi
Et ce corps, et ces sens, et ce qui pense en moi,
Et les rendant aux flots, à l'air, à la lumière,
Avec tes éléments confondre ma poussière.
Oui, si l'âme survit à ce corps épuisé,
Comme un parfum plus vif quand le vase est brisé,
Elle ira... »

## XLIV

   Mais l'airain, comme une voix qui pleure,
Des heures d'un mourant frappe la dernière heure...
De sa couche funèbre Harold entend, hélas!
Résonner dans la nuit cet appel du trépas;
Et, rappelant de loin son âme évanouie,
Compte les tintements de sa lente agonie.
D'un côté de son lit, debout, le saint vieillard
Élève vers le ciel son sublime regard,
Et, tenant dans ses mains une torche de hêtre,
Ressemble au Temps qui voit l'éternité paraître:
De l'autre, entre ses doigts pressant sa froide main,
Adda, sous ses baisers la réchauffant en vain,
S'abandonne en enfant à ses seules alarmes;
Ses cheveux sur son sein ruissellent de ses larmes;
Et, penchant son beau front profané par le deuil,
Ressemble en sa douleur à l'ange du cercueil,
Qui, noyant dans ses pleurs sa torche évanouie,
Regarde palpiter la flamme de la vie!
Ainsi mourait Harold, et son œil abattu
Ne voyait en s'ouvrant qu'innocence et vertu,
Sur ce seuil où son âme, au terme de sa route,
N'allait porter, hélas! que remords et que doute...

Mais déjà son regard ne voit plus ici-bas
Que ces songes sanglants, précurseurs du trépas;
Il écoute: il entend des bruits, des cris de guerre;
Il croit compter les coups de son lointain tonnerre.
« Le canon gronde!... Allons, mes armes! mon coursier!
Que ma main fasse encor étinceler l'acier!

Que mon dernier soupir rachète des esclaves!
Que mon sang fume au moins sur la terre des braves! »
Il dit; et, succombant à ce dernier effort,
Se soulève un moment, puis retombe et s'endort.
Mais, dans le long délire où ce sommeil le plonge,
Harold rêvait encor; sublime et dernier songe!
Jamais rêve, glaçant l'esprit épouvanté,
Ne toucha de plus près l'horrible vérité!...

## XLV

Délivré de ces maux dont la mort nous délivre,
Harold à son trépas s'étonnait de survivre,
Et, de son corps flétri trainant les vils lambeaux,
S'avançait au hasard dans l'ombre des tombeaux.
Nul astre n'éclairait l'horizon solitaire;
Ce n'était plus le ciel, ce n'était plus la terre;
C'était autour de lui comme un second chaos;
Ses deux bras étendus ne touchaient que des os,
Qui, cherchant comme lui leurs pas dans les ténèbres,
Remplissaient l'air glacé de cliquetis funèbres.
Pareils au flot pressé par le flot qui le suit,
Je ne sais quel instinct les poussait dans la nuit:
Ils allaient, ils allaient, comme va la poussière
Que le vent du désert balaye en sa carrière,
Vers ces champs désolés où Josaphat en deuil
Verra le genre humain s'éveiller du cercueil.
Ces générations, dont la tombe est peuplée,
Se pressaient pour entrer dans l'obscure vallée.
L'ange exterminateur, une épée à la main,
A leur foule muette en fermait le chemin.
A peine Harold paraît, la barrière se lève;
L'ange aux regards de feu le pousse de son glaive;

Et seul, nu, palpitant, dans ce terrible lieu,
Pour subir son épreuve, il entre devant Dieu;
Mais le Christ, plus brillant que l'éternelle aurore,
Sa balance à la main, n'y jugeait point encore.

## XLVI

« Harold, dit une voix, voici l'affreux moment !
Tu vas te prononcer ton propre jugement.
Pendant que tu vivais, dans une nuit obscure,
Abusant de ces jours que le ciel vous mesure,
Tu perdis à douter ce temps fait pour agir.
Bientôt le jour sans fin à tes yeux va surgir !
Mais du Dieu qui t'aimait l'ineffable clémence
T'accorde une autre épreuve. Écoute, et recommence !
Mais tremble ! car tu vas tirer ton dernier sort.
Au lieu le plus obscur où, sur ces champs de mort,
La nuit semble épaissir ses ombres taciturnes,
L'ange du jugement vient de placer deux urnes
Dont l'uniforme aspect trompe l'œil et la main:
L'une d'elles pourtant renferme dans son sein
L'incorruptible fruit de cet arbre de vie
Qu'aux premiers jours du monde une fatale envie
Fit cueillir avant l'heure à l'homme criminel,
Fruit qui donna la mort, et peut rendre éternel;
L'autre cache aux regards, dans son ombre profonde,
Celui qui tenta l'homme et qui perdit le monde.
Ce symbole du mal, ce ténébreux serpent
Y roule les replis de son orbe rampant,
Et, noircissant ses bords du venin qui le ronge,
Lance un dard éternel à la main qui s'y plonge...
Avant de te juger, Jéhovah, par ma voix,
T'ordonne de tenter ce redoutable choix;

Mais il te donne encor, pour guider ta paupière,
Des trois flambeaux divins la céleste lumière.
Marche avec ta raison, ton génie et ta foi ;
Et si tu les éteins, malheur ! malheur à toi !
Ta main, plongeant à faux dans l'urne mal choisie,
Puiserait au hasard ou la mort ou la vie !... »

## XLVII

Silence ! Tout se tait. Harold, glacé d'effroi,
Du ciel à ses côtés voit descendre la Foi ;
Elle met dans ses mains ce feu pur, dont la flamme
Dans la nuit du destin éclaire et guide l'âme ;
Mais ce jour éblouit son œil épouvanté.
Harold aux premiers pas trébuche à sa clarté,
Et, rendant à la nuit sa débile paupière,
Le céleste flambeau s'éteint dans la poussière.
Harold emprunte alors celui de la Raison ;
Son faible éclat colore un moins large horizon ;
Il suffit cependant à ses pas qu'il assure.
Ses pieds, mieux affermis, marchent avec mesure ;
Mais des oiseaux de nuit le vol pesant et bas
Fait vaciller ses feux mourant à chaque pas ;
De l'ombre de sa main en vain il les protège :
Leur foule ténébreuse incessamment l'assiège ;
Il pâlit, et le vent des ailes d'un oiseau
Éteint son autre espoir et son second flambeau !

## XLVIII

Il en reste un dernier !... La clémence infinie
Laisse briller encor celui de son génie ;

Flambeau qui trop souvent brilla sans l'éclairer.
Harold, en le portant, tremble de respirer,
Et, cachant dans son sein son expirante flamme,
La veille avec effroi, comme on veille son âme.
Cependant, près du but, son œil épouvanté
Voit baisser par degrés sa douteuse clarté ;
Sur les urnes du sort elle blanchit à peine ;
Il veut la ranimer avec sa propre haleine :
Il souffle... elle s'éteint. « Malheureux, dit la voix,
Tu reçus trois flambeaux pour éclairer ton choix ;
Tous trois se sont éteints au terme de ta route :
L'urne éclaircira seule un si terrible doute !
Dans son sein, que la nuit dérobe à ton regard,
Tente un choix éternel, et choisis au hasard !... »
Une sueur de sang, plus froide que la tombe,
Du front pâli d'Harold à larges gouttes tombe :
Il recule, il hésite, il voit, il touche en vain ;
Trois fois d'une urne à l'autre il promène sa main ;
Trois fois, doutant d'un choix que le hasard inspire,
De leurs bords incertains, tremblante, il la retire ;
Enfin, bravant du sort l'arrêt mystérieux,
Il plonge jusqu'au fond en détournant les yeux.
Déjà ses doigts crispés par l'horreur qui les glace
S'entr'ouvrent pour sonder le ténébreux espace,
Quand, des plis du serpent soudain enveloppé,
Il tombe !... Un cri s'échappe : « Harold, tu t'es trompé ! »
Et l'écho de ce cri, que Josaphat prolonge,
L'éveillant en sursaut, chasse son dernier songe...
Il frémit ; il soulève un triste et long regard ;
Un mot fuit sur sa lèvre... Hélas ! il est trop tard !

## XLIX

Il n'est plus!... il n'est plus, l'enfant de mon délire!
Il n'est plus qu'un vain son qui frémit sur ma lyre!
L'immortel pèlerin est au terme : il s'endort.
Voyez comme son front repose dans la mort!
Comme sa main ouverte, à ses côtés collée,
S'étend pour occuper le lit du mausolée!
La mort couvre ses yeux, et leur globe éclipsé,
Comme un cristal terni par un souffle glacé,
Se voilant à demi sous sa noire paupière,
Semble, en la recevant, éteindre la lumière.
Est-ce là ce foyer de sentiments divers,
D'où l'âme et le regard jaillissaient en éclairs?
Dans son orbite éteint, ce regard terne et sombre
De ces cils abaissés ne peut plus percer l'ombre;
Et ce sein, où battait tant de vie et d'amour,
Où chaque passion frémissait tour à tour,
Ce sein, dont un désir eût soulevé la tombe,
Sans mouvement, sans voix, sans haleine retombe,
Et ne peut soulever ce long voile de deuil,
Ce funèbre tissu, vêtement du cercueil!...

Mais son âme, où fuit-elle au moment qu'il expire?
Son âme! Ah! viens, alors viens, ange du martyre,
Toi dont la main efface, aux yeux du Tout-Puissant,
Les péchés d'un mortel avec son propre sang;
Toi qui, dans la balance où Dieu pèse la vie,
Mets la mort d'un héros près des jours d'un impie!
Viens, les yeux rayonnant d'un espoir incertain,
Porter l'âme d'Harold au Juge souverain,

Et, révoquant l'arrêt, sur le livre de grâce
Écrire avec ta palme un pardon qui l'efface!

Et vous qui jusqu'ici, de climats en climats,
Enchaînés à sa lyre, avez suivi ses pas,
Si ses chants quelquefois ont élevé votre âme,
Donnez-lui... donnez-lui... ce qu'une ombre réclame,
Une larme!... C'est là ce funèbre denier,
Ce tribut qu'à la mort tout mortel doit payer!
Et quand vous passerez près du dernier asile
Où la croix des tombeaux jette une ombre immobile,
En murmurant des morts la pieuse oraison,
N'oubliez pas au moins de prononcer son nom!
Si Dieu compte là-haut les regrets de la terre...
Mais taisons-nous: la tombe est le sceau du mystère [15]!

## COMMENTAIRE

J'étais secrétaire d'ambassade à Naples. Je quittai Naples et Rome en 1822. Je vins passer un long congé à Paris. J'y fis paraître la Mort de Socrate, les Secondes Méditations. J'y composai, après la mort de lord Byron, le cinquième chant du poëme de Childe Harold.

Dans ce dernier poëme, je supposais que le poëte anglais, en partant pour aller combattre et mourir en Grèce, adressait une invective terrible à l'Italie pour lui reprocher sa mollesse, son sommeil, sa voluptueuse servitude. Cette apostrophe finissait par ces deux vers :

> Je vais chercher ailleurs (pardonne, ombre romaine !)
> Des hommes, et non pas de la poussière humaine !...

Les poëtes italiens eux-mêmes, Dante, Alfieri, avaient dit des choses aussi dures à leur patrie. Ces reproches, d'ailleurs, n'étaient pas dans ma bouche, mais dans la bouche de lord Byron : ils n'égalaient pas l'âpreté de ses interpellations à l'Italie. Ce poëme fit grand bruit. Ce bruit alla jusqu'à Florence. J'y arrivai deux mois après, en qualité de premier secrétaire de légation.

A peine y fus-je arrivé, qu'une vive émotion patriotique s'éleva contre moi. On traduisit mes vers séparés du cadre; on les fit répandre à profusion dans les salons, au théâtre, dans le peuple : on s'indigna, dans des articles de journaux et dans des brochures, de l'insolence du gouvernement français qui envoyait, pour représenter la France dans le centre de l'Italie littéraire et libérale, un homme dont les vers étaient un outrage à l'Italie. La rumeur fut grande, et je fus quelque temps proscrit par toutes les opinions. Il y avait alors à Florence des exilés de Rome, de Turin, de Naples, réfugiés sur le sol toscan à la suite des trois révolutions qui venaient de s'allumer et de s'éteindre dans leur patrie. Au nombre de ces proscrits se trouvait le colonel Pepe. Le colonel Pepe était un des officiers les plus distingués de l'armée ; il avait suivi Napoléon en Russie ; il était, de plus, écrivain de talent. Il prit en main la cause de sa patrie ; il fit imprimer contre moi une brochure dont l'honneur de mon pays et l'honneur de mon poste ne me permettaient pas d'accepter les termes. J'en demandai satisfaction. Nous nous battîmes dans une prairie au bord de l'Arno, à une demi-lieue de Florence. Nous étions tous les deux de première force en escrime. Le colonel avait plus de fougue, moi plus de sang-froid. Le combat dura dix minutes ; j'eus cinq ou six fois la poitrine découverte du colonel sous la pointe de mon épée : j'évitai de l'atteindre. J'étais résolu de me laisser tuer, plutôt que d'ôter la vie à un brave soldat criblé de blessures, pour une cause qui n'était point personnelle, et qui, au fond, honorait son patriotisme. Je sentais aussi que si j'avais le malheur de le tuer, je serais forcé de quitter l'Italie à jamais. Après deux reprises, le colonel me perça le bras droit d'un coup d'épée. On me rapporta à Florence. Ma blessure fut guérie en un mois.

Les duels sont punis de mort en Toscane. Le nôtre avait eu trop d'éclat pour que le gouvernement pût feindre de l'ignorer. Ma qualité de représentant d'une puissance étrangère me couvrait ; la qualité de réfugié politique aggravait la situation du colonel Pepe. On le recherchait. J'écrivis au grand-duc, prince d'une âme grande et noble, qui m'honorait de son amitié, pour obtenir de lui que le colonel Pepe ne fût ni proscrit de ses États, ni inquiété pour un fait dont j'avais été deux fois le provocateur. Le grand-duc ferma les yeux. Le public, touché de mon procédé et attendri par ma blessure, m'applaudit la première fois que je reparus au théâtre. Tout fut effacé par un peu de sang entre l'Italie et moi. Je restai l'ami de mon adversaire, qui rentra plus tard dans sa patrie, et devint général.

Un de mes amis avait relevé ma cause dès la première émotion de cette querelle, et il avait écrit, en quelques pages de sang-froid et d'analyse, une défense presque judiciaire de mes vers calomniés. Mais je ne voulus plaider de la plume qu'après le jugement de l'épée, et je ne consentis à publier cette défense que lorsque je pus la signer de la goutte de sang de ce duel d'honneur non personnel, mais national.

J'en donne ici quelques extraits, comme pièces justificatives de cet étrange procès littéraire :

« On a donné, dans quelques écrits récemments publiés en Italie, de fausses interprétations d'un passage du cinquième chant du poëme de Childe-Harold, interprétations dont l'auteur a été profondément affligé, et auxquelles on croit convenable de répondre. Les esprits impartiaux apprécieront sans doute les motifs du silence que M. de Lamartine a gardé jusqu'ici, et la justesse de ses observations.

« Un auteur ne doit jamais défendre ses propres ouvrages, mais un homme qui se respecte doit venger ses sentiments méconnus. Fidèle à ce principe, M. de Lamartine n'a jamais répondu aux critiques littéraires que par le silence; mais il repousse avec raison des opinions et des sentiments que l'erreur seule peut lui imputer.

« Le passage inculpé est une imprécation poétique contre l'Italie en général; imprécation que prononce Childe-Harold au moment où, quittant pour jamais les *contrées de l'Europe, contre lesquelles sa misanthropie s'exhalait souvent avec toutes les expressions de la haine, il s'élançait vers un pays où son imagination désenchantée lui promettait des émotions nouvelles. Cette imprécation renferme ce que renferme toute imprécation, c'est-à-dire tout ce que l'imagination d'un poëte, quand il rencontre un pareil sujet, peut lui fournir de plus fort, de plus général, de plus exagéré, de plus vague, contre la chose ou le pays sur lesquels s'exerce la fureur poétique de son héros. Si l'on veut avoir une idée juste d'une pareille figure, qu'on lise les diatribes d'Alfieri contre la France, son langage, ses mœurs, ses habitants; les imprécations de Corneille contre Rome, celles de Dante, de Pétrarque, et de presque tous les poëtes italiens contre leur propre patrie, celles même de lord Byron contre quelques-uns de ses compatriotes; qu'on lise enfin tous les satiriques de tous les siècles, depuis Juvénal jusqu'à Gilbert. De pareils morceaux n'ont jamais rien prouvé que le plus ou moins de talent de leurs auteurs à se pénétrer des couleurs de leur sujet, ou à exercer leur verve satirique sur des nations ou des époques, c'est-à-dire sur des abstractions inoffensives.*

« *Voilà cependant de quel fondement des critiques italiens et quelques personnes mal informées ont voulu conclure les opinions et les sentiments de M. de Lamartine sur l'Italie. Hâtons-nous d'ajouter cependant que la plupart des personnes qui sont tombées dans cette erreur ne connaissaient de l'ouvrage que ce seul passage, et que, le lisant séparé de l'ensemble qui l'explique, et le croyant placé dans la bouche du poëte lui-même, l'accusation pouvait leur paraître plus plausible.*

« *Rétablissons les faits : l'imprécation du cinquième chant de* Childe Harold *n'a jamais été l'expression des sentiments de M. de Lamartine sur l'Italie. Ces vers ne* sont nullement dans sa bouche, ils sont dans la bouche de son héros ; et si jamais il a été possible de confondre le héros et l'auteur, et de rendre l'un solidaire des opinions de l'autre, à coup sûr ce n'était pas ici le cas. Childe Harold, ou lord Byron, que ce nom désigne toujours, est non seulement un personnage très distinct de M. de Lamartine, il en est encore en toute chose l'opposé le plus absolu. Irréligieux jusqu'au scepticisme, fanatique de révolutions, misanthrope jusqu'au mépris le moins déguisé pour l'espèce humaine, paradoxal jusqu'à l'absurde, Childe Harold est partout et toujours, dans ce cinquième chant, le contraste le plus prononcé avec les idées, les opinions, les affections, les sentiments de l'auteur français ; et peut-être M. de Lamartine pourrait-il affirmer avec vérité qu'il n'y a pas dans tout ce poëme quatre vers qui soient pour lui l'expression d'un sentiment personnel. Le genre même de l'ouvrage peut rendre raison d'une pareille dissemblance : ce cinquième chant est en effet une continuation de l'œuvre d'un autre poëte, œuvre où cet autre poëte célébrait son propre caractère et ses impressions les plus intimes ; sorte de composition où l'auteur doit, plus que dans toute autre, se dépouiller de lui-même et se perdre dans sa fiction. Ajoutons que ce cinquième chant était même destiné à paraître sous le nom de lord Byron, et comme la traduction d'un fragment posthume de cet illustre écrivain.

« Mais depuis quand un auteur serait-il solidaire des paroles de son héros ? Quand lord Byron faisait parler Manfred, le Corsaire, ou Lara ; quand il mettait dans leur bouche les imprécations les plus affreuses contre l'homme, contre les institutions sociales, contre la Divinité ; quand ils riaient de la vertu et divinisaient le crime, a-t-on jamais confondu la pensée du poëte et celle du brigand ? et un tribunal anglais s'est-il avisé de venir demander compte à l'illustre barde des opinions du Corsaire ou des sentiments de Lara? Milton, le Dante, le Tasse, sont dans le même cas: toute fiction a été de tout temps permise aux poëtes, et aucun siècle, aucune nation, ne leur ont imputé à crime un langage conforme à leur fiction.

> Pictoribus atque poetis
> Quidlibet audendi semper fuit æqua potestas.

« Mais si l'usage de tous les temps et le bon sens de tous les peuples ne suffisaient pas pour établir ici cette distinction entre le poëte et le héros, M. de Lamartine avait pris soin de l'établir d'avance dans la préface même de son ouvrage. « Il est inutile, dit-il, de faire « remarquer que la plupart des morceaux de ce dernier « chant de Childe-Harold se trouvent uniquement dans « la bouche du héros, que, d'après ses opinions connues, « l'auteur français ne pouvait faire parler contre la « vraisemblance de son caractère. Satan, dans Milton, « ne parle point comme les anges. L'auteur et le héros « ont deux langages très opposés, etc... » (Préface de la première édition d'HAROLD.)

« Ce serait en dire assez; mais on dira plus. Lors même que M. de Lamartine aurait écrit en son propre nom, et comme l'expression de ses propres impressions, ce qu'il n'a écrit que sous le nom d'Harold; lors même qu'il penserait de l'Italie et de ses peuples autant de mal que le supposent gratuitement ses adversaires, le fragment cité ne mériterait aucune des épithètes qu'on se plaît à lui donner. En effet, une chose qui, par sa nature, n'offense ni un individu, ni une nation, n'est point une injure; jamais une vague déclamation contre les vices d'un siècle ou d'un peuple n'a offensé réellement une nation ou une époque; et jamais ces déclamations, quelque violentes, quelque injustes qu'on les suppose, n'ont été sérieusement reprochées à leurs auteurs: l'opinion, juste en ce point, a senti que ce qui frappait dans le vague était innocent, par là même que cela ne nuisait à personne...

« Plaçons ici une observation plus personnelle. Si le chant de Childe Harold était le début d'un auteur complètement inconnu, si la vie et les ouvrages de M. de Lamartine étaient totalement ignorés, on comprendrait plus aisément peut-être l'erreur qui lui fait attribuer aujourd'hui les sentiments qu'il désavoue. Mais s'il perce dans tous ses écrits précédents un goût de prédilection pour une contrée de l'Europe, à coup sûr c'est pour l'Italie: dans vingt passages de ses ouvrages il témoigne pour elle le plus vif enthousiasme, il ne cesse d'y exalter cette terre du soleil, du génie et de la beauté:

> Voluptueux vallon, qu'habita tour à tour
> Tout ce qui fut grand dans le monde!
> *(Meditation XXIV.)*

d'en appeler à ses immortels souvenirs:

> Mais dans ton sein l'âme agrandie
> Croit sur leurs monuments respirer leur génie!
> *(Id.)*

de célébrer sa gloire et même ses ruines: voyez le morceau intitulé Rome, dédié à la duchesse de Devonshire. Si du poëte nous passons à l'homme, nous voyons que M. de Lamartine a passé en Italie, et par choix, les premières années de sa jeunesse; qu'il y est revenu sans cesse à différentes époques, qu'il y revient encore aujourd'hui. Qu'on rabaisse son talent poétique tant qu'on voudra, il n'y attache pas lui-même plus de prix qu'il *n'en mérite : mais si on veut bien lui accorder au moins le bon sens le plus vulgaire et le plus usuel, comment supposera-t-on que si la haine qu'on lui impute était dans son cœur, que s'il avait prétendu exhaler ses propres sentiments en écrivant les imprécations d'Harold, il eût au même moment demandé à être renvoyé dans ce pays qu'il abhorrait, et qu'enfin il fût venu se jeter seul au milieu des ennemis de tout genre que la manifestation de ses sentiments aurait dû lui faire ? Qui ne sent l'absurdité d'une pareille supposition ? et quel homme de bonne foi, en comparant les paroles du poëte et ses actions, en opposant tous les vers où il exprime sous son propre nom ses propres impressions à ceux où il exprime les sentiments présumés de son personnage, quel homme de bonne foi, disons-nous, pourra suspendre son jugement ?*

« *Quelle que soit, au reste, la peine que puisse éprouver M. de Lamartine de voir ses intentions si amèrement inculpées, il doit peut-être de la reconnaissance aux auteurs des différents articles où on l'accuse, puisqu'ils le mettent dans la nécessité d'expliquer sa pensée méconnue, et de désavouer hautement les sentiments aussi absurdes qu'injurieux qu'on s'est plu à lui prêter. De ce qu'il y a quelques traits de vérité dans le fragment d'Harold, on veut conclure que ce ne sont point des sentiments feints, et qu'ils expriment la pensée de l'auteur plus que la passion du héros. Oui, sans doute, il y a quelques traits de vérité : et quel peuple n'a pas ses vices ? quelle époque n'a pas ses misères ? L'Italie seule voudrait-elle n'être peinte que des traits de l'adulation ? Il y a quelques traits de vérité ; mais l'ensemble du tableau est faux, outré, comme tout tableau qui n'est vu que sous un seul jour, comme toute peinture où l'imagination n'emploie que les couleurs de la prévention et de la haine : oui, le tableau est faux pour M. de Lamartine. Dans sa fiction, son héros et lui partent de principes trop opposés pour se rencontrer jamais dans un jugement semblable.*

« *Mais peut-on admettre d'ailleurs que le poëte qui a pu faire les vers de* Childe Harold *soit en même temps assez absurde et assez aveugle à toute évidence pour ne pas rendre une éminente justice à ce que le monde entier reconnait et admire ? pour maudire une terre à laquelle la nature et le ciel ont prodigué tous leurs dons, dont l'histoire est encore un des trophées du genre humain ? pour dédaigner une langue qu'ont chantée le Dante, Pétrarque et le Tasse ; une terre où, dans les temps modernes, toute civilisation et toute littérature ont pris naissance, et ont produit la splendeur de Rome sous les Léon X, la culture et l'éclat de Florence sous les Médicis, la puissance merveilleuse de Venise, et les plus imposants chefs-d'œuvre que nos âges puissent opposer au siècle de Périclès ? comprendre enfin dans une exécration universelle le climat, le génie, la langue, le caractère de dix nations des plus heureusement douées par le ciel, et chez lesquelles tant de grands écrivains, tant de nobles caractères semblent renouvelés de siècle en siècle pour protester contre la décadence même de cet empire du monde, qu'aucun peuple n'a pu conserver ?*

« *Mais c'est assez. Quelle que soit l'estime que l'on porte à un homme ou à un peuple, le moment de le louer n'est pas celui où l'on est injustement accusé par lui : la justice même, en pareil cas, ressemblerait à de la crainte. Quoique M. de Lamartine rejette à bon droit ce rôle d'insulteur public qu'on a voulu lui faire jouer malgré lui, il ne veut pour personne, pas même pour une nation, s'abaisser au rôle de suppliant ou à celui d'adulateur : l'un lui messied autant que l'autre. Satisfait d'avoir répondu aux injustes inculpations qu'un de ses écrits a pu malheureusement autoriser jusqu'à ce qu'il se fût expliqué lui-même, il se taira maintenant! Les esprits impartiaux rendront justice aux sentiments de convenances personnelles et politiques qui lui imposent désormais le devoir de ne répondre aux fausses interprétations que par le silence, aux injures littéraires que par l'oubli, aux insultes personnelles que par la mesure et la fermeté que tout homme doit retrouver en soi, quand on en appelle de son talent à son caractère.*

« Florence, le 12 janvier 1826. »

# NOTES

## NOTE PREMIÈRE

*Ces temps sont arrivés : aux rivages d'Argos,*
*N'entends-tu pas ce cri qui monte sur les flots ?*
*C'est ton nom : il franchit les écueils des Dactyles ;*
*Il éveille en sursaut l'écho des Thermopyles.*

L'insurrection de la Grèce contre ses barbares oppresseurs est un des plus beaux spectacles qu'il ait été donné à l'homme de contempler. Tous les prodiges de l'héroïsme antique, tous les dévouements des plus sublimes martyrs, se renouvellent tous les jours sous les yeux de l'Europe. Les vers de cette note font allusion au nouveau combat des Thermopyles, si admirablement décrit par M. Pouqueville, dans son *Histoire de la régénération de la Grèce*, tome III, page 182.

## NOTE DEUXIÈME

*Albano l'entendit, en découvrant l'abîme,*
*Saluer l'Océan d'un adieu si sublime.*

Nous faisons allusion ici à ces dernières strophes du quatrième chant de *Childe Harold*, un des plus magnifiques morceaux de poésie que les temps modernes aient produits. Les voici :

### CLXXIX

*Déroule tes vagues d'azur, majestueux Océan ! Mille flottes parcourent vainement tes routes immenses ; l'homme, qui couvre la terre de ruines, voit son pouvoir s'arrêter sur tes bords : tu es le seul auteur de tous les ravages dont l'humide élément est le théâtre. Il n'y reste aucun vestige de ceux de l'homme ; son ombre se dessine à peine sur ta surface, lorsqu'il s'enfonce, comme une goutte d'eau, dans tes profonds abîmes, privé de tombeau, de linceul, et ignoré !*

### CLXXX

*Ses pas ne sont point imprimés sur tes domaines, qui ne sont pas une dépouille pour lui... Tu te soulèves et le repousses loin de toi ! Le lâche pouvoir qu'il exerce pour la destruction de la terre n'excite que tes dédains ; tu le fais voler avec ton écume jusqu'aux* nuages, et tu le rejettes, en te jouant, aux lieux où il a placé toutes ses espérances ; son cadavre gît sur la plage, près du port qu'il voulait aborder.

### CLXXXI

Que sont ces armements redoutables qui vont foudroyer les villes de tes rivages, épouvanter les nations, et faire trembler les monarques dans leurs capitales ? Que sont ces citadelles mouvantes, semblables à d'énormes baleines, et dont les mortels qui les construisent sont si fiers, qu'ils osent se parer des vains titres de seigneurs de l'Océan et d'arbitres de la guerre ? Que sont-elles pour toi ? un simple jouet. Nous les voyons, comme ta blanche écume, se fondre dans les ondes amères qui anéantissent également l'orgueilleuse Armada ou les débris de Trafalgar.

### CLXXXII

Tes rivages sont des empires qui changent sans cesse, et tu restes toujours le même ! Que sont devenues l'Assyrie, la Grèce, Rome et Carthage ? Tes flots battaient leurs frontières au jour de la liberté ; et plus tard, sous le règne des tyrans, leurs peuples, esclaves ou barbares, obéissent à des lois étrangères. La destinée fatale a converti des royaumes en déserts... Mais rien ne change en toi, que le caprice de tes vagues ; le temps ne grave aucune ride sur ton front d'azur : tel tu vis l'aurore de la création, tel tu es encore aujourd'hui.

### CLXXXIII

Glorieux miroir où le Tout-Puissant aime à se contempler au milieu des tempêtes ; calme ou agité, soulevé par la brise, par le zéphyr ou par l'aquilon, glacé vers le pôle, bouillant sous la zône torride, tu es toujours sublime et sans limites ; tu es l'image de l'éternité, le trône de l'Invisible ; ta vase féconde elle-même produit les monstres de l'abîme. Chaque région t'obéit ; tu t'avances terrible, impénétrable et solitaire !

CLXXXIV

*Je t'ai toujours aimé, Océan, et les plus doux plaisirs de ma jeunesse étaient de me sentir sur ton sein, errant à l'aventure comme tes flots. Dès mon enfance, je jouais avec tes brisants ; rien n'égalait le charme qu'ils avaient pour moi. Si la mer irritée les rendait plus terribles, mes terreurs me charmaient encore ; car j'étais comme un de tes enfants, je me confiais gaiement à tes vagues, et je jouais avec ton humide crinière, comme je le fais encore en ce moment.*

## NOTE TROISIÈME

*Où va-t-il ? Il gouverne au berceau du soleil.*
*Mais pourquoi sur son bord ce terrible appareil ?*

Lord Byron avait, dit un de ses amis qui le connaissait bien, l'ambition de se faire un nom aussi grand par ses actions que celui qu'il s'était fait déjà par ses écrits. Peu de temps avant sa mort, il composa une ode belle et touchante sur le trente-sixième anniversaire de sa naissance ; ode qui prouve, d'une manière remarquable, cette nouvelle passion. Voici un des couplets :

*Si tu regrettes ta jeunesse, pourquoi vivre ? Tu es sur une terre où tu peux chercher une mort glorieuse : cours aux armes et sacrifie tes jours ! Ne réveille point la Grèce, elle est réveillée ; mais réveille-toi toi-même !*

Lord Byron s'embarqua à Livourne, et arriva à Céphalonie dans les premiers jours du mois d'août 1823, accompagné de six ou sept amis, à bord du vaisseau anglais *l'Hercule*, capitaine Scott, qu'il avait frété exprès pour le conduire en Grèce. Il aimait à observer la nature ; il passait la plus grande partie des nuits à contempler les objets qui se présentent dans un voyage de mer : car il savait *jouir des charmes de la douce présence de la nuit*. Il était bien au-dessus de l'affectation des extases poétiques ; mais on voit, dans tous ses ouvrages, combien il trouvait de délices à nourrir son imagination des beautés du monde physique. Il y a dans ses écrits plus d'images empruntées au spectacle de la mer que dans ceux d'aucun autre poëte. Il les devait toutes à la Méditerranée et à ses rivages éclairés par le soleil du Midi. Tandis que le vaisseau majestueux glissait à l'ombre du Stromboli, il contemplait le cours mélancolique des vagues ; et, quoique plongé dans ses rêveries ordinaires, son œil paraissait plus tranquille, et son front pâle plus doux.

C'était un point très important de déterminer vers quelle partie de la Grèce lord Byron dirigerait sa course. Le pays était en proie à des divisions intestines ; il eût craint de donner aveuglément le poids de son nom à une faction ; il voulait s'instruire. Il se détermina à relâcher à Céphalonie ; il y fut très bien accueilli par les autorités anglaises.

Lord Byron, après quelques jours passés à Céphalonie, sur les instances de Maurocordato et du héros Marc Botzaris, vint débarquer à Missolonghi, enflammé d'une ardeur militaire qui allait jusqu'au délire : il le dit lui-même dans une de ses lettres. Après avoir, de son argent, payé la flotte grecque, il s'occupa de former une brigade de Souliotes. Cinq cents de ces soldats, les plus braves de la Grèce, se mirent à sa solde le 1er janvier 1824 ; et il ne fut pas difficile de trouver un but digne d'eux et de leur nouveau chef...

## NOTE QUATRIÈME

*Plus loin, sur les confins de cette antique Europe,*
*Dans cet Éden du monde où languit Parthénope,*
*Comme un phare éternel sur les mers allumé,*
*Son regard voit fumer le Vésuve enflammé.*

POMPÉI. FRAGMENT D'UN VOYAGE A NAPLES

..... Il y a à Pompéi une rue nouvellement déblayée des cendres qui recouvrent depuis tant de siècles la ville romaine : cette cendre, redevenue fertile par le temps, s'est transformée en terre végétale, où croissent des chênes verts de trois coudées de circonférence, des saules et des ceps de vigne ; en sorte que, pour découvrir une maison, il faut déraciner plusieurs arbres, et défricher quelquefois un arpent de végétation. Le goût attique du savant directeur des fouilles a donné le nom de quelques hommes modernes, ou même de quelques hommes vivants, à ces demeures antiques, auxquelles il ne semble manquer que le maitre. Il y a la maison de Schiller, de Byron, celle de Gœthe, parce qu'on a trouvé sur leur seuil une lyre et un masque tragique entrelacés par des festons du laurier des poëtes. On a ainsi voulu restituer à un écrivain ce qu'on a présumé avoir appartenu à un autre ; à plusieurs autres hommes de l'Allemagne, de l'Italie, de la France, semblables allusions ont été honorablement adressées.

Nous marchions silencieusement dans ces rues désertes,

sur les pas de notre guide, M. \*\*\*. Les trois belles jeunes filles qui nous précédaient cueillaient des mousses, des bruyères, dans les fentes disjointes des tombeaux ; elles se composaient des bouquets avec les fleurs de cotonnier jetées par le vent des champs voisins dans les bassins vides des cours. Elles ressemblaient à trois beaux songes de vie égarés dans les régions de la mort. Une seule âme comme la leur repeuplerait un grand sépulcre. Cependant elles étouffaient le bruit de leurs pas sur les dalles, et se parlaient à demi-voix, comme si elles eussent craint d'éveiller les morts.

Parvenus à l'extrémité de la rue, nous trouvâmes, à l'angle d'une rue transversale, une troupe de pionniers calabrais armés de pioches pour commencer une tranchée, et déterrer une maison ou un temple de plus. — « Prenez une pioche, me dit en souriant le directeur, et donnez la première entaille à la terre : ce qu'elle recouvre sera à vous et portera votre nom. — Ce nom, dis-je, n'est pas digne de se rattacher à des noms antiques ; il marque une individualité fugitive vers laquelle le temps ne se retournera pas dans sa course. » Et je remis la pioche tour à tour aux mains des jeunes filles qui nous regardaient. « Frappez la cendre, leur dis-je, et faites-en sortir quelques vestiges qui porteront vos noms. » Elles obéirent en souriant, et donnèrent quelques faibles coups dans une colline de sable qui ruissela comme de l'eau. Leurs longs cheveux se renversaient sur leurs fronts et leur voilaient le visage ; la sueur d'un jour d'été roulait en larges perles sur leurs joues, un peu hâlées par le soleil d'Italie ; quand elles relevaient leurs fronts en secouant leurs tresses, on croyait voir dans cette exhumation charmante un jeu ou une allégorie vivante, semblable à ces allégories ingénieuses inventées ou déifiées par l'antiquité.

Ce ne fut ni une allégorie ni un jeu : la cendre en s'ébranlant découvrit successivement à nos regards une porte, une cour, un bassin orné de mosaïque, des statuettes admirablement bien conservées dans leur moule de poussière, des instruments de musique, et des peintures sur les murs aussi vives de couleurs que si le pinceau n'était point encore séché. C'était l'art sous toutes les formes, ressuscité par la beauté, et retrouvant à la fois son soleil dans le ciel, et son culte dans les jeux de trois jeunes femmes.

Art immortel! heureux artistes! il n'y a pas de tombeau assez profond pour le génie : l'art éternel exhumé par l'éternelle jeunesse pour reproduire et pour enivrer l'éternelle beauté!... Voilà la pensée qui sortit pour nous de cette cendre; je voudrais qu'un pinceau pût la peindre, et qu'un ciseau pût la sculpter.

Mais la nuit tombait...

## NOTE CINQUIÈME

*Elle a donné son nom au cap qu'elle couronne.*
*Harold, qui voit blanchir l'éternelle colonne,*
*Reconnaît Sunium.*

Autrefois Sunium, aujourd'hui le cap Colonna. Si l'on en excepte Athènes et Marathon, il n'y a point, dans toute l'Attique, de site qui mérite plus d'intérêt. Seize colonnes sont une source inépuisable d'études pour l'artiste et pour l'antiquaire : le philosophe salue avec respect le lieu où Platon enseignait ses doctrines en conversant avec ses élèves ; le voyageur est enchanté de la beauté d'un paysage d'où l'on voit toutes les îles qui couvrent la mer Égée. Le temple de Minerve se voit d'une grande distance en mer. Je suis allé deux fois par terre et une fois par mer au cap Colonna. Du côté de la terre, la vue est moins belle que quand on s'en approche en venant des îles. La seconde fois que nous y allâmes par terre, nous fûmes surpris par un parti de Maïnotes qui étaient cachés dans les cavernes. Nous avons su dans la suite, par un prisonnier qu'ils avaient rendu après avoir reçu sa rançon, qu'ils avaient été détournés de nous attaquer par la vue de deux Albanais qui m'accompagnaient, s'étant imaginés, heureusement pour nous, que nous avions une bonne escorte de ces mêmes Arnautes ; ils ne s'avancèrent pas, et laissèrent ainsi passer saine et sauve notre caravane trop peu nombreuse pour opposer aucune résistance. Colonna n'est pas moins fréquentée par les peintres que par les pirates.

*C'est là que l'artiste plante son pupitre, et cherche le pittoresque dans les ruines.*

(L HODGSON, Lady Jane Grey.)

## NOTE SIXIÈME

*Quel immense cortége, en longs habits de deuil,*
*De colline en colline...*


Cet épisode est historique, et s'il ne l'était pas dans tous ses détails, qui aurait osé l'inventer ?

Dans le recueil des *Chants populaires de la Grèce moderne*, publiés et traduits par M. C. Fauriel, on trouve le morceau suivant :

« Le combat de la première journée ne fut pas décisif. Le second, celui du lendemain, fut terrible ; il était encore un peu incertain, lorsque soixante femmes, voyant qu'il allait finir par l'extermination des leurs, se rassemblèrent sur une éminence escarpée, qui avait un de ses flancs taillé à pic sur un abime, au fond duquel un gros torrent se brisait entre mille pointes de roc dont son lit et ses bords étaient partout hérissés. Là, elles délibérèrent sur ce qu'elles avaient à faire pour ne pas tomber au pouvoir des Turcs, qu'elles s'imaginaient déjà voir à leur poursuite. Cette délibération du désespoir fut courte, et la résolution qui la suivit, unanime. Ces soixante femmes étaient pour la plupart des mères plus ou moins jeunes, ayant avec elles leurs enfants, que les unes portaient à la mamelle ou dans leurs bras, que les autres tenaient par la main. Chacune prend le sien, lui donne le dernier baiser, et le lance ou le pousse, en détournant la tête, dans le précipice voisin. Quand il n'y a plus d'enfants à précipiter, elles se prennent l'une l'autre par la main, commencent une danse en rond, aussi près que possible du bord du précipice, et la première d'elles qui, le premier tour fait, arrive sur le bord, s'en élance et roule de roche en roche jusqu'au fond de l'horrible abime. Cependant le cercle ou le chœur continue à tourner, et, à chaque tour, une danseuse s'en détache de la même manière jusqu'à la soixantième. On dit que, par une sorte de prodige, il y eut une de ces femmes qui ne se tua pas dans sa chute. »

Voilà un des prodiges d'héroïsme et d'infortune dont notre âge est chaque jour témoin... Et l'Europe regarde!!!...

# NOTE SEPTIÈME

*Mais, au moment fatal du divin sacrifice,*
*Quand le prêtre, en ses mains élevant le calice,*
*Boit le sang adoré du Martyr immortel,*
*Une vierge s'élance aux marches de l'autel, etc.*

En Grèce, les oraisons funèbres ou *myriologues* sont prononcées par des femmes. Voici, à ce sujet, les détails donnés par M. Fauriel, dans son discours préliminaire des *Chants populaires de la Grèce moderne;* chants qui nous semblent démontrer jusqu'ici que, si les Grecs modernes ont recouvré la valeur de leurs aïeux, ils sont loin encore de rappeler leur génie poétique. Il y a plus de Léonidas et de Thémistocles que d'Homères et de Tyrtées.

« Les chants funèbres, par lesquels on déplore la mort de ses proches, prennent le nom particulier de *myriologia*, comme qui dirait *discours de lamentation, complaintes*. Les myriologues ont, avec les autres chants domestiques des Grecs, cela de commun, qu'ils sont d'un usage également général, également consacré; mais ils offrent des particularités par lesquelles ils tiennent à quelques-uns des traits les plus saillants du caractère et du génie national. J'en parlerai dans un autre endroit, pour considérer l'espèce et le degré de faculté poétique qu'ils exigent et supposent : il n'est question ici que de donner une idée sommaire des cérémonies funèbres dont ils font partie, et auxquelles il faut toujours les concevoir attachés.

« Un malade vient-il de rendre le dernier soupir, sa femme, ses filles, ses sœurs, celles, en un mot, de ses plus proches parentes qui sont là, lui ferment les yeux et la bouche, en épanchant librement, chacune selon son naturel et sa mesure de tendresse pour le défunt, la douleur qu'elle ressent de sa perte. Ce premier devoir rempli, elles se retirent toutes chez une de leurs parentes ou de leurs amies les plus voisines. Là, elles changent de vêtements, s'habillent de blanc comme pour la cérémonie nuptiale, avec cette différence qu'elles gardent la tête nue, les cheveux épars et pendants. Tandis qu'elles changent ainsi de parure, d'autres femmes s'occupent du mort. Elles l'habillent, de la tête aux pieds, des meilleurs vêtements qu'il portait avant que d'être malade ; et, dans cet état, elles l'étendent sur un lit très bas, le visage découvert, tourné vers l'orient, et les bras en croix sur la poitrine.

« Ces apprêts terminés, les parents reviennent dans leur parure de deuil à la maison du défunt, en laissant les portes ouvertes, de manière que toutes les autres femmes du lieu, amies, voisines ou inconnues, puissent entrer à leur suite. Toutes se rangent en cercle autour du mort, et leur douleur s'exhale de nouveau, *et comme la première fois, sans règle et sans contrainte*, en larmes, en cris ou en paroles ; à ces plaintes spontanées et simultanées succèdent bientôt des lamentations d'une autre espèce : ce sont les myriologues. Ordinairement c'est la plus proche parente qui prononce le sien la première. Après elle les autres parentes, les amies, les simples voisines, toutes celles, en un mot, des femmes présentes qui veulent payer au défunt ce dernier tribut d'affection, s'en acquittent l'une après l'autre, et quelquefois plusieurs ensemble. Il n'est pas rare que, dans le cercle des assistantes, il se rencontre des femmes étrangères à la famille, qui, ayant récemment perdu quelqu'un de leurs proches, en ont l'âme pleine et ont encore quelque chose à leur dire : elles voient dans le mort présent un messager qui peut porter au mort qu'elles pleurent un nouveau témoignage de leurs souvenirs et de leurs *regrets*, et adressent au premier un myriologue dû et destiné au second. D'autres se contentent de jeter au défunt des bouquets de fleurs ou divers menus objets qu'elles le prient de vouloir bien remettre dans l'autre monde à ceux des leurs qu'elles y ont.

« L'effusion des myriologues dure jusqu'au moment où les prêtres viennent chercher le corps pour le conduire à la sépulture, et se prolonge jusqu'à l'arrivée du convoi funèbre à l'église. Ils cessent durant les prières et les psalmodies des prêtres, pour recommencer au moment où le corps va être mis en terre.

« Quand quelqu'un est mort à l'étranger, on place sur le lit funèbre un simulacre de sa personne, et l'on adresse à cette image les mêmes lamentations que l'on adresserait au vrai cadavre. Les mères font aussi des myriologues sur les enfants en bas âge qu'elles perdent, et ils sont souvent du pathétique le plus gracieux. Le petit mort y est regretté sous l'emblème d'une plante délicate, d'une fleur, d'un oiseau, ou de tout autre objet naturel assez charmant pour que l'imagination d'une mère se complaise à y comparer son enfant.

« Les myriologues sont toujours chantés et composés par des femmes. Les adieux des hommes sont simples et laconiques. Je n'ai jamais entendu parler d'un myriologue prononcé par un homme. Dans la Grèce asiatique, il y a des femmes myriologistes de profession, que l'on appelle au besoin, moyennant un salaire, pour faire et chanter les myriologues, ou, pour mieux dire, ce qui en tient lieu. »

*(Chants populaires de la Grèce moderne)*

## NOTE HUITIÈME

*Évoquant de ces bords le génie exilé,*
*Il s'élance, il franchit les hauteurs de Phyle, etc.*

Phylé, ville ruinée dont on voit encore les débris : elle fut prise par Thrasybule avant l'expulsion des trente tyrans.

## NOTE NEUVIÈME

*Le féroce Albanais, l'Épirote au front chauve, etc.*

L'Albanie comprend une partie de la Macédoine, l'Illyrie et l'Épire. Ce pays, qu'on peut apercevoir des côtes d'Italie, est un des plus beaux de la Grèce. Lord Byron dit qu'il n'est point de plume ou de pinceau capable de rendre la beauté de ses sites ; nous pourrions ajouter qu'il n'y a ni plume ni pinceau capables de rendre l'héroïque dévouement de ses habitants, dans les derniers temps de la lutte qu'ils ont soutenue, plus que tous les autres, pour l'affranchissement de la Grèce. Ils ressemblent, assure-t-on, aux montagnards d'Écosse ; leurs vêtements, leur figure, leurs mœurs sont les mêmes. Les montagnes de l'Albanie seraient tout à fait celles de la Calédonie, si le climat en était moins méridional. J'ai trouvé, ajoute lord Byron, en Albanie, les femmes les plus belles que j'aie jamais vues pour la taille et pour la tournure. Elles étaient occupées à réparer un chemin dégradé par les torrents. Leur démarche est tout à fait théâtrale ; cela vient, sans doute, de leur manteau qu'elles portent attaché sur une épaule. Leur longue chevelure fait penser aux Spartiates, et l'on ne peut se faire une idée du courage qu'elles déploient dans les guerres de partisans.

## NOTE DIXIÈME

*Les dauphins de Parga, ces hardis matelots*
*Qui jamais de leur sang ne teignent que les flots.*

Les Grecs appellent les Parganiotes, *dauphins des mers*. Tout le monde connait les infortunes de Parga, vendue à Ali-Pacha par les Anglais, aux Turcs par des chrétiens.

## NOTE ONZIÈME

*De Leuctre à Marathon, tout répond, tout vous crie :
« Vengeance ! liberté ! gloire ! vertu ! patrie ! »*


Bataille de Leuctres, gagnée par Épaminondas, général des Thébains, 371 ans avant Jésus-Christ, où Cléombrote, roi de Sparte, perdit la vie. Bataille de Marathon, gagnée par Miltiade, le 6 *boëdromion*, 15 septembre, 490 ans avant Jésus-Christ. L'année suivante, Miltiade, accusé par un peuple ingrat, mourut en prison.

# NOTE DOUZIÈME

*Les noms d'Odysséus, de Marc, de Kanaris, etc.*

ODYSSÉUS OU ODYSSÉE. — Fils d'Andriséus, né en Épire, il entra d'abord au service d'Ali-Pacha. Après la mort de ce tyran, il se met à la tête de ses compatriotes, descend du mont Parnasse, et proclame le règne de la Croix. Il défait Omer-Vrione, successeur d'Ali. « Le récit de ses exploits, dit Pouqueville, volant de bouche en bouche, fait éclater l'insurrection jusque parmi les peuplades des plateaux supérieurs du mont Œta. Le même jour, sans aucune de ces hésitations qui décèlent la crainte de se compromettre, les habitants des cantons d'Hypati, ceux de Cravari, de Lidoriki, de Malendrino, de Venetico, qui formaient jadis la Doride, la Locride hespérienne et l'Étolie, secouent le joug de leurs oppresseurs. Des éphores, nom oublié dans la Grèce, remplacent les codja-bachis; le bonnet de raja est foulé aux pieds, et le croissant renversé dans tous les lieux où il existait des mosquées ; une nouvelle ère commence pour l'Étolie. Bientôt Odyssée est déclaré la terreur des Musulmans; il les bat, les poursuit, s'empare d'Athènes, est nommé deux fois commandant général des troupes de l'insurrection grecque, remporte une seconde victoire de Platée ; et le courage personnel d'Odyssée, ses mœurs sauvages, ses vêtements, tout rappelle un de ces héros d'Homère, un de ces hommes primitifs qui ne se montrent qu'à la naissance des peuples, et dont l'histoire ressemble bientôt à la fable. Tout récemment encore, Odyssée, mécontent du gouvernement grec, vient de congédier ses derniers compagnons d'armes, et seul, avec sa femme et ses enfants, il s'est retiré dans une caverne du mont Parnasse, dont il a fortifié l'entrée avec des palissades et du canon. L'ostracisme, comme on le voit, est de tous les siècles : les peuples reprennent leur nom, mais les hommes ne perdent pas leur ingratitude. Il est à désirer que les Grecs n'imitent pas en tout leurs aïeux, et ne souillent pas leur terre régénérée du sang de leurs libérateurs. »

MARCO BOTZARIS. — Digne pendant d'Odyssée, mais plus civilisé que lui. Voici le portrait qu'en donne Pouqueville :

« Melpomène lui avait départi le don de la voix et de la cithare pour chanter le temps où, gardant les troupeaux du polémarque son père, aux bords du Selleïs, il abandonna sa patrie, conquise par Ali-Pacha, pour se réfugier sous les drapeaux français, à l'ombre desquels il crût en sagesse et en valeur. De la taille ordinaire des *Souliotes*, qui est de cinq pieds environ, sa légèreté était telle qu'on le comparait au zéphyr. Nul ne l'égalait à la lutte, au jeu du disque ; et quand ses yeux bleus s'animaient, que sa longue chevelure flottait sur ses épaules, et que son front rasé, suivant l'usage antique, reflétait les rayons du soleil, il avait quelque chose de si extraordinaire, qu'on l'aurait pris pour un descendant de ces Pélasges, enfants de Phaéton, qui civilisèrent l'Épire. Il avait laissé sa femme et deux enfants sur la terre étrangère, pour se livrer avec plus d'audace aux chances des combats. — Poëte et guerrier, dans les moments de repos il prenait sa lyre et redisait aux enfants de la Selleïde les noms des héros leurs aïeux, leurs exploits, leur gloire, et l'obligation où ils étaient de mourir comme eux pour les saintes lois du Christ et de la patrie, objets éternels de la vénération des Grecs. Sa femme Chrysé vint le rejoindre après l'insurrection de la Grèce, et voulut combattre à ses côtés. — Marc Botzaris, en avant de

Missolonghi, soutint avec six cents palikares les efforts de l'armée ottomane tout entière. Les Thermopyles pâliront un jour à ce récit. — Retranchés auprès de Crionero, fontaine située à l'angle occidental du mont Aracynthe, ces braves, après avoir peigné leurs belles chevelures, suivant l'usage immémorial des soldats de la Grèce, conservé jusqu'à nos jours, se lavent dans les eaux de l'antique Aréthuse, et, revêtus de leurs plus riches ornements, ils demandent à s'unir par les liens de la fraternité, en se déclarant *Ulamia*. Un ministre des autels s'avance aussitôt. Prosternés au pied de la croix, ils échangent leurs armes, ils se donnent ensuite la main en formant une chaîne mystérieuse, et, recueillis devant le Dieu rédempteur, ils prononcent les paroles sacramentelles: *Ma vie est ta vie, et mon âme est ton âme.* Le prêtre alors les bénit, et ayant donné le baiser de paix à Marc Botzaris, qui le rend à son lieutenant, ses soldats, s'étant mutuellement embrassés, présentent un front menaçant à l'ennemi.

« C'était le 4 novembre 1822, au lever du soleil; on apercevait de Missolonghi et d'Anatolico le feu du bataillon immortel, qui s'assoupit à midi. Il reprit avec une nouvelle vivacité deux heures après, et diminua insensiblement jusqu'au soir. A l'apparition des premières étoiles, on aperçut dans le lointain les flammes des bivouacs ennemis dans la plaine; la nuit fut calme, et, le 5 au matin, Marc Botzaris rentra à Missolonghi, suivi de vingt-deux Souliotes; le surplus de ces braves avait vécu.

« A la faveur de cette héroïque résistance, le président du gouvernement, Maurocordato, avait approvisionné Missolonghi et fait embarquer pour le Péloponèse les vieillards, les femmes et les enfants. Marc Botzaris voulait pourvoir de la même manière à la sûreté de sa femme et de ses enfants; mais Chrysé, son épouse, ne pouvait se résoudre à l'abandonner: elle lui adresse les adieux les plus déchirants; elle tombe à ses pieds avec les timides créatures qui le nommaient leur seigneur et leur père. Marc Botzaris les bénit au nom du Dieu des batailles. Il les accompagne ensuite au port; il suit des yeux le vaisseau; il tend les bras à sa femme; hélas! il la quittait pour la dernière fois. Il périt, peu de temps après, dans une bataille nocturne contre les Turcs, et sa mort fut aussi glorieuse, aussi sainte que sa vie. »

Kanaris. — Le Thémistocle de l'insurrection grecque, né à Psara, âgé de trente à trente-deux ans, d'une petite taille, l'œil vif et perçant, l'air mélancolique : tel est le portrait qu'en fait le capitaine Clotz. Il brûle trois fois la flotte ottomane.

« Les Hydriotes, dit Pouqueville, avaient à peine relâché à Psara, qu'on vota unanimement la destruction de la flotte ottomane qui était à Ténédos. Une division navale, composée de douze bricks de Psara, avait observé sa position. L'entreprise était difficile ; les Turcs, sans cesse aux aguets depuis la catastrophe de Chio, se gardaient avec soin et visitaient les moindres bâtiments. Cependant, comme l'amirauté avait une confiance extrême dans Kanaris, qui s'offrit encore pour cette périlleuse mission, on se décida à la hasarder.

« On ajouta un brûlot à celui que le plus intrépide des hommes de notre siècle devait monter, et, malgré le temps orageux qui régnait, les deux armements mirent en mer le 9 novembre, à sept heures du soir, accompagnés de deux bricks de guerre, fins voiliers. Arrivés, le jour suivant, à leur destination, les gardes-côtes de Ténédos les virent sans défiance doubler un des caps de l'île, sous pavillon turc. Ils paraissaient chassés par les bricks de leur escorte, qui battaient flamme et pavillon de la croix, et le costume ottoman que portaient les équipages des brûlots complétait l'illusion, lorsque deux frégates turques, placées en vedette à l'entrée du port, les signalèrent, comme pour les diriger vers le point qu'ils cherchaient.

« Le jour commençait à baisser, et il était impossible de distinguer le vaisseau amiral au milieu d'une forêt de mâts, quand celui-ci répondit aux signaux des frégates d'avant-garde par trois coups de canon. *Il est à nous !* dit aussitôt Kanaris à son équipage ; *courage, camarades ! nous le tenons !* Manœuvrant directement vers le point d'où le canon s'était fait entendre, il aborde l'énorme citadelle flottante, en enfonçant son mât de beaupré dans un de ses sabords, et le vaisseau s'embrase avec une telle rapidité que, de plus de deux mille individus qui le montaient, le capitan-pacha et une trentaine des siens parviennent seuls à se dérober à la mort.

« Au même instant, un second vaisseau est mis en feu par le brûlot de Cyriaque, et la rade n'offre plus qu'une scène déplorable de carnage, de désordre et de confusion. Les canons, qui s'échauffent, tirent successivement ou par bordée, et quelques-uns, chargés de boulets incendiaires, propagent le feu, tandis que la forteresse de Ténédos, croyant les Grecs entrés au port, canonne ses propres vaisseaux. Ceux-ci coupent leurs câbles, se pressent, se heurtent, se démâtent, arrachent mutuellement leurs bordages, ou s'échouent ; et la majeure partie ayant réussi à s'éloigner, malgré la confusion inséparable d'une semblable catastrophe, est à peine portée au large qu'elle est assaillie par une de ces tempêtes qui rendent une mer étroite aussi terrible que dangereuse, pendant les longues nuits de novembre. Les vaisseaux voguent à l'aventure, s'abordent dans l'obscurité, et s'endommagent. Plusieurs périssent, corps et biens ; douze bricks font côte sur les plages de la Troade ; deux frégates et une corvette, abandonnées, on ne sait comment, de leurs équipages, sont emportées par les courants jusqu'aux atterrages de Paros.

« Pendant que les Turcs se débattaient au milieu des flammes et en luttant contre les flots, les équipages des brûlots, formant un total de dix-sept hommes, assistaient tranquillement à la destruction de la flotte du sultan. Ils virent successivement sauter le vaisseau amiral, et cette Altesse tremblante se sauver à terre dans un canot, lui qui montait, quelques minutes auparavant, le plus beau navire des mers de l'Orient. Le second vaisseau s'abîma ensuite avec seize cents hommes, sans qu'il s'en sauvât que deux individus à demi brûlés, qui s'accrochèrent à des débris que la vague mugissante porta vers la plage, sur laquelle gisaient deux superbes frégates.

« O Ténédos ! Ténédos ! ton nom, rendu célèbre par la lyre d'Homère et de Virgile, ne peut plus être oublié quand on parlera de la gloire des enfants des Grecs ! Le chantre des

*Messéniennes*, Casimir Delavigne, a dit leurs douleurs et leur héroïsme ; mais qui célèbrera leur triomphe, en racontant comment les bricks des Hellènes, après avoir recueilli Constantin Kanaris, Cyriaque et leurs braves, présentant leurs voiles à la tempête et naviguant sur la cime des vagues, reparurent, le 12 novembre, au port de Psara? Les éphores, suivis d'une foule nombreuse de peuple, de soldats et de matelots, s'étaient portés à leur rencontre, dès qu'on eut signalé leur approche. Mille cris de joie éclatent au moment qu'ils prennent terre. *Salut aux vainqueurs de Ténédos! Honneur et gloire aux braves!* — *La patrie reconnaissante*, dit le président des éphores en posant une couronne de laurier sur la tête de Kanaris, *honore en toi le vainqueur de deux amiraux ennemis.*

« Il dit, et, remontant vers la ville, le cortége, précédé de Kanaris, se rend à l'église. Là, le héros, déposant sa couronne aux pieds de l'image de la Vierge, mère du Christ, le front prosterné dans la poussière, confessant que toute victoire vient de Dieu, s'humilie devant le Seigneur. Il confesse les péchés de la faiblesse humaine aux pieds des ministres des autels, et, après avoir reçu le pain de vie, aussi modeste et aussi grand, le *vainqueur de deux amiraux ennemis* se retire au sein de sa famille.

« Mais il veut en vain se dérober aux hommages ; son nom a retenti avec trop d'éclat pour rester ignoré. Le capitaine d'un vaisseau anglais qui arrivait à Psara le demande et l'interroge ; il veut savoir comment les Grecs préparent leurs brûlots, pour en obtenir de pareils. — *Comme vous le faites, commandant. Mais nous avons un secret que nous tenons caché ici*, dit-il en montrant son cœur : *l'amour de la patrie nous l'a fait trouver.* »

(POUQUEVILLE, *Histoire de la régénération de la Grèce.*)

Le lecteur lira sans doute avec intérêt ici le récit des derniers moments de Lord Byron, transmis par un homme de confiance qui ne l'a pas quitté pendant vingt-cinq ans.

« Mon maître, dit Fletcher, montait à cheval tous les jours, lorsque le temps le permettait. Le 9 avril fut un jour fatal : milord fut très mouillé durant la promenade, et, à son retour, quoiqu'il eût changé d'habits complètement, comme il était resté très longtemps dans ses vêtements mouillés, il se sentit légèrement indisposé, et le rhume dont il s'était plaint depuis que nous avions quitté Céphalonie, rendit cet accident plus grave. Quoiqu'il eût peu de fièvre pendant la nuit du 10, il se plaignit de douleurs dans les membres et du mal de tête, ce qui ne l'empêcha pas néanmoins de monter à cheval dans l'après-midi. A son retour, mon maître dit que la selle n'était pas tout à fait sèche, et qu'il craignait que cela ne l'eût rendu plus malade ; la fièvre revint, et je vis avec bien du chagrin, le lendemain matin, que l'indisposition devenait plus sérieuse : milord était très affaissé, et se plaignit de n'avoir point dormi de la nuit ; il n'avait aucun appétit. Je lui préparai un peu d'*arrow-root* ; il en prit deux ou trois cuillerées seulement, et me dit qu'il était fort bon, mais qu'il ne pouvait en prendre davantage. Ce ne fut que le troisième jour, le 12, que je commençai à concevoir des alarmes. Dans tous les rhumes que mon maître avait eus jusque-là, le sommeil ne l'avait pas abandonné, et il n'avait point eu de fièvre. J'allai donc chez le docteur Bruno et chez M. Mellingen, ses deux médecins, et leur fis plusieurs questions sur la maladie de mon maître ; ils m'assurèrent qu'il n'y avait aucun danger, que je pouvais être parfaitement tranquille, que dans peu de jours tout irait bien. C'était le 13. Le jour suivant, je ne pus m'empêcher de supplier milord d'envoyer chercher le docteur Thomas, de Zante. Mon maître me dit de consulter à ce sujet les docteurs : ils me dirent qu'il n'était pas nécessaire d'appeler aucun autre médecin, parce qu'ils espéraient que tout irait bien dans peu de jours. Je dois faire remarquer ici que milord répéta plusieurs fois, dans le cours de la journée, que les docteurs n'entendaient rien à sa maladie. — « En ce cas, milord, vous

« devriez consulter un autre médecin. — Ils me disent,
« Fletcher, que ce n'est qu'un rhume ordinaire, comme tous
« ceux que j'ai déjà eus. — Je suis sûr, milord, que vous
« n'en avez jamais eu d'aussi sérieux. — Je le crois », dit-il.
Je renouvelai mes instances le 15 pour qu'on appelât le docteur
Thomas ; on m'assura de nouveau que milord serait mieux
dans deux ou trois jours. D'après ces assurances répétées, je
ne fis plus aucune instance que lorsqu'il fut trop tard.

« Les médecines fortes qu'on lui faisait prendre ne me
semblaient pas les plus convenables à sa maladie ; car n'ayant
rien dans l'estomac, elles me paraissaient ne devoir lui pro-
duire que des douleurs : c'eût été le cas, même avec une personne en bonne santé. Mon maître n'avait pris, depuis huit
jours, qu'une petite quantité de bouillon en deux ou trois fois,
et deux cuillerées d'*arrow-root*, le 18, la veille de sa mort. La
première fois que l'on parla de le saigner fut le 15. Quand le
docteur Bruno le proposa, mon maître s'y opposa d'abord et
demanda à M. Millingen s'il avait de fortes raisons pour lui
tirer du sang. La réponse fut qu'une saignée pouvait être de
quelque avantage, mais qu'on pouvait la différer jusqu'au lendemain. En conséquence, mon maître fut saigné au bras droit,
le 16 au soir ; on lui tira seize onces de sang. Je remarquai
qu'il était très enflammé. Alors le docteur Bruno dit qu'il
avait souvent pressé mon maître de se faire saigner, mais qu'il
n'avait pas voulu y consentir. Survint une longue dispute sur
le temps que l'on avait perdu et sur la nécessité d'envoyer à
Zante ; sur quoi l'on me dit, pour la première fois, que cela
était inutile, parce que mon maître serait mieux ou n'exis-
terait plus avant l'arrivée du docteur Thomas. L'état de mon
maître empirait ; mais le docteur Bruno pensait qu'une nouvelle saignée lui sauverait la vie. Je ne perdis pas un moment
pour aller dire à mon maître combien il était nécessaire qu'il
consentît à être saigné. Il me répondit : « Je crains bien qu'ils
« n'entendent rien à ma maladie » ; et tendant son bras :
« Tenez, dit-il, voilà mon bras ; faites ce que vous voudrez. »

« Milord s'affaiblissait de plus en plus, et, le 17, il fut saigné
une fois dans la matinée, et une fois à deux heures de l'après-
midi. Chacune de ces deux saignées fut suivie d'un évanouis-

sement, et il serait tombé si je ne l'avais pas retenu dans mes bras. Afin de prévenir un semblable accident, j'avais soin de ne pas le laisser remuer sans le supporter.

« Ce jour-là, mon maître me dit deux fois : « Je ne peux « pas dormir, et vous savez que depuis une semaine je n'ai « pas dormi. Je sais, ajoutait-il, qu'un homme ne peut être « sans dormir qu'un certain temps, après quoi il devient né- « cessairement fou, sans que l'on puisse le sauver, et j'aimerais « mieux dix fois me brûler la cervelle que d'être fou. Je ne « crains pas la mort ; je suis plus préparé à mourir que l'on « né pense. »

« Je ne crois pas que milord ait eu l'idée que sa fin approchait, jusqu'au 18 ; il me dit alors : « Je crains que Tita et « vous ne tombiez malades, en me veillant ainsi nuit et jour. » Je lui répondis que nous ne le quitterions point jusqu'à ce qu'il fût mieux. Comme il y avait eu un peu de délire dans la journée du 16, j'avais eu soin de retirer les pistolets et le stylet qui, jusque-là, étaient restés à côté de son lit, la nuit. Le 18, il m'adressa souvent la parole ; il paraissait mécontent du traitement qu'avaient suivi les médecins. Je lui demandai alors de me permettre d'envoyer chercher le docteur Thomas. « Envoyez-le chercher ; mais dépêchez-vous : je suis fâché de « ne pas vous l'avoir laissé envoyer chercher plus tôt. »

« Je ne perdis pas un moment à exécuter ses ordres, et à en faire part au docteur Bruno et à M. Millingen, qui me dirent que j'avais très bien fait, parce qu'ils commençaient eux-mêmes à être très inquiets. Quand je rentrai dans la chambre de milord : « Avez-vous envoyé ? me dit-il. — Oui, milord. — « Vous avez bien fait : je désire savoir ce que j'ai. » Quoiqu'il ne parût pas se croire si près de sa fin, je m'aperçus qu'il s'affaiblissait d'heure en heure, et qu'il commençait à avoir des accès de délire. Il me dit à la fin d'un de ces accès : « Je « commence à croire que je suis sérieusement malade ; et, si « je mourais subitement, je désire vous donner quelques « instructions, que j'espère que vous aurez soin de faire exé- » cuter. » Je l'assurai de ma fidélité à exécuter ses volontés, et ajoutai que j'espérais qu'il vivrait assez longtemps pour les faire exécuter lui-même. A quoi il répondit : « Non, c'en

« est fait ; il faut tout vous dire sans perdre un moment. —
« Irai-je, milord, chercher une plume, de l'encre et du papier ?
« — Oh ! mon Dieu, non, vous perdriez trop de temps, et je
« n'en ai point à perdre. Faites bien attention, » me dit-il.
« Votre sort est assuré, Fletcher. — Je vous supplie, milord,
« de songer à des choses plus importantes. — O mon enfant !
« dit-il ; ô ma chère fille, ma chère Adda ! Oh ! mon Dieu ! si
« j'avais pu la voir ! Donnez-lui ma bénédiction ; donnez-la à
« ma chère sœur Augusta et à ses enfants. Vous irez chez
« lady Byron ; dites-lui, dites-lui tout. Vous êtes bien dans
« son esprit. »

« Milord paraissait profondément affecté en ce moment : la voix lui manqua ; je ne pouvais attraper que des mots par intervalles ; mais il parlait entre ses dents, paraissait très grave, et élevait souvent la voix pour dire : « Fletcher, si vous
« n'exécutez pas les ordres que je vous ai donnés, je vous
« tourmenterai, s'il est possible. » Je lui dis : « Milord, je n'ai
« pas entendu un mot de ce que vous avez dit. — O Dieu !
« s'écria-t-il, tout est fini ! Il est trop tard maintenant. Est-il
« possible que vous ne m'ayez pas entendu ? — Non, milord ;
« mais essayez encore une fois de me faire connaître vos vo-
« lontés. — Comment le puis-je ? Il est trop tard... Tout est
« fini ! — Ce n'est pas votre volonté, mais celle de Dieu qui
« se fait. — Oui, dit-il, ce n'est pas la mienne ; mais je vais
« essayer. » En effet, il fit plusieurs efforts pour parler ; mais il ne pouvait prononcer que deux ou trois mots de suite, comme : « Ma femme ! mon enfant ! ma sœur ! Vous savez
« tout ; dites tout : vous connaissez mes intentions. » Le reste était inintelligible.

« Il était à peu près midi ; les médecins eurent une consultation, et il fut décidé de donner à milord du quinquina dans du vin. Il y avait huit jours qu'il n'avait rien pris que ce que j'ai dit et qui ne pouvait le soutenir. A l'exception de quelques mots que je répéterai à ceux auxquels ils étaient adressés, et que je suis prêt à leur communiquer s'ils le désirent, il fut impossible de rien entendre de ce que dit milord après avoir pris son quinquina. Il témoigna le désir de dormir ; je lui demandai s'il voulait que j'allasse chercher M. Parry. — « Oui, allez le chercher ! » M. Parry le pria de se tranquillliser ; il versa quelques larmes et parut sommeiller. M. Parry sortit de la chambre avec l'espérance de le trouver plus calme à son retour. Hélas ! c'était le commencement de la léthargie qui précéda sa mort. Les derniers mots que je lui ai entendu prononcer furent ceux-ci, qu'il prononça dans la soirée du 18, à six heures environ : « Il faut que je dorme maintenant. » Il laissa tomber sa tête pour ne plus la relever ; il ne fit pas un seul mouvement pendant vingt-quatre heures. Il avait, par intervalles, des suffocations et une espèce de râle : alors j'appelai Tita pour m'aider à lui relever la tête, et il me paraissait qu'il était tout à fait engourdi. Le râle revenait toutes les demi-heures, et nous continuâmes à lui soulever la tête toutes les fois qu'il revenait, jusqu'à six heures du soir du lendemain 19, que je vis milord ouvrir les yeux et les refermer sans aucun symptôme de douleur, sans faire le moindre mouvement d'aucun de ses membres. « O mon Dieu ! m'écriai-je, je crains que milord ne soit mort. » Les médecins tâtèrent le pouls, et dirent : « Vous avez raison, il n'est plus. »

*(Westminster-Review)*.

# NOTE TREIZIÈME

*Mais taisons-nous !... La tombe est le sceau du mystère !*

Lord Byron exprime la même idée dans le troisième chant d'*Harold*, après un parallèle entre Voltaire et J.-J. Rousseau.

*Ne troublons pas la paix de leurs cendres ; s'ils ont mérité la vengeance du ciel, ils subissent leur peine : ce n'est point à nous de les juger, encore moins de les condamner. L'heure viendra où les mystères de la mort nous seront révélés. L'espérance et la terreur reposent ensemble dans la poussière de la tombe ; et lorsque, selon notre croyance, la vie viendra nous y ranimer, la clémence divine pardonnera, ou sa justice viendra réclamer les coupables.*

# TABLE

# TABLE

|  |  | Pages |
|---|---|---|
| Avis des Éditeurs. | | 1 |
| Préface. | | 1 |

### NOUVELLES MÉDITATIONS POÉTIQUES

| I. | Le Passé. | 11 |
|---|---|---|
| II. | Ischia. | 23 |
| III. | Sapho. | 28 |
| IV. | La Sagesse. | 37 |
| V. | Le Poëte mourant. | 41 |
| VI. | L'Esprit de Dieu. | 49 |
| VII. | Bonaparte. | 54 |

|          |                                         | Pages |
|----------|-----------------------------------------|-------|
| VIII.    | Les Étoiles                             | 64    |
| IX.      | Le Papillon                             | 71    |
| X.       | A El...                                 | 72    |
| XI.      | Élégie                                  | 75    |
| XII.     | Tristesse                               | 78    |
| XIII.    | La Solitude                             | 81    |
| XIV.     | Consolation                             | 87    |
| XV.      | Les Préludes                            | 91    |
| XVI.     | La Branche d'amandier                   | 106   |
| XVII.    | L'Ange                                  | 108   |
| XVIII.   | L'Apparition de l'Ombre de Samuel       | 115   |
| XIX.     | Stances                                 | 124   |
| XX.      | La Liberté                              | 127   |
| XXI.     | Adieux à la Mer                         | 133   |
| XXII.    | Le Crucifix                             | 138   |
| XXIII.   | Apparition                              | 143   |
| XXIV.    | Chant d'amour                           | 146   |
| XXV.     | Improvisé à la Grande-Chartreuse        | 157   |
| XXVI.    | Adieux à la Poésie                      | 162   |

## TROISIÈMES
## MÉDITATIONS POÉTIQUES

|       |                                         |     |
|-------|-----------------------------------------|-----|
| I.    | La Pervenche                            | 169 |
| II.   | Sur l'Ingratitude des Peuples           | 171 |
| III.  | L'Idéal                                 | 177 |
| IV.   | Sultan, le cheval arabe                 | 179 |
| V.    | A M. de Musset                          | 182 |
| VI.   | Sur un don de la duchesse d'Angoulême   | 189 |
| VII.  | Salut à l'île d'Ischia                  | 191 |

|  |  |  |
|---|---|---|
| | | Pages |
| VIII. | La Fenêtre de la Maison paternelle.... | 193 |
| IX. | A Laurence................ | 195 |
| X. | Prière de l'Indigent.......... | 198 |
| XI. | Le Lézard................ | 200 |
| XII. | Les Fleurs sur l'Autel ........ | 202 |
| XIII. | Adieu à Graziella........... | 204 |
| XIV. | A une jeune fille............ | 206 |
| XV. | Les Esprits des Fleurs.......... | 208 |
| XV. | Sur une page.............. | 210 |

Le Désert................... 213

## CHANT DU SACRE

Chant du Sacre................. 231

## LE DERNIER CHANT DU PÈLERINAGE D'HAROLD

Avertissement................. 259
Dédicace................... 269
Le dernier chant d'Harold .......... 273
Commentaire.................. 333
Notes...................... 343

Paris. — Imp. A. Lemerre, 25, rue des Grands-Augustins.

# OEUVRES COMPLÈTES
## DE
# Ch. Baudelaire

---

Édition petit in-12, papier vélin
(7 volumes)
(*Petite Bibliothèque littéraire*)

---

LES FLEURS DU MAL. 1 volume, avec portrait. 6 fr.

PETITS POÈMES ET PARADIS ARTIFICIELS.
1 vol. . . . . . . . . . . . . 6 fr.

L'ART ROMANTIQUE. 1 vol. . . . . . . 6 fr.

CURIOSITÉS ESTHÉTIQUES. 1 vol. . . . . 6 fr.

*Traduit d'Edgar Poe :*

GORDON PYM. — EURÊKA. 1 vol. . . . . 6 fr.

HISTOIRES EXTRAORDINAIRES. 1 vol. . . . 6 fr.

NOUVELLES HISTOIRES EXTRAORDINAIRES.
1 vol. . . . . . . . . . . . . 6 fr.

---

Paris. — Imp. A. Lemerre, 25, rue des Grands-Augustins. 4.-1535

www.ingramcontent.com/pod-product-compliance
Lightning Source LLC
Chambersburg PA
CBHW060603170426
43201CB00009B/879